JN290319

ライブラリ
経済学コア・テキスト&最先端 6

コア・テキスト
経済統計

谷沢 弘毅 著

新世社

編者のことば

　少子高齢化社会を目前としながら，日本経済は，未曾有のデフレ不況から抜け出せずに苦しんでいる。その一因として，日本では政策決定の過程で，経済学が十分に活用されていないことが挙げられる。個々の政策が何をもたらすかを論理的に考察するためには，経済学ほど役に立つ学問はない。経済学の目的の一つとは，インセンティブ（やる気）を導くルールの研究であり，そして，それが効率的資源配分をもたらすことを重要視している。やる気を導くとは，市場なら競争を促す，わかり易いルールであり，人材なら透明な評価が行われることである。効率的資源配分とは，無駄のない資源の活用であり，人材で言えば，適材適所である。日本はこれまで，中央集権的な制度の下で，市場には規制，人材には不透明な評価を導入して，やる気を削いできた。行政は，2年毎に担当を変えて，不適な人材でも要職につけるという，無駄だらけのシステムであった。

　ボーダレス・エコノミーの時代に，他の国々が経済理論に基づいて政策運営をしているときに，日本だけが経済学を無視した政策をとるわけにはいかない。今こそ，広く正確な経済学の素養が求められているといって言い過ぎではない。

　経済は，金融，財の需給，雇用，教育，福祉などを含み，それが相互に関連しながら，複雑に変化する系である。その経済の動きを理解するには，経済学入門に始まり，ミクロ経済学で，一人一人の国民あるいは個々の企業の立場から積み上げてゆき，マクロ経済学で，国の経済を全体として捉える，日本経済学と国際経済学と国際金融論で世界の中での日本経済をみる，そして環境経済学で，経済が環境に与える影響も考慮するなど，様々な切り口で理解する必要がある。今後，経済学を身につけた人達の専門性が，嫌でも認められてゆく時代になるであろう。

　経済を統一的な観点から見つつ，全体が編集され，そして上記のように，個々の問題について執筆されている教科書を刊行することは必須といえる。しかも，時代と共に変化する経済を捉えるためにも，常に新しい経済のテキストが求められているのだ。

　この度，新世社から出版されるライブラリ経済学コア・テキスト＆最先端は，気鋭の経済学者によって書かれた初学者向けのテキスト・シリーズである。各分野での最適な若手執筆者を擁し，誰もが理解でき，興味をもてるように書かれている。教科書として，自習書として広く活用して頂くことを切に望む次第である。

西村　和雄

まえがき

　「消費者物価指数は，物価低下を正確に反映していないのではないか」，「わが国の失業率は実態より低く現れるのではないか」——これらはしばしば，経済関連の議論を行っている場合に話題に上るテーマです。しかも，こうした疑問は，専門家の間では物価指数論争，失業率論争といった論争にまで発展していますが，国民はその全体像を知らなくても新聞報道等によってその論点を理解しているなど，複雑な経済社会を形成している現代ほど，統計データが注目される時代はありません。

　このような統計データを取り巻く複雑な事情を学生向けに解説しようと考え，いまから8年前に『現代日本の経済データ』，6年前に『経済統計論争の潮流』を相次いで上梓しました。執筆した当時，一部の限られた本を除くと，統計データ別のたんなる解説本はあっても，統計データの基本的考え方を体系的に解説する入門書がなかったことも，その動機の一つでした。これらの本は，幸いにも多くの大学の学部・大学院教育上で教科書あるいは参考書として迎えられ，インターネット上でも推薦図書として推挙されているのを，目にすることができました。

　このようなことは，著者として大変にありがたいことですが，だからといってこれらの本に満足していたわけではありません。なぜならインターネットによる統計公表が進んでいなかった当時，膨大な量の統計類を国会図書館まで足を運んで入手し，しかも会社勤めという限られた時間のなかで執筆するという環境を強いられました。もちろん自分の能力不足はありますが，このような環境でこの種の本の質を高めるには，限界があったからです。

　さらに，より大きな理由として，執筆直後から政府統計で軒並み大きな改編が進み，内容の陳腐化が急速に進んだことがあげられます。例えば，SNA統計，資金循環統計，国際収支統計，企業物価指数，家計調査，労働力調査，

消費関連統計など，挙げ出したら切りがありません。そのうち，資金循環統計は旧資金循環勘定，国際収支統計は旧国際収支表，企業物価統計は旧卸売物価指数といったように，名称まで変更する大きな制度改革でした。またこのような既存統計の抜本的な改革ではなく，マイナーチェンジや財政統計に代表されるように，財政制度の変更にともない新たな統計データ（例えば，国のバランスシートなど）の公表が活発化した場合も多数あります。

もちろんこのような大改革が実施されていても，統計作成部局がしっかりとした解説書をできるだけ早くに公表していれば，問題はないはずです。またこれらの本をもとにして，関連する教科の大学教員が理論と現実の橋渡しをする講義を行っていれば，なんら不都合はありません。しかし現実は，そのようになっておりません。その代表例として，SNA統計があげられましょう。この統計は，四半世紀ぶりの大改革であったため，旧経済企画庁内では専門家を中心とした綿密な検討作業を繰り返し実施しましたが，残念ながら新方式へ完全移行して数年が過ぎた今日でも，（暫定版でない）解説書は未だ公表されていません。そのため教員が関連する講義において，「苦労しながら説明している」といった声さえ聞こえてきます。

わが国の経済統計全体が，制度的にみて大きな綻びが目立っていると指摘されて久しいですが，このような綻びはなにもデータ作成だけではありません。上記のような（作成方法にまで及んだ丁寧な）統計データの使用方法や利便性の向上に係る文書の作成といった，利用に関わる根本的な部分まで及んでいるように思われてなりません。もちろん日本銀行のように，繰り返しデータ作成方法や利用方法などの解説書を公表している機関もありますが，むしろそれは一部にすぎません（ただし日銀の場合でも，インターネット上で主要項目別に分類されてはいますが，公表文書が時系列で添付されているだけの場合があり，かならずしも利便性が高いとは限りません）。

残念ながら，これら制度の周辺に関する不満は多数の声とはなっていません。また政府部内の審議会などでも，しばしば個別統計の問題点等について実に熱心に議論がなされていますが，このような国民に対する統計データの

確実な伝達使用に関する本格的な議論は，ほとんど行われていないように思われます。統計の完備は，近代国家としての証であり，しかもわが国はその国民性ゆえに良質な統計が作成されてきたことを誇りにしてきたはずです。それを考えると，現在の状況について少なからず危機感を抱いています。

　以上のような不満を抱いていたなかで，数年前，新世社よりコア・テキストシリーズの1冊として，経済統計に関する本書の執筆依頼がありました。前著をベースに一部修正すればよいと，軽い気持ちでお引き受けしましたが，いざ取り掛かってみると，書く傍から抜本的な改編が進む異常事態や，日常の教育負担に加えて，研究論文の執筆などが重なり，予定を大きく遅れてしまいました。しかも霞ヶ関から離れた土地で，どれだけ統計に忠実な解釈が行えたか，はなはだ不安でもあります。これらの点はできるだけ官庁のホームページや文献等で確認しましたが，現行制度の不備を補うほど完全を期すことは，はじめからあきらめざるをえません。

　このような多くの問題をもっていたものの，本書をどうにか完成させることができたのは，林善之先生（札幌学院大学社会情報学部）と中村研二氏（日本政策投資銀行地域政策研究センター）より，ユーザーの視点にたってさまざまなご意見を提示していただけたほか，辛抱強く原稿の完成を待ってくれた新世社の御園生晴彦氏，編集作業に携わった本宮稔氏のご努力によります。これらの方々に，この場を借りて深謝させていただきます。

　　　平成17年10月1日
　　　戦後60年目の国勢調査実施日を迎えて

谷沢　弘毅

目　次

第Ⅰ部　基礎編　　1

1　経済のしくみと経済統計　　3

1.1　経済のしくみ　　4
経済主体とその特徴（4）　　経済主体間の相互作用と統計（5）

1.2　わが国の統計体系　　7
統計は近代国家の産物（7）　　2本の統計法規と3種の統計（8）
分類の進化（10）　　統計データの計測誤差・訂正（13）

1.3　データのアクセス先・文献案内　　14
インターネット上で公表されている政府統計データ（14）
市販の統計集（15）　　統計書誌情報（16）
経済統計全般についての解説書（16）
最新の政府統計データに関する議論（17）
■練習問題　18　　●参考文献　18

2　景気統計　　19

2.1　景気変動の正体　　20
景気とは何か（20）　　季節変動を除去した景気判断法（21）
GDP前期比とGDPギャップ（22）

2.2　在庫・設備投資の循環変動　　24
在庫と在庫投資（24）　　在庫投資循環による景気判断（25）
設備投資比率でみる中期循環（27）　　設備投資アンケート（29）

2.3 景気動向指数 ——————————————————————————— 31
　　2つの景気動向指数（31）　　DIの作成方法（32）
　　DI・CIの利用方法（34）　　DI指標の問題点（36）
　　HDIによる景気基準日付の決定（37）　　戦後の景気循環（39）
2.4 ビジネス・サーベイ ————————————————————————— 41
　　BSという名の意識調査（41）　　BSIの作成方法（42）
　　意識調査ゆえの「癖」（43）　　景気変動の公式判断『月例経済報告』（44）
　　■練習問題　45　　●参考文献　45

3　SNA 統計　　47

3.1 SNA 統計の基本的考え方 ————————————————————— 48
　　付加価値と発生主義（48）　　社会会計概念の導入（50）
3.2 生産支出勘定 ———————————————————————————— 51
　　基本となる生産支出勘定（51）　　GNIの新たな導入（54）
　　グロス概念とネット概念（54）　　内需と外需の寄与度（55）
3.3 部門別総生産と所得支出勘定 ———————————————————— 57
　　経済活動別GDP（57）　　所得の再分配と2つの消費概念（58）
3.4 資本調達勘定 ———————————————————————————— 60
　　資本調達勘定の考え方（60）　　資本調達勘定と資金循環統計の比較（62）
3.5 海外勘定 —————————————————————————————— 63
　　3分割された海外勘定（63）　　IS バランス論（65）
　　貯蓄投資差額，経常収支，資金過不足の関係（66）
3.6 推計方法・デフレーター ——————————————————————— 68
　　2つの推計方法（68）　　データの改訂時期と推計精度（69）
　　実質値とデフレーター（71）
　　■練習問題　73　　●参考文献　74

4 物価統計 — 75

4.1 価格現象の統計体系 —— 76
多様な価格形態（76）　物価実数統計と物価指数統計（76）
物価指数の対象領域（78）

4.2 物価指数の作成方法 —— 81
2種類の指数分類（81）　物価指数と平均単価の関係（81）
総合指数の作成方法（82）　パーシェ・チェック（84）

4.3 消費者物価指数 —— 85
「バスケット」による取り込み（85）　計上価格の限界（86）
分類とウェイト付け（87）　生鮮食品と持ち家の帰属家賃（88）
品質変化と新製品の登場（89）

4.4 消費者物価地域差指数 —— 90
地域差指数の作成方法（90）

4.5 企業物価指数 —— 91
多様な計上価格（91）　分類とウェイト付け（92）　利用上の留意点（93）

4.6 その他の価格統計 —— 94
複数の地価統計（94）　一物四価の発生（96）
日経商品指数（17種，42種）（96）
■練習問題　97　●参考文献　97

5 人口統計 — 99

5.1 人口現象の把握方法 —— 100
基本は人口学的方程式（100）

5.2 人口静態統計 —— 101
2種類の人口統計（101）　人口の定義（102）
推計人口の推計方法（103）　世帯・世帯主の定義（104）
人口静態関連の主要指標（104）　人口ピラミッドとコーホート（106）
国勢調査の精度（107）

5.3 自然増加統計 ——————————————————— 109
充実した自然増加統計（109）　　大規模調査と簡易調査（110）
婚姻状態の把握方法（110）　　生命表と平均寿命（112）
自然増加関連の主要指標（112）

5.4 社会移動統計 ——————————————————— 114
社会移動の多様性（114）　　不完全な社会移動統計（115）
社会移動関連の主要指標（116）
■練習問題　117　●参考文献　117

6　データの身近な分析方法 　　119

6.1 代表値 ——————————————————————— 120
平均に関する代表値（120）　　散らばりに関する代表値（123）
不平等度の指標（125）　　その他の代表値（127）

6.2 変化率と構成比 —————————————————— 129
基準指数と接続指数（129）　　変化率・瞬間風速・ゲタ（130）
構成比・発生率・特化係数（132）

6.3 弾力性と寄与度 —————————————————— 133
弾力性（133）　　寄与度・寄与率（135）
■練習問題　137　●参考文献　137

第II部　応用編　　139

7　労働統計　　141

7.1 労働力統計 ————————————————————— 142
労調は労働力統計の要（142）　　就業・不就業状態の把握方法（144）
労働力関連の主要指標（146）

7.2 失業率の実態 ———————————————————— 148
失業定義の問題点（148）　　UV分析と均衡失業率（149）
失業状況の深刻度（151）

7.3 賃金統計 — 152

賃金水準と賃金制度の統計（152）　「常用労働者」という労働者（154）
一般労働者とパートタイム労働者（155）　給与分類の特徴（157）
賃金指数の作成方法（158）

7.4 労働時間統計 — 159

毎勤を中心とした労働時間統計（159）　労働時間指数の作成方法（160）
大きく異なる労働時間数（160）

■練習問題　*161*　●参考文献　*162*

8　世帯統計　163

8.1 所得・資産統計の体系 — 164

整備されてきた収支統計（164）

8.2 家計調査 — 166

家計調査の抽出方法（166）　わかりづらい世帯分類（167）
家計簿方式・現金主義の採用（168）　収支分類の基本的考え方（169）
家計調査の主要指標（171）　構造上の大きな問題点（172）
家計貯蓄率論争の含意（174）

8.3 消費関連統計 — 176

百花繚乱の消費関連統計（176）　需要側・供給側統計の長短（177）
各データの比較（178）

8.4 住宅関連統計 — 179

金額情報の少ない住宅関連統計（179）　景気判断の難しい住宅投資（181）

8.5 理論上の所得・消費 — 182

市場価格による再評価（182）　理論上の所得（184）
理論上の消費（186）

■練習問題　*187*　●参考文献　*187*

9 企業活動統計　　189

9.1 生産・出荷統計　　190
もっとも充実した第2次産業統計（190）　　鉱工業指数の作成方法（192）
鉱工業指数の問題点（195）　　景気に敏感な電力使用量（196）

9.2 設備関連統計　　198
把握時期の異なる設備投資統計（198）　　設備投資の定義問題（200）
先行指標である機械受注（201）　　未整備の資本ストック統計（202）
資本ストックの推計方法（204）　　推計上の問題点（205）

9.3 第3次産業統計　　206
不満の残る第3次産業統計（206）　　販売額と販売額指数の推計方法（207）
注目すべき第3次産業活動指数（210）

9.4 企業統計　　210
整備不十分な企業統計（210）　　多角化とリストラの動向（212）
大企業に偏った財務関連統計（214）　　倒産定義と倒産統計（215）
倒産関連の主要指標（216）

■練習問題　217　　●参考文献　218

10 財政統計　　219

10.1 中央財政の範囲　　220
異なる中央財政の範囲（220）　　国は903億円の債務超過（222）

10.2 個別会計の概要　　224
一般会計の歳入分類（224）　　国債の多様化（224）
多岐にわたる歳入関連統計（226）　　一般会計の歳出分類（228）
31の特別会計（229）　　HPで公開し始めた財投機関情報（232）

10.3 主要な財政指標　　233
中央財政関連の主要指標（233）　　注目されるプライマリーバランス（234）

10.4 公共投資統計　　236
多数ある公共投資統計（236）　　公共投資データの問題点（238）

■練習問題　239　　●参考文献　240

11 金融統計 　　　　　　　　　　　　　　　　　　　　　　　*241*

11.1 金融市場 ——————————————————————— *242*
金融市場の分類（242）

11.2 個別の金融市場統計 ——————————————————— *244*
金融統計の基礎：預金・貸出金統計（244）
預金・貸出金関係の主要指標（245）
短期金利政策の要：オーバーナイト（245）　　日経平均株価とTOPIX（246）
株価以外の主要指標（247）　　新発10年国債の利回り（248）

11.3 通貨統計 ——————————————————————— *249*
通貨の定義（249）　　マネーサプライの定義（250）
マネーサプライの体系的理解（252）
マネーサプライとハイパワードマネーの関係（255）
マネーサプライの分析例（256）

11.4 資金循環統計 ————————————————————— *259*
3表で構成される資金循環統計（259）　　資金循環統計の考え方（260）
資金循環統計の利用例（262）
■練習問題　*264*　　●参考文献　*265*

12 対外バランス統計 　　　　　　　　　　　　　　　　　　　*267*

12.1 貿易関連統計 ————————————————————— *268*
業務書類を利用した普通貿易統計（268）　　2つの計上価格（269）
4種の貿易指数（270）　　輸出(入)価格指数と輸出(入)物価指数（271）
貿易の構造面を示す指標（271）

12.2 対内外投資統計 ———————————————————— *273*
把握の不十分な対内外投資（273）　　対外直接投資の定義（275）

12.3 国際収支統計 ————————————————————— *276*
IMFマニュアルにもとづく統計（276）　　日本独自の公表方法（276）
貿易収支概念の比較（279）　　対外直接投資概念の比較（281）
国際収支の発展段階説（282）

12.4 外国為替統計 ——————————————————— *284*
さまざまな外為市場情報（284）　　為替レートと購買力平価（285）
Jカーブ効果（286）
■練習問題　*288*　　●参考文献　*288*

練習問題解答 ————————————————————— *289*
索　引 ———————————————————————— *305*

第 I 部

基礎編

第 1 章

経済のしくみと統計体系

　大学に入学すると，さまざまなレポートの宿題が課されますが，経済関連のレポートである以上は何らかの数字を使用して，具体的・説得的に記述しなければなりません。しかし世の中にあふれる多種多様な数字のなかから，必要な数字を必要な量だけ入手し，しかも適切に加工することは容易ではありません。ここでは，統計がいかなる法制度や基準にもとづいて作成されているのか，どのように分類されているのかを紹介したうえで，その入手方法にも触れることにより，以下の各章で言及される個別統計の理解を深めるための基礎知識を説明しましょう。

○ KEY WORDS ○

統計法，統計報告調整法，指定統計，承認統計，届出統計，業務統計，加工統計，第一義統計，第二義統計，日本標準産業分類

1.1 経済のしくみ

○ 経済主体とその特徴

　複雑な経済の動きや相互関連を把握するには，ある程度の抽象化を行う必要があります。その一つの方法が，経済主体別に経済現象を整理することが行われています。ここで経済主体とは，家計・企業・政府・その他に分けることができます。

　まず家計とは，われわれの家族がともに暮らしている家単位の経済のことです。ただし経済学上からは，家計の最大目的は，基本的には消費活動を中核的活動と位置付けている民間部門と言い換えることもできます。もっとも最近では，個々人がアルバイトをした収入で自分の欲しい財・サービス等を購入するなど，かならずしも家族一体となった経済活動を行っていないことも多くなっています。このような傾向を「個計化」と表現しています。また農家や職人世帯等のように，消費活動を行う家計部門と生産活動を行う企業部門を明確に分離できないようなグループもあります。このような理由から第3章で解説するSNA統計では，家計部門に個人企業を含んだ数値を公表しています。

　次に企業とは，営利目的（つまり利益を得る）で生産・販売活動を行っている事業体のことを指しています。ただし営利目的であるとはいっても，金融機関と非金融機関の経済活動は大きく異なっています。なぜなら通常の非金融機関は，原材料を購入してそれを加工して販売するという活動であるのに，金融機関では金融サービスを販売していますが，そのサービスはあくまで預金などの金融商品を販売して得た資金を貸付金や他の金融商品で運用することであり，その過程において信用創造といった極めて特異な経済活動を行っているからです。このため統計上でも，各種報告書において金融機関を

除いた数値を公表している場合が多く見受けられます。

政府は，大きく分けて中央政府と地方政府の2つとなります。これらの組織は，いずれも租税や公共債等を原資として各種事業を行っていますが，あくまで営利目的で活動しているわけではありません。そのためわが国では，企業と同じ様式で収支や資産・負債等を把握する会計原則が適用されていませんでした。このため最近では不採算事業が多数現れているほか，統計データも民間企業と同様の精度で入手することができないなど，多くの問題を抱えています。

そのほかは，上記3分野に属さない部分すべてを含んでいます。具体的には，NGOあるいはNPOと呼ばれる事業体があげられます。これらの事業体は，近年に至って政府に代わって公共的性格の強い活動を実施する必要性が高まるなかで，急速にその地位を高めています。もっとも経済統計として把握する際には，その活動の経済的価値を貨幣換算することが難しいため，かならずしも正確に把握されているとは限りません。そうであったとしても，現代の経済社会のなかで，このような活動が現として存在していることは事実ですから，このような経済主体にも注目していかなければなりません。

○ 経済主体間の相互作用と統計

経済主体は，その部門内で完結した経済活動を行っているわけではなく，互いに影響を与えつつ活動していることが特徴としてあげられます。例えば，家計内で世帯主である成人男性は，（自営業の場合を除く）大半の人は企業に雇用されて生産・販売活動に従事しています。そしてその労働の対価として，「給与」という名前の収入を得るわけです。また政府はこの給与に対して一定の税率を乗じて租税を課しています。このように経済主体は，相互作用のなかで経済全体を構成しているとみなすことができます。

それではこれらの相互作用を実態に即して表示するための工夫として，統計では何が行われているのでしょうか。その一つの例として，産業連関表が

表 1.1　経済主体間の相互作用

支出元＼支出先	家　計	非金融法人	金融法人	政　府
家　計	仕送り	財・サービスの購入	預金，債券購入等	租税
非金融法人	給与	原材料・製品の販売	預金，債券購入等	租税
金融法人	貸付，給与	貸付，債券購入	預金，債券購入等	租税
政　府	年金・生活給付等の支給	補助金の支給等	預金，債券購入等	地方交付税，地方譲与税等

あげられます。産業連関表は，基本的には経済主体ごとの相互作用を行列表（マトリックス）で表示した統計表です。ここではある一定期間に経済主体間で行われた生産・販売活動が，もれなく表示されているため，非常に明確に把握することができますが，このような統計表を作成することは時間や資金の面で並大抵のことではありません。そしてユーザーが，そこまで厳密な情報を常に必要であるとは限りません。そこで通常は，表1.1のうち縦1列や，横1行といった特定分野の生産・販売活動のみを対象とした統計が作成されています。しかもこれらの統計を組み合わせることによって，最終的に産業連関表，SNA統計のような相互作用を明確に表示した統計へと集約化させていくことが，一般的に行われているのです。

　このような全体と部分の関係からすれば，部分を対象とした統計が精密に作成されていないと，全体としての統計もその精度が保てないことが理解できると思います。統計とはそのような性格を有しているのです。

1.2 わが国の統計体系

○ 統計は近代国家の産物

　わが国で，統計という概念が使用されるようになったのは，それほど古い話ではありません。もちろん江戸時代にも，幕府によって8年ごとに人口調査が実施されるなど，統計調査は実施されていましたが，あくまで統計という明確な概念はありませんでした。このため英語のstatisticsが輸入された当初は，わが国最初の統計学者杉亨二（文政11（1828）年～大正6（1917）年）によって挌智挈（「スタチスチック」と読む）という和製漢字が考案されましたが，実務上では「政表」という言葉が使用されていました。

　例えば，数ある統計のなかでもっとも代表的な人口統計についてみると，杉自身によって維新直後の1869年に駿河国で試験的に実施され，「駿河沼津政表」「駿河原政表」として公表されたほか，さらに1879年に現在の山梨県において「甲斐国現在人別調」が，プレ国勢調査として実施されました。しかし当時の財政事情，統計スタッフの不足などから，本調査への歩みは遅々として進まず，「第1回国勢調査」が実施されたのは1920年でした。このような状況のなかで，現在の総務省統計局に相当する部局が，1881年に政表課から内閣統計局に名称変更されたことを初めとして，1880年代後半から本格的に近代的な統計類が作成されるようになりました。

　また家計調査についてみると，高野岩三郎（明治4（1871）年～昭和24（1949）年）が1916年にわずか20世帯を対象として「東京ニ於ケル二十職工家計調査」を実施しましたが，そこでは近代的な消費支出分類がすでに採用されていました。その数年後には，「家計調査狂時代」と呼ばれるほど家計調査が各地で活発に実施されるようになったほか，家計簿によるデータ収集方式と現在の家計調査での収支分類が考案されるなど，他国に先駆けて近

代的な様式が整備されました。戦後になると，総理府統計局が世界的にも例を見ない詳細な家計調査を実施するなど，わが国は世界的にみても統計大国となっています。

　このように統計自体も一つのりっぱな日本文化である，と筆者は個人的に考えています。さらに上記のとおり「統計」という用語が定着して，統計類が本格的に作成されていった背景には，それを安定的に機能させる基盤としての諸制度（例えば，大日本帝国憲法の発布や府県制・町村制の施行など）が確立したことと無縁ではありません。つまり明治政府が，近代国家では政策遂行上から統計は必要不可欠である，と認識していたことがわかります。

　18世紀フランスの統計学者モーリス・ブロック（Block, M.; 1816-1901）は，「国家の存在するところ統計あり」と指摘しましたが，まさにわが国では1880年代後半より，ようやく近代国家としての体裁を整えたといえるかもしれません。そして現在，統計は政府のみならずわれわれの日常生活や企業活動と密接に関わった，いわば公共財としての役割を果たすまでになっています。

○ 2本の統計法規と3種の統計

　およそ国家が強制的に調査を実施しようとする以上は，その裏付けとなる関連法規が必要となります。このような統計法規として，戦後は統計法と統計報告調整法が制定されています[1]。そしてこれらの法規を根拠として，政府によって作成される統計は一般的に，第一義統計，第二義統計，加工統計に分類されています。

　第一義統計とは，統計を作成する目的で特別の調査（統計調査）を行い，それを集計した統計です。第一義統計は，調査統計とも呼ばれ，さらに指定統計，承認統計，届出統計に分けられます。指定統計とは，統計法（第2

1）統計法と統計報告調整法の成立背景やその特徴については，森博美『統計法規と統計体系』法政大学出版局，1991年が詳しい。

条）にもとづき，総務大臣が指定したもっとも重要性の高い統計であり，現在は50弱実施されています。承認統計とは，統計報告調整法（第4条）により総務大臣の承認を受けた統計であり，雇用動向調査，貯蓄動向調査などがあげられます。また届出統計とは，統計法（第8条）により総務大臣に届出された統計であり，地方公共団体・日本銀行・日本商工会議所等の行う統計も含まれています。

これに対して第二義統計と加工統計は特段，法的根拠が与えられていません。第二義統計は，主として行政上の目的で集められた業務上の資料を利用して付随的に集計した統計であり，業務統計とも呼ばれています。例えば財務省の通関統計は，関税を徴収する目的で輸出入業者が作成・提出した書類を，別途集計した統計です。つまり第二義統計は，固有の業務をもった行政資料に統計の作成という副次的な業務を追加しているのです。

さらに以上のように直接原データを入手しなくとも，既存の統計を加工することによって作成される統計もあります。これを加工統計と呼んでいます。具体的には，生命表や国民経済計算（SNA）統計などがあげられます。例えば生命表は，国勢調査のデータをもとに計算されており，SNA統計は家計調査から資金循環勘定，国際収支表など膨大な量の既存統計を加工することによって作成されます。それゆえ加工統計の精度は，結局のところこれら原データがいかに正確に調査されているかに依存してきます。

なお現在実施されている公的統計が経済の実態を反映したものであるかどうかを確認しておきましょう。表1.2では，SNA統計から得られたGDP・就業者数の経済活動別構成比と統計調査予算の構成比を比較しています。この表から，農林水産業の予算が実態よりかなり高い反面，サービス業や製造業の予算が過少であることがわかります。このような状況を反映して，農林水産業を所管する農水省の職員数も，全省庁の75%に達しています。これらの数字から判断しても，わが国の統計制度がかならずしも経済の実態を適切に反映しているとはいえません。

表 1.2 経済活動別の GDP・就業者比率と関連統計予算比率の比較（2002 年）

	名目GDP	就業者数	予算額
産業計	89.3	93.2	93.1
農林水産業	1.3	6.0	26.7
鉱　業	0.1	0.1	0.1
製造業	19.7	17.6	11.3
建設業	6.6	9.9	1.0
電気・ガス・水道業	2.7	0.7	0.1
卸売・小売業	13.2	17.9	11.4
金融・保険業	6.5	3.0	0.0
不動産業	13.2	1.4	0.0
運輸・通信業	6.1	6.0	2.9
サービス業	19.9	30.6	4.7
（複数業種）	―	―	34.9
政府サービス生産者	8.9	5.5	4.4
対家計民間非営利サービス生産者	1.9	1.3	2.5
合　　計	100.0	100.0	100.0

（注）　政府サービス生産者とは，中央・地方政府のサービス，対家計民間非営利サービス生産者とは，NPO・NGO の提供するサービスを示す。
（資料）　内閣府経済社会統計整備推進委員会編『政府統計の構造改革に向けて』平成 17 年 6 月の参考資料，「経済活動別の GDP・就業者ベースのシェアと関連統計調査」より作成。

○ 分 類 の 進 化

　経済社会は，常に進化していますから，それらを同一の方法で把握することができるのはせいぜい 20～30 年程度の期間にすぎません。そのため常時，現実の経済に即して統計の調査方法や表章形式を変更していかなければなりません。その代表例として，産業分類があげられます。

　わが国では，「第 1 回国勢調査」の実施にあわせて職業分類が作成され，これが産業分類としても使用されるなど，職業・産業分類が混在してスタートしました[2]。その後，1930 年に職業分類と産業分類が明確に分けられたため，基本的には産業分類はほぼ 70 年の歴史を有しています。世界的にみる

と，産業分類の目的のために国連によって国際標準産業分類（International Standard Industrial Classification of All Economic Activities : ISIC）が作成されています。わが国でも戦後は，ISICに準拠しつつ総務省統計局が日本標準産業分類（以下，標準分類という）を作成しています。標準分類は，主に国勢調査の開始される前段階で産業構造の変化に即して修正されており，現在は第11次改訂が使用されています。

標準分類では，分類の単位として事業所を採用しています。この事業所については，「① 経済活動が単一の経営主体のもとにおいて一定の場所すなわち一区画を占めて行われていること，② 財貨及びサービスの生産又は提供が，人及び設備を有して，継続的に行われていること」という2つの要件を満たす場所的単位と定義しています。そしてこれらの事業所によって分類された産業を，「事業所において社会的な分業として行われる財貨及びサービスの生産又は提供に係るすべての経済活動をいう。これには，営利的・非営利的活動を問わず，農業，建設業，製造業，卸売業，小売業，金融業，医療，福祉，教育，宗教，公務などが含まれる」と定義しています。

ちなみに第10次改訂（1993年10月）から第11次改訂（2002年3月）にかけて変更された，主要な部分を表1.3で確認しておきましょう。まず大分類において，「情報通信産業」「医療，福祉」「教育，学習支援業」「飲食店，宿泊業」「複合サービス業」を新設しています。このために大分類の項目数が14から19へと5つ増加するなど，1960年以来の大幅な変更となりました。この背景には，情報通信の高度化，高齢化，サービス経済化などの動きが加速していることがあげられます。さらに大分類の「製造業」は，中分類以下において大幅な新設・廃止を行っており，この動きは今後とも続くといわれています。

なお標準分類では，コーリン・クラーク（Clark, C. G.; 1905-89）以降しばしば，産業構造の変化を把握するために使用されている第1次産業（採取

2）わが国における産業・職業分類の変遷については，三潴信邦『経済統計分類論』有斐閣，1983年を参照してください。

表1.3 日本標準産業分類の新旧対照表

旧分類（第10次改訂）	新分類（第11次改訂）
A　農業	A　農業
B　林業	B　林業
C　漁業	C　漁業
D　鉱業	D　鉱業
E　建設業	E　建設業
F　製造業	F　製造業
G　電気・ガス・熱供給・水道業	G　電気・ガス・熱供給・水道業
H　運輸・通信業	H　情報通信業
	I　運輸業
I　卸売・小売業，飲食店	J　卸売・小売業
J　金融・保険業	K　金融・保険業
K　不動産業	L　不動産
L　サービス業	M　飲食店，宿泊業
	N　医療，福祉
	O　教育，学習支援業
	P　複合サービス業
	Q　サービス業
M　公務（他に分類されないもの）	R　公務（他に分類されないもの）
N　分類不能の産業	S　分類不能の産業

（資料）　総務省統計局編『日本標準産業分類』2002年，546頁。

産業グループ），第2次産業（加工業的グループ），第3次産業（非物財産業グループ）という3分類が，正式には採用されていません。ただしこの分類と第11次標準分類との関連をみると，大分類のA～Cが第1次産業，D～Fが第2次産業，G～Rが第3次産業に対応しており，明らかに標準分類が上記の3分類を意識して作成されていることがわかります。ここで第2次産業の後に「電気・ガス・熱供給・水道業」，「情報通信業」，「運輸業」の3業種を並べている点に注目してください。この理由は，これらの生産活動が製造業に似通っていること，これらの産業の発展が製造業の成長に不可欠な要因であることによります。1983年の第9次改訂時に「電気・ガス・熱供給・水道業」と「運輸・通信業」（当時）の分類順番が繰り上がったのは，以上

の考えに沿った修正でした。このため現在は，上記 3 業種を第 2 次産業に含める統計も多くなっています。

○ 統計データの計測誤差・訂正

この節を終えるにあたって，データの計測誤差などの精度面についても言及しておきましょう。わが国では，しばしば「統計データが水や治安と同様に良質であり，かつ安価に入手できる」などといわれることがあります。しかし最近では，残念ながらこれが当てはまらなくなっているのです。

その代表例として，家計調査があげられます。家計調査は，家計簿といった毎日の収支明細簿とほぼ同様の調査票に収支を逐一，記入させる方式を採用してきました。このような調査は，データを正確に記述している限りにおいては非常に詳細な情報を入手できるのですが，その一方では記入の苦痛をともないます。現在は戦前のように半ば強制的に情報を入手できる時代ではないため，どうしても記入拒否の世帯が増える傾向にあります。このため調査世帯を再度探すことによって，抽出が偏ってくる傾向にあり，他の統計との間で家計の経済活動に関して大きな相違点が現れています。具体的には，家計調査における家計貯蓄率と SNA 統計のそれとの間でまったく異なった動きとなっています。この点は論争として研究者の関心を集め，大方の研究者はどうも家計調査の精度が大きく低下しつつあるのではないかと危惧しています（詳細は，第 8 章の家計貯蓄論争を参照）。

もうひとつ例をあげると，2003 年夏に新聞紙上で明らかになった日本銀行のコマーシャルペーパー（CP）の過大推計も記憶に新しい問題です。すなわち日銀は 2003 年 8 月に，同年 6 月末時点のコマーシャルペーパー（CP）の発行残高を，約 24 兆円であるとしていたのを 15 兆円であったと大幅に修正しました。この理由は，一部の金融機関が CP の引き受け後に市場で売却した分の償還金を報告しなかったため，残高が過大に計上されていたためといいます。このような訂正を行った結果，統計の約 8 割を占める都市

銀行などのCP発行残高がほとんど増加していないこともわかり，CP市場が拡大しているという日銀の説明に疑問を投げかけることとなりました。

原因のいかんにかかわらず，CP発行残高の拡大は企業の資金調達手段の多様化を示すデータとして金融政策を検討する材料となります。このため日銀は，企業が市場から資金調達する直接金融の拡大を促す際の目安として利用するとともに，CPを金融調節の手段にも採用しています。さらに7月からは，新たな金融政策手段として資産担保証券買い入れをスタートさせたばかりでした。このような統計ミスは，CP市場の拡大を前提とした金融政策自体の信頼性にも影響を及ぼしかねません。もちろんバブル経済崩壊以降に進んでいる急速な金融改革がこのような統計ミスに大きな影響を与えたことも否定できませんが，いままで絶大な信頼が寄せられていたわが国の統計調査が大きな曲がり角にきていることは事実です。

1.3 データのアクセス先・文献案内

最後に，経済統計についてさらに勉強してみたいと考える読者のために，データのアクセス先や資料・解説書等を紹介しておきましょう。最近は統計の改廃が頻繁に行われているので，かならずしも現行統計を網羅した文献ばかりとは限りませんが，ここでは比較的新しい情報を掲載した文献を中心に紹介します。

○ インターネット上で公表されている政府統計データ

IT時代に入って，インターネット上で容易に情報を入手できるようになりました。経済統計の分野でも，政府部門では以下のように各省がその統計データをホームページ上で公表しています。最新の景気判断を試みる際には，

是非，これらのデータを活用してください。

 総務省統計局（http://www.stat.go.jp/）
 内閣府経済社会総合研究所（http://www.esri.cao.go.jp/jp/stat/menu.html）
 財務省（http://www.mof.go.jp/）
 経済産業省（http://www.meti.go.jp/statistics/index.html）
 厚生労働省（http://wwwdbtk.mhlw.go.jp/toukei/index.html）
 国土交通省（http://www.mlit.go.jp/toukeijouhou/toukei-jouhou.html）
 農林水産省（http://www.maff.go.jp/www/info/index.html）
 日本銀行（http://www.boj.or.jp/stat/stat_f.htm）

なお民間（特に業界団体）等によって作成された統計類については，全国統計協会連合会が以下のホームページ上でまとめて公表しています。便利ですので，活用してください。

 全国統計協会連合会（http://www.nafsa.or.jp/home/index08.htm）

○ 市販の統計集

省庁ごとのホームページでは，最近の月次データ（の大半）は公表されていますが，過去10年以上にわたる長期間のデータが常に掲載されているとは限りません。そのような場合には，やはり統計集を図書館等で借りる必要があります。このうち『日本統計年鑑』には，政府が作成するあらゆる分野の統計が網羅されているほか，その基本的な解説も掲載されているため，一度は手にとってみてください。

 総務省統計局編『日本統計年鑑』日本統計協会。
 同『日本統計月報』日本統計協会。
 経済産業省経済産業政策局編『経済産業統計』各月版。
 日本銀行調査統計局編『金融経済統計月報』。
 東洋経済新報社編『東洋経済統計月報』。
 矢野恒太記念会編『日本国勢図会』同会，各年版。

さらに戦前期日本（1880年代後半～1930年代後半）に関する主要経済データは，以下のような統計集で利用できます。特に大川ほか（1965～1983）は，世界的にみても非常に貴重な文献であり，戦前・戦後比較といった超長期分析では頼もしいデータ集です。

> 日本統計協会編『日本長期統計総覧』第1～5巻，日本統計協会，1987～88年。
> 大川一司，篠原三代平，梅村又次編『長期経済統計―推計と分析』（全14巻），東洋経済新報社，1965～1983年。
> 東洋経済新報社編『昭和国勢総覧』上・下巻，東洋経済新報社，1980年。

○ 統計書誌情報

また以下の文献は，統計データ自体を公表しているわけではありませんが，わが国の統計調査がいかに実施されているかといった，いわゆる「書誌情報」を提供する文献です。このうち『統計調査総覧』『統計情報インデックス』には統計調査名，実施機関，目的，沿革，調査方法，調査事項など，『統計六法』には調査票が掲載されています。

> 総務省統計局編『統計調査総覧』全国統計協会連合会，各年版。
> 同『統計情報インデックス』日本統計協会，各年版。
> 同『日本標準産業分類』（平成14年3月改訂）全国統計協会連合会，2002年。
> 同『日本標準職業分類』（平成9年12月改訂）同，1998年。
> 同『統計六法』全国統計協会連合会，隔年版。
> 同『民間統計ガイド』全国統計協会連合会，各年版。

○ 経済統計全般についての解説書

ここ数年来，出版された経済統計に関する解説書として，以下の本があげ

られます。いずれの出版物も，統計データの癖や利用方法に関する注意点に言及していますので，本書と併せて読んでください。このうち谷沢（1997）は，かならずしも最新の統計を解説しているわけではありませんが，統計の基本的な作成方法について解説しており，いまでも十分に利用可能です。また谷沢（1999）では，統計が現実の経済問題と関わっていかに修正されてきたのか，興味深いテーマを具体的事例にもとづいて紹介しています。

  谷沢弘毅『現代日本の経済データ』日本評論社，1997 年。
  谷沢弘毅『経済統計論争の潮流―経済データをめぐる 10 大争点』多賀出版，1999 年。
  梅田雅信・宇都宮浄人『経済統計の活用と論点』東洋経済新報社，2003 年。
  小巻泰之『入門経済統計』日本評論社，2002 年。
  中島隆信ほか『テキストブック経済統計』東洋経済新報社，2000 年。
  総務省統計局監修『統計実務基礎知識』全国統計協会連合会，各年版。

○ 最新の政府統計データに関する議論

 最後に，統計全般に関する有識者の議論も，統計利用上で見逃すことができません。各省庁内でもしばしば議論がされていますが，もっとも真剣に検討されている機関は，経済社会統計整備推進委員会（事務局は内閣府経済社会統計整備推進室）や統計審議会（同：総務省統計局統計基準部）です。これらの会議で行われている議論の内容は，各ホームページで知ることができます。特に経済社会統計整備推進委員会の作成した報告書『政府統計の構造改革に向けて』は，わが国統計の将来像を提示しており重要です。

  経済社会統計整備推進委員会のホームページ（http://www.keizai-shimon.go.jp/explain/progress/statistics/）。
  統計審議会のホームページ（http://www.stat.go.jp/info/singikai/）。
 さらに長いこと統計審議会の会長を勤められた溝口敏行（広島経済大学教

授，一橋大学名誉教授）氏は，わが国の統計が抱える問題点をもっとも包括的に理解されている第一人者です。同氏による以下の文献は，経済統計に興味のある読者にとっては必読文献です。

溝口敏行『わが国統計調査の現代的課題』岩波書店，1992 年。

溝口敏行『日本の統計調査の進化』渓水社，2003 年。

練習問題

1.1　現在，指定統計としていかなる統計があるでしょうか。その統計数と代表的な統計についてなぜ指定統計となったのか説明しなさい。

1.2　統計調査活動の実施機構は，アメリカのように特定の機関に集中して行われる「集中型」と，わが国やカナダ，ドイツのような複数の行政機関においてそれぞれの行政分野について独立して行われる「分散型」に大別できます。分散型のメリットとデメリットについて論じなさい。

1.3　わが国では，商品を分類する基準としていかなる方法が採用されているでしょうか。またその分類の基本的な考え方について述べなさい。

1.4　インターネットで統計情報が公表されるメリット・デメリットについて論評しなさい。

参考文献

工藤弘安『入門統計学―官庁統計の作成と利用』（財）全国統計協会連合会，1997 年。

清水　誠『統計体系入門』日本評論社，2000 年。

第 2 章

景気統計

　経済は，常に何らかの要因によって需要と供給が一致せず，異なる率で変動しながら成長します。このような経済変動は，一般的に趨勢変動，循環変動，季節変動，不規則変動の4つの変動が混在して発生していますが，このうち循環変動のことを特に景気変動と呼んでいます。このためこれら個別変動を景気変動から個々に抽出して分析する必要があります。以下では，循環変動を中心に解説しますが，あわせて季節変動についても説明していきましょう。これらの説明を読むことによって，景気を判断するためには多くの指標を比較・検討することが重要であること，を理解するはずです。

○ KEY WORDS ○

季節調整法，GDPギャップ，在庫投資循環，
設備投資比率，景気動向指数（DI，CI），
一致・遅行比率，ヒストリカルDI，
ビジネス・サーベイ，日銀短観，月例経済報告

2.1　景気変動の正体

○ 景気とは何か

　景気とは，一言でいえば企業や家計が受け止める経済活動の勢いについてのマインド（気分）のことです。すなわちモノがよく売れて企業利益が増加したり，個人の所得が増える状態を好景気とか好況といいます。反対に，モノの売れ行きが悪く企業の利益が減少し，個人の所得が減る状態を不景気とか不況といいます。世の中の金まわりが悪く，経済活動が停滞した状態です。そして経済活動は，常にこのような好況・不況を繰り返しながら変化しているため，このような状況のことを景気変動あるいは景気循環と呼んでいます。

　ただし現実の経済は，経済活動の強弱の程度が毎回異なるように，多数の要因が交じり合って複雑な波を描いています。このため景気分析にあたっては，これら多数の要因のうちから，ある特定の経済変動を景気変動と考える必要があります。このような考え方にもとづき，経済変動を趨勢変動，循環変動，季節変動，不規則変動の4つの変動に分けて考えることが一般的です。概ね，趨勢変動とは数10年にわたって上昇（あるいは下降）傾向にある動き，循環変動とは10年以内に複数の波を描く変動，季節変動とは，季節などの不可抗力で1年を周期として発生する変動，不規則変動とはオイル・ショックなどに代表される偶発的，突発的な要因によって現れた経済変動のことを示しています。

　これらの要因のうち，循環的変動を引き起こす要因を予知することによって，景気の低迷から抜け出すことが可能となります。まさに景気統計は，このような景気循環を事前に知り経済活動を制御することを目的として作成されているデータ集なのです。

◯ 季節変動を除去した景気判断法

　景気変動を分析する際には，まず季節変動のような予想可能な変動要素を「しかたない」と考えることからスタートします。しかし夏場の猛暑・冷夏，冬場の大雪・暖冬などの異常気象が発生すれば，これを「しかたがない」と片付けることはできません。このため景気分析にあたっては，まず「例年並み」に季節要因から受ける生産・出荷の変動分を除去する季節調整という作業を行ったうえで，景気判断をしなければなりません。

　このように季節変動の程度を考慮に入れて修正されたデータを季節（変動）調整済み（略して季調済）データ，修正する前の生データを原データと呼んで区別しています。また原データから季調済データを作成する方法を季節調整法と名づけています。以下では2つの代表的な季節調整法を紹介しますが，いずれの場合も経済データの変動（Y）を $Y=X_1 \times X_2 \times X_3 \times X_4$（ただし X_i は趨勢変動，循環変動，季節変動，不規則変動のいずれかを示す）で形成されていると想定しています。

〈前年同期比を利用した方法〉

　この方法は，当期の原データを前年同期の原データで割って，その変動率を計算する方法です。この方法は，簡単に利用できる優れた方法です。ただし当期と前年同期の祝祭日の日数が一致していなければならないほか，閏年であった前年の2月をそうでない本年の2月と比較する場合には問題となります。さらに原データとして名目値を採用した場合には，その変化率には実質値の変動分のほか物価変動分が加わっていること，そもそも季調済データが入手できないこと，前年同期が特殊要因で大きく変動したときは前年同期比を求めても意味がないことなどの問題点があります。

〈移動平均法を利用した方法〉

　上にあげた前年同期比の問題点を解消するために開発された方法です。現

在のところ政府の公式統計で採用されている季節調整法として，この**移動平均法**をベースに作成されたセンサス局法 X-11 と同 X-12-ARIMA の 2 種類があります。

　基本的な作成方法は，まず原データの指数系列に移動平均（第 6 章参照）などの方法を施して**季節指数**を作成します。そして以下の式のように，原データをこの季節指数で割って季調済データを作成するのです。

$$季調済データ = \frac{原データ}{季節指数} \tag{2.1}$$

　この季調済データの対前期比を計算することによって，景気変動の大きさを把握することができます。この方法では，前年同期比の問題点として指摘された祝祭日の日数調整や閏年調整ができるメリットがあります。なお単純な移動平均法を採用している場合には，原データの最初と最後の数期に対応した季調済データが推計できないこと，原データが新たに追加されるごとに季調済データが修正されること，といった問題点があります。

○ GDP 前期比と GDP ギャップ

　あくまで景気変動を経済活動の勢いと定義するなら，その究極のデータは四半期別の**実質 GDP（QE）の対前期比**であるはずです。政府の景気判断でも，最終的には実質 GDP の変動に依拠しています。しかし四半期別の実質 GDP では，その推計精度がかならずしも高くないほか，そもそも月次の変動が不明であるため，それのみで景気判断を行うことは危険です。このため実質 GDP 以外に，鉱工業指数・投資関連データ（以上，第 9 章）や消費関連データ（第 8 章）といった，月次データの動きも参考にしています。

　なお四半期別の実質 GDP を利用して計測された「GDP ギャップ」も，景気循環にとって重要な指標と位置付けられています。**経済全体における供給力と総需要の乖離**のことを，一般的に **GDP ギャップ**と呼んでおり，以下の式で算出されます。

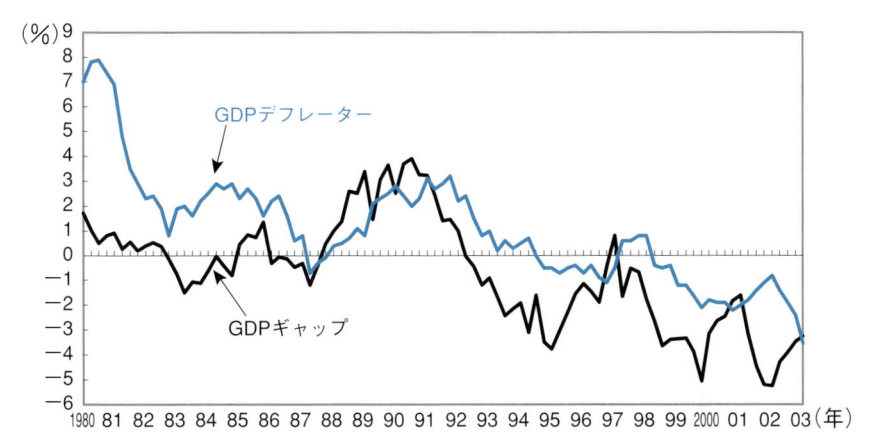

図2.1　GDPギャップおよびGDPデフレーターの推移

(資料)　内閣府編『平成15年版　経済財政白書』61頁。

$$\text{GDP ギャップ} = \frac{\text{現実の GDP} - \text{潜在 GDP}}{\text{潜在 GDP}} \times 100 \qquad (2.2)$$

ここで潜在GDPとは，各生産要素を最大限に投入した場合に入手できる実質GDPのことであり，いわば経済全体の供給力に相当します。現実には資本・労働力を生産要素としたマクロ生産関数を計測したうえで，そこに投入可能な資本・労働力を入れることによって求めています。このため潜在GDPの伸び率を潜在成長率とみなすこともできます。これに対して現実のGDPは，総需要であるとみなしています。

この指標を一国全体の稼動率を代理する指標とみなして，おおよその需給ギャップを把握することは可能です。ただし計測にあたってデータがなかなか入手しずらいこと，計量経済学的な手法が必要であること，採用するマクロ生産関数の形式によりギャップの大きさが変わることなど，厳密には多くの問題点があります[1](次頁)。しかし，その理論的背景が明確である点は，以下で説明するDIやBSIよりも優れています。ちなみに図2.1によると，1990

年代初頭におけるバブル景気の山とGDPギャップの山（すなわち需要超過のピーク）がほぼ一致しているほか，需給関係を反映する物価水準（GDPデフレーター。詳しくは次章3.6節を参照）との相関関係も良好であることが確認できるでしょう。

2.2　在庫・設備投資の循環変動

◯ 在庫と在庫投資

　季節変動を除去したうえで，いよいよ景気変動を確認する作業に入ります。この作業では，景気変動に連動して比較的明確にサイクルを描くデータを使用する必要があります。このような目的にもっとも良く符合するデータの一つとして，在庫投資と設備投資をあげることができます。これらはしばしば在庫投資循環と設備投資循環と呼ばれるように，景気変動を代表する循環的な動きをすることが知られています。

　在庫投資循環を解説する前に，在庫について説明しておきましょう。企業の保有する在庫とは，期末に所有している製品・原材料等であり，いわばストックの概念です。在庫は，生産段階別および流通段階別の分類が行われています。まず生産段階別分類とは，在庫が生産工程のどの段階にあるかという点からの分類であり，原材料在庫，仕掛品在庫，製品在庫の3つに分類できます。ここで仕掛品在庫とは，製造過程にある在庫のことです。これに対して流通段階別分類とは，在庫が流通のどの段階で所有されているかという点からの分類であり，メーカー在庫と流通在庫の2つに分類できます。

　在庫を景気変動の関連でみますと，在庫投資という概念に注目しなければ

---

1) GDPギャップの問題点等については，日本銀行調査統計局編『GDPギャップと潜在成長率』2003年1月を参照。

なりません。在庫投資とは，在庫の期首と期末の差であり，いわばフローの概念です。すなわち在庫と在庫投資との間には以下の関係があります。

$$今期の在庫投資＝今期末の在庫－前期末の在庫 \qquad (2.3)$$

ここでの在庫とは，主に製品在庫のことです。在庫投資は，在庫投資を意識して実施したのか，それとも意識せずに景気循環過程上から自然と行われたのかによって，意図した在庫投資と意図せざる在庫投資の2つに分けられます。意図した在庫投資とは積極的な在庫積みましであり，意図せざる在庫投資とは景気後退によって発生した予想外の在庫増加のことです。

○ 在庫投資循環による景気判断

さらに（製品）在庫投資を景気変動との関連でみた場合には，以下のような在庫投資循環が存在していることが指摘されています。いま景気変動を出荷量の前年同期比で表すと，これと在庫量の前年同期比（すなわち在庫投資の代理指標）とのあいだには，図2.2（概念図）のような右回りの関係があります。この図（在庫循環図）を作成するにあたっては，出荷量・在庫量とも経済産業省の鉱工業指数を採用しています。

〈第1局面〉

景気回復の初期段階では通常，在庫は低い水準にあります。しかし景気回復の本格化に伴って出荷が増加すると，在庫の不足感が生じます。いわば「意図せざる在庫減」（マイナスの在庫投資）が発生します。また企業は，在庫を適正水準にまで回復させるために生産を増加させます。生産の増加は，原材料や半製品に対する需要を増加させ，全体としていっそうの出荷増につながります。

〈第2局面〉

景気の成熟段階に入ると，需要の増勢が徐々に鈍化するとともに，生産の

図2.2 最近の在庫循環図

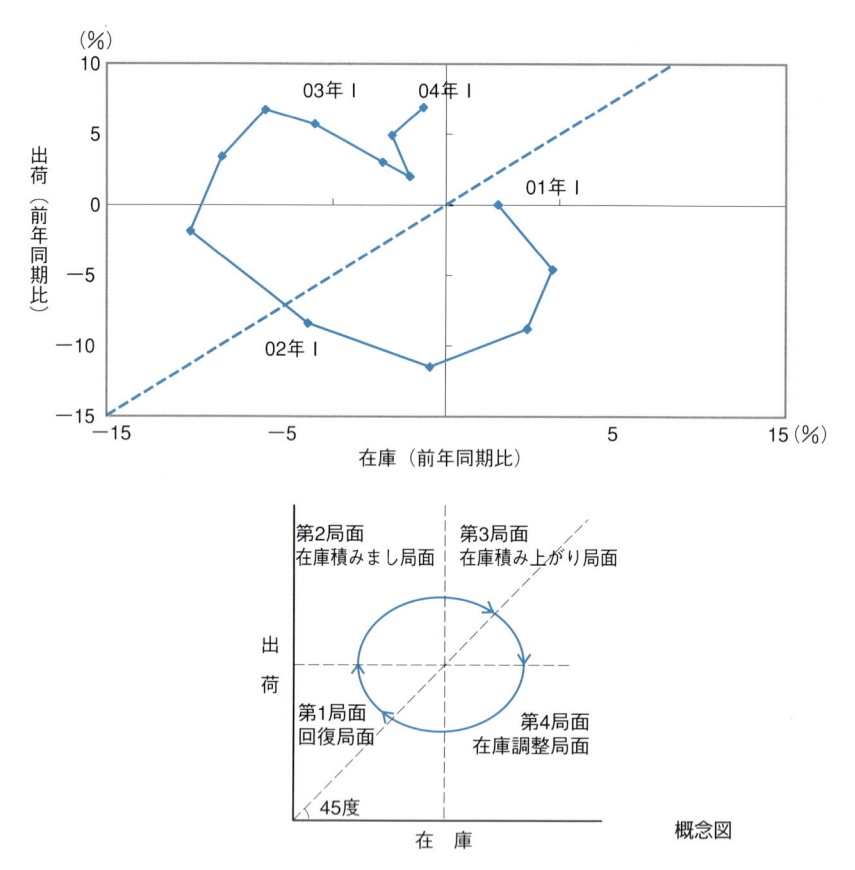

（資料）内閣府編『平成16年版 経済財政白書』98頁。

増加が出荷の増加に追い付いていきます。これに対応して在庫水準は積みまし局面（プラスの在庫投資）に入っていきます。このような状況は，景気の過熱段階に入るといっそう顕著となります。図2.2のように，2004年第1四半期はこの局面にあったことがわかります。

〈第3局面〉

　景気過熱から後退局面に入ると，生産コストの上昇や需要の増勢の鈍化から，在庫の過剰感が発生します。この在庫過剰感に対応するように，在庫の積みまし（プラスの在庫投資）がおこり，いわば「意図せざる在庫増」が発生します。

〈第4局面〉

　景気が後退から低迷段階に至ると，生産の減少がさらに進みます。この生産減に対応して在庫水準を減少させるために，在庫調整（マイナスの在庫投資）が実施されます。

　しばしば景気に関して「山高ければ谷深し」と表現されることがありますが，この山とは在庫の山であり，これが高く積みあがった場合には，その分在庫調整も長引くということを，この言葉は示しています。

○ 設備投資比率でみる中期循環

　在庫投資とともに景気変動を表す代表的データとして，設備投資があげられます。設備投資の割合をSNA統計でみますと，わが国の総需要のうち約2割弱にすぎません。しかし設備投資は，資本コストの水準によってその投資額が決定される側面があるほか，望ましい資本ストック（設備）の水準と現実の資本ストックの水準との差を埋めるように決定される「ストック調整原理」がはたらいています。設備投資が「ストック調整」にもとづき決定されるため，結果として設備投資は景気変動の要因となっています。

　また自動車に対する需要増大が，自動車業界の設備投資（独立投資）をもたらすばかりでなく，自動車を生産する機械設備のような他産業の設備投資までも誘発します。このように設備投資が次々と他産業の需要を誘発する考え方を，「加速度原理」と呼んでいます。設備投資は，その波及効果が極めて大きいため常に注目されるのです。

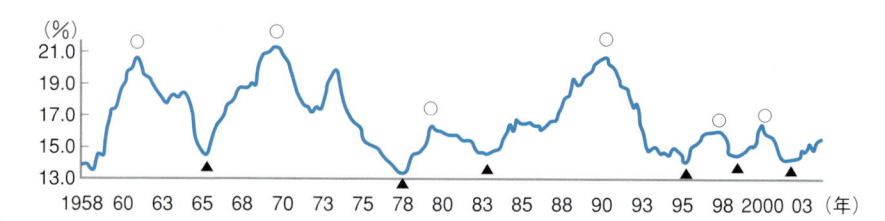

(注) 1. 設備投資比率＝名目民間企業設備÷名目GDP
    2. ○印は指標の山，▲印は指標の谷を示す。
(資料) 内閣府『国民経済計算年報』。

図2.3　設備投資比率の推移

　このような設備投資の変動を把握する方法として，景気循環研究の第一人者である篠原三代平・一橋大学名誉教授によって開発された設備投資比率があげられます。これは，SNA統計の民間企業設備をGDPで割った比率のことです。ちなみに篠原の計測によると，1956年から93年まで約40年間の設備投資比率をみると，4つの景気循環が観察され，その循環の山から山までの期間はほぼ9.8年（下降期間が4.8年，上昇期間が5.0年）となっていました[2]（図2.3参照）。ただしこれらの期間のうち，1978年第1四半期以降は循環的変動が不明確になっていますが，10年で1サイクルという中期循環が長いこと存在していたことはほぼ間違いないでしょう。

　このような中期循環は，以下のように説明されています。すなわち旺盛な企業者活動によって，資本ストックの過不足が生じ，これが設備投資比率の循環を引き起こしていたと考えられます。このような中期循環は，資本ストックの過不足から発生した点で，「ストック調整原理」の一種と考えることができます。またこのような行動の対象期間については，直感的には機械等の耐用年数が10年前後であることから説明しても差し支えないでしょう。

　もっとも90年代の半ば以降は，図2.3のように4年程度の短い循環が2

---

[2] 詳細は，篠原三代平『戦後50年の景気循環』日本経済新聞社，1994年の27～31頁を参照。

つほどおこっており，中期循環が確認できなくなりました。この理由については，さまざまな説明がされていますが，主要な考え方としては① 資産価値の下落による企業のバランスシート（貸借対照表）の悪化，② 銀行の貸し渋り，③ 円高の進行（特に消費者物価指数から求めた円高の水準以上に現実の円高が進んだこと），④ 実質金利の下げ止まり（つまりデフレの進行によって長期金利が高止まりしていたこと），などによって設備投資意欲が冷え込んだことが影響していたと考えられます[3]。またこの時期の投資が，一般的に耐用年数や製品サイクルが短い資産への投資を中心とした，情報化投資が大半を占めていたことも無視できません。

いずれにしても設備投資の中期循環が90年代半ば以降に消滅したのかどうかは，さらにデータを詳しく検証しなければならない課題といえましょう。

○ 設備投資アンケート

景気といったマインドを把握するには，企業経営者にその活動状況を直接聞くことも考えられます。その一環として，表2.1 のような設備投資の変動を予測するためのアンケート調査が行われています。これらの調査の多くは，将来に対する景気判断を目的として質問項目には実績値のほか将来の計画値を記入させるようになっているほか，表示方法も実数のほか前年比が採用されることがあります。また設備投資の定義をみると，民間金融機関によるアンケートは自行の設備投資資金の貸付先を開拓する目的も有しているため，土地の取得価格を含めた金額を調査するほか，その具体的な資金調達内訳を記入させる方式となっている場合がみられます。

なおこれらのアンケート調査では，設備投資額の把握方法として工事ベースと資金ベースの2つの方法が採用されています。工事ベースとは工事の進捗状況にあわせて投資額を計上する方法であり，別名，進捗ベースとも呼ば

3）90年代における設備投資の低迷要因については，貞廣　彰『戦後日本のマクロ経済分析』東洋経済新報社，2005年の第5章が詳しい。

表 2.1　主要な設備投資アンケートの概要

	主要産業の設備投資計画	全国企業短期経済観測調査（略称：日銀短観）	設備投資アンケート調査
調査機関	経済産業省	日本銀行	日本政策投資銀行
統計の種類	届出統計	届出統計	民間統計
調査周期	年1回（3月）	年4回（2, 5, 8, 11月）	年2回（6, 11月）
調査客体	経産省所管の法人（資本金1億円以上）	従業員50人以上の法人（ただしサービス業等は，20人以上）	資本金10億円以上の民間法人
調査数	2,159社	10,316社	8,416社
投資の把握方法	資金ベース(注1)	資金ベース	工事ベース
構成要素			
（土地購入費）	含む	含む	含む
（無形固定資産）	含まない(注2)	含まない(注1)	含まない
（海外での投資）	含む（全社ベース）	含まない	含まない
（リース額）	含まない(注3)	含まない	含まない
その他	設備投資の資金調達・返済方法等が調べられる。	大企業・中堅企業・中小企業別の動きが把握可能。	資金ベースも並行的に調査。

（注）1．調査票では取得ベースと呼んでいる。
　　　2．設備投資額にソフトウェア額を含めないが，調査票のなかで別途，調査している。
　　　3．設備投資額にリース支払額を含めないが，調査票のなかで別途，調査している。

れます。また資金ベースとは，実際に代金が支払われた段階（すなわち企業の固定資産台帳等に記述された段階）で把握する方法であり，支払ベースとも呼ばれています。表2.1では，経産省調査と短観が資金ベース，政策投資銀行調査が工事ベースですが，いずれにしてもアンケートを利用する際には，どの方法で調査されているのかを確認する必要があります。

2.3 景気動向指数

○ 2つの景気動向指数

　私達が景気の善し悪しを判断するには，在庫投資や設備投資といった個別データを検討するのではなく，その他も含めた多数のデータを総合的に判断することが必要です。このような景気の総合的な把握を目的とした経済指標として，景気動向指数が作成されています。

　代表的な景気動向指数として，内閣府経済社会総合研究所の作成するディフュージョン・インデックス（Diffusion Index：DI）とコンポジット・インデックス（Composite Index：CI）があげられます。これらの指数は，いずれも各種の公的統計をもとに毎月作成されています。このうちDIは，景気に敏感に反応する複数の指標を選定し，その変化の方向を合成した景気指数であり，景気局面の判断・予測のほか景気転換点（景気の山・谷）の判定にも用いられます。これに対してCIは，景気に敏感な指標の量的な動きを合成した景気指数であり，主として景気変動の相対的な大きさ（量感）やテンポの測定に用いられています。

　ここでDI, CIが景気変動といかなる対応関係にあるのかを示すと，図2.4のようになります。そもそもCIは，DIが景気の強弱を反映しないという問題点を解消するために作成されたものであり，景気の山（谷）がCIの山（谷）に一致します。このため，CIのほうが景気変動を直感的に理解しやすいはずです。しかし現実にはDIのほうが，開始時期が早く長期的な比較が可能であったほか，指数作成で利用された各データの動きまで遡って検討しやすくなっています。これらの理由から，DIを利用するほうが圧倒的に多く，現状ではCIはDIの参考資料として利用されているにすぎません。

図2.4 DIとCIの関係

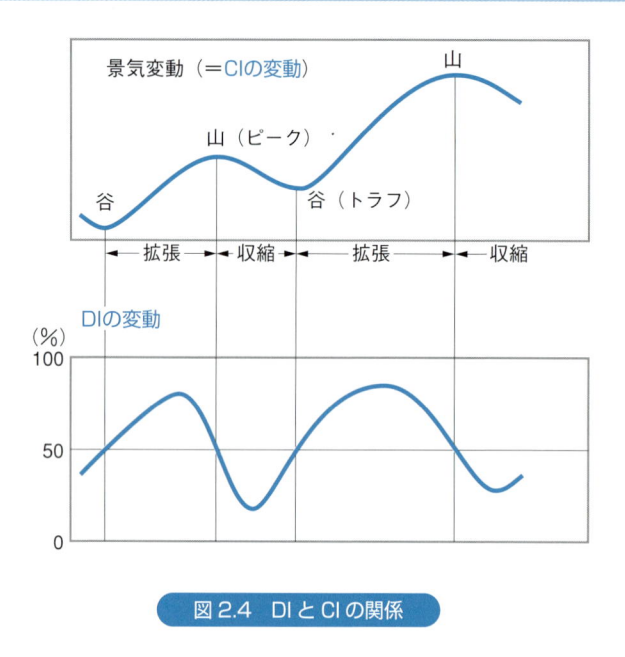

◯ DI の作成方法

　次に DI の作成方法を説明しましょう。DI は，表2.2のように全部で30の指標（季調済データ）を使用して作成されます。これらは4指標（四半期別データ）を除くいずれも月次データであり，その動きを景気変動と関連させて先行系列（12指標）・一致系列（11指標）・遅行系列（7指標）の3系列に分類します。先行系列とは景気の動きに先行して動く指標グループ，一致系列とは景気の動きとほぼ一致して動く指標グループ，遅行系列とは景気の動きに遅れて動く指標グループです。

　各指標は，3ヵ月前と比較して増加している場合を（＋），収縮している場合を（－），横ばいの場合を（0）とします。そしてこれらの指標を，以下の式に代入することによって DI（すなわち先行指数，一致指数，遅行指数，

表2.2 景気動向指数（DI・CI）の採用指標の概要

系列名	指標名	正・逆サイクル	対象業種	データ周期	季節調整法	備考
先行系列	最終需要財在庫率指数	逆	製造業	月次	X12	―
	生産財在庫率指数	逆	製造業	同上	X12	―
	新規求人数（除学卒）		全産業	同上	X11	
	実質機械受注（船舶・電力を除く民需）		全産業	同上	X11	・機械受注（季調値）÷国内品資本財企業物価指数
	新設住宅着工床面積		鉱工業・商業	同上	X11	―
	耐久消費財出荷指数		製造業	同上	前年同月比	―
	消費者態度指数		製造業	同上	―	―
	日経商品指数（42種総合）		全産業	同上	前年同月比	・月末指数
	長短金利差		全産業	同上	―	・長期国債（10年）新発債流通利回－TIBORユーロ円金利
	東証株価指数		全産業	同上	前年同月比	
	投資環境指数		製造業	四半期	X11	・総資本営業利益率（季調値）－長期国債（10年）新発債流通利回
	中小企業業況判断来期見通し		全産業	同上	X11	
一致系列	生産指数		鉱工業	月次	X12	―
	生産財出荷指数		製造業	同上	X12	―
	大口電力使用量（9電力計）		全産業	同上	X11	
	稼働率指数		製造業	同上	X12	
	所定外労働時間指数		製造業	同上	X12	・総実労働時間指数（季調値）×就業者指数
	投資財出荷指数（除輸送機械）		製造業	同上	X12	
	百貨店販売額		小売業	同上	前年同月比	
	商業販売額指数（卸売業）		卸売業	同上	前年同月比	
	営業利益		全産業	四半期	X11	
	中小企業売上高		製造業	月次	X12	・中小企業出荷指数（季調値）×中小企業卸売物価指数（工業製品）
	有効求人倍率（学卒を除く）		全産業	同上	X11	
遅行系列	最終需要財在庫指数		製造業	同上	X12	
	常用雇用指数		製造業	同上	前年同月比	
	実質法人企業設備投資		全産業	四半期	X11	・法人企業設備投資（季調値）÷民間企業設備投資デフレーター
	家計消費支出（勤労者世帯、名目）		全産業	月次	前年同月比	
	法人税収入		全産業	同上	X11	
	完全失業率	逆	全産業	同上	X11	
	国内銀行貸出約定平均金利		全産業	同上	―	

（注） 1．逆とは逆サイクル（増大すると景気が悪化，減少すると景気が好転する傾向）の指標を示す。
　　　 2．季節調整法のうち，X11はセンサス局法X-11，X12はセンサス局法X-12-ARIMAを示している。

2.3 景気動向指数

および総合指数）が作成できます。

$$DI = \frac{拡張系列数＋横這いの系列数\times 0.5}{総系列数}\times 100 \quad (2.4)$$

なお表2.2のサイクル系列で「逆」と表示されている指標は，景気動向と反対方向（すなわち景気が上昇するとき減少，景気が下降するとき増大）に動くものです。このような指標の場合には，(2.4) 式左辺のプラス・マイナス符号を逆転させて計測します。

○ DI・CI の利用方法

DI を利用して景気の状況を判断する際には，以下のような点に注意して利用してください。まず図2.4のように，DI の 50% 水準を景気の転換点であるとみなしています。DI（総合指数あるいは一致指数）が 50% を超えていれば景気拡大局面，50% を下回っていれば景気後退局面を表しています。いわば 50% の水準が景気の転換点であり，50% を下から上へ切る時点の近傍に景気の谷が，50% を上から下へ切る時点の近傍に景気の山があると考えられます。

第二に，DI の水準自体は問題とすべきでないことです。DI（総合指数あるいは一致指数）は，50% より上にあるか下にあるかを問題とすべきであり，例えば 60% から 70% へと変化したこと自体が景気変動の強弱や振幅等の情報を提供しているわけではありません。景気変動の強弱は，CI で確認してください。

第三に DI 先行指数と遅行指数の情報を利用すべき点です。すなわち一般的には，先行指数が 50% を上から下に切って 5 ヵ月後に景気の山を迎え，反対に下から上に切って 2 ヵ月後に景気の谷を迎えることが，経験的に知られています。反対に遅行指数は，経験的に景気の山に対して 6 ヵ月，景気の谷に対して 12 ヵ月程度遅行することが知られています。

第四として，CI 一致・遅行比率も活用できます。政府の公式発表では使

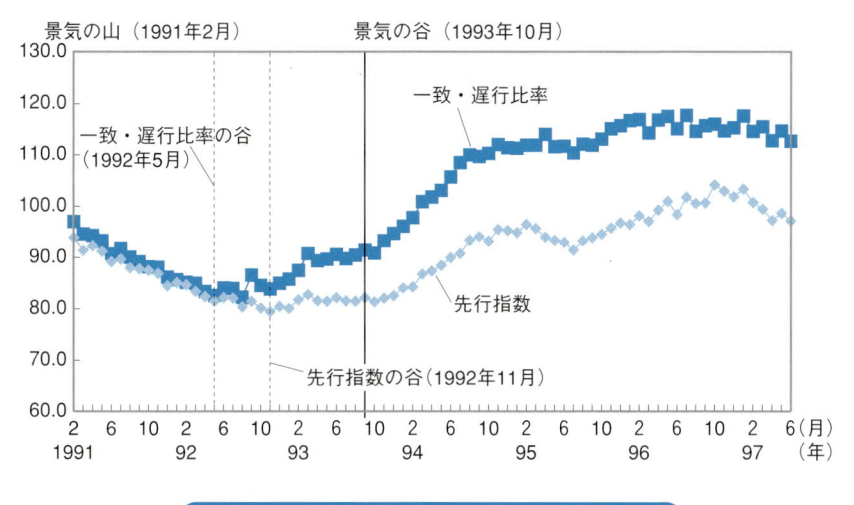

図2.5 一致・遅行比率と先行指数の推移（CI）

用されませんが，民間エコノミストがしばしば利用する指標に，**一致・遅行比率**があります。この比率は，CI一致指数÷CI遅行指数で算出される数値です。あえてDIでなくCIを利用する理由は，DIでは月ごとに大きく変動して安定性に欠けるほか，DI遅行指数では分母が0となり計測不能となる場合があるのに対して，CIではこれらの場合がおこらないからです。また一致指数と遅行指数を利用する理論的な背景は，そもそも遅行指数の逆数（1/遅行指数）の先行期間が長いという性格があることによります[4]。いま図2.5のように，複合不況時について一致・遅行比率を先行指数と比較すると，一致・遅行比率が先行指数よりも明確に先行性を示し，しかも景気の谷に対して17ヵ月先行していたことがわかります。

4）白川一郎『景気循環の演出者』丸善，1995年，67〜69頁．

◯ DI 指標の問題点

ところで DI で採用された指標にはさまざまな問題点がありますが，とりあえず以下の 6 つを指摘しましょう。

第一に，製造業の指標が多く採用されていることです。つまり景気に敏感な指標である製造業の指標が多く，サービス経済化を反映した第 3 次産業関連の指標が少なくなっています。DI が，経済全体の動きを示す指標である以上は，現実の産業構造を正確に反映するように作成されるべきです。

第二に，季節調整法が統一されていないことです。すなわち生産・出荷・在庫関連の指数では X-12-ARIMA 法，新規求人数・完全失業率などでは X-11 法，百貨店販売額・家計消費支出などでは前年同月比が採用されているなど，現行の DI では 3 つの季節調整法が混在しています。当然のことながら，同一データでも採用する季節調整法によって若干の差が生じるため，今後は季節調整法を統一することが求められます。

第三には，名目値と実質値が混在していることです。もちろん新設住宅着工床面積や大口電力使用量（詳しくは，第 9 章の 9.1 節を参照）のような数量データではこのような問題点はおこりませんが，百貨店販売額，営業利益，法人税収入などの金額データは名目値のまま使用されています。そもそも数量データと金額データを混在させることが理論的に正しいかどうか判断の分かれるところですが，政府の景気判断が実質 GDP の前期比に準拠していますから，できれば実質値に統一すべきでしょう。

第四として，採用データは基本的には月次データですが，一部には四半期別データがあることです。この例として投資環境指数，中小企業業況判断来期見通し，営業利益，実質法人企業設備投資の 4 データがあげられます。このうち中小企業業況判断来期見通しを除いた 3 データは，いずれも財務省『法人企業統計季報』をもとに算出しています。DI が 1 ヵ月周期で発表されていることを考慮すれば，これら 3 指標もできれば月次データとすべきです。

第五として，フローデータとストックデータが厳密に区別されていないこ

とです。例えば，最終需要財在庫指数，常用雇用指数，完全失業率，国内銀行貸出約定平均金利など，遅行系列でストックデータが多く採用されています。この理由としては，先行・一致の両グループと比較して遅行系列に該当するフローデータがなかなかみつからないことがあげられます。

　第六として，企業部門で中小企業に限った指標が2つ（中小企業業況判断来期見通し，中小企業売上高）含まれているが，はたしてこの2つのみを規模別データで把握することが必要であるかどうかです。もし規模別データの必要性を強調するなら，家計部門でも低所得世帯のみに限定した消費支出などのデータが必要ではないか，などの疑問があげられます。

　もちろん内閣府では，採用系列の選定基準を明確に定めていますが[5]，この基準においても以上の問題点は解決されていません。現状では，少ない指標のなかからようやくみつけ出しているといった状況です。このためエコノミストのなかには，DIを「理論なき計測」と呼ぶ人もいます。

○ HDIによる景気基準日付の決定

　DIは，毎月の景気の良し悪しを判断する重要な指標ですが，激しい不規則変動があるために，容易に判断することができません。また30個の指標が揃うまでに相応の時間がかかるほか，初めに速報値で作成したDIを確報値で再度作成するなど何度も改訂します。このため過去にたびたび，景気判断が誤ったことがあります[6]。

　そこで景気の山・谷（すなわち景気基準日付）を決めて現状の景気状況を的確に判断するためには，DIをもとにヒストリカル・ディフュージョン・インデックス（Historical Diffusion Index：HDI）という指標が別途，作成されています。このためいままで説明してきたDIを，カレント・ディフュー

---

[5] この選定基準については，太田　清『景気予測の考え方と実際』有斐閣，1993年，61～64頁が詳しい。

[6] 詳しくは，谷沢弘毅『経済統計論争の潮流』多賀出版，1999年，82～84頁を参照。

ジョン・インデックス（Current Diffusion Index : CDI）と呼んで区別することもあります。"ヒストリカル"という名称は，歴史的な長期データという意味に受け取られがちですが，むしろCDI（以下，引き続きDIと呼ぶ）の確報値と理解すべきです。

　HDIは，DIの一致指数の原系列から不規則変動を除去して，DIの趨勢的な動きをとらえた系列です。HDIの作成方法は，① DI一致系列を構成する個別系列ごとに，Bry-Boschan法という特殊な計算方法に基づいて山・谷を設定，② 個別系列ごとに山から谷に至る期間はすべてマイナス，谷から山に至る期間はすべてプラスとして月別の変化方向を確定，③ 各月の拡張系列の採用系列に対する割合を算出する，という手順で行われます。そしてHDIが50%を下回る直前の月を山，50%を上回る直前の月を谷とすることによって，HDIによる基準日付が決まります。

　HDIが確定すると，自動的に景気の山・谷が決まるわけではありません。手続き上では，さらに内閣府経済社会総合研究所内に設置された景気動向指数研究会（委員はすべて学識経験者）での議論を経て，経済社会総合研究所長が設定するのです。ただしHDIによる判定は通常，景気が実際に山・谷を付けてから約13ヵ月かかります。なぜなら山と谷は，山と谷との間隔が5ヵ月以上必要であること，一周期の長さは15ヵ月以上必要であるといったルールを与え，12ヵ月移動平均等を掛けたデータにしたがって確定しているからです。このため日付の決定にあたっては，HDIのほかに景気動向指数の一致指数の累積指数を作成して，暫定的に景気の山・谷を確定するという作業も併せて行われます。

　景気動向指数のみで景気判断を行うなら，景気の山を1年以上すぎた景気後退期に，「あのときは景気が良かった」と判断することとなります。このため速報性を重視する景気判断にあたっては，景気動向指数のほかに他のデータを併せて利用していかなければなりません。

表 2.3 戦後日本の景気循環

循　環	谷	山	谷	期間（ヵ月）			備　考
				拡張	後退	全循環	
第 1 循環		51 年 6 月	51 年 10 月	(4 ヵ月)			朝鮮動乱ブーム
第 2 循環	1949 年 10 月	54 年 1 月	54 年 11 月	27	10	37	消費景気
第 3 循環	54 年 11 月	57 年 6 月	58 年 6 月	31	12	43	神武景気
第 4 循環	58 年 6 月	61 年 12 月	62 年 10 月	42	10	52	岩戸景気
第 5 循環	62 年 10 月	64 年 10 月	65 年 10 月	24	12	36	オリンピック開催
第 6 循環	65 年 10 月	70 年 7 月	71 年 12 月	57	17	74	いざなぎ景気
第 7 循環	71 年 12 月	73 年 11 月	75 年 3 月	23	16	39	第 1 次石油ショック(注)
第 8 循環	75 年 3 月	77 年 1 月	77 年 10 月	22	9	31	
第 9 循環	77 年 10 月	80 年 2 月	83 年 2 月	28	36	64	第 2 次石油ショック(注)
第 10 循環	83 年 2 月	85 年 6 月	86 年 11 月	28	17	45	
第 11 循環	86 年 11 月	91 年 2 月	93 年 10 月	51	32	83	バブル景気・複合不況
第 12 循環	93 年 10 月	97 年 5 月	99 年 1 月	43	20	63	消費税 5 ％に引き上げ
第 13 循環	99 年 1 月	00 年 11 月	02 年 1 月	22	14	36	
第 14 循環	2002 年 1 月	＊	＊	＊	＊	＊	
第 2-13 循環の平均				40	21	50	

(注)　第 1 次石油ショックは 1973 年 10 月，第 2 次石油ショックは 1978 年 12 月である。
(資料)　内閣府経済社会総合研究所のホームページに掲載されている景気動向指数研究会の資料より作成。

○ 戦後の景気循環

　HDI の変動より戦後の景気循環をみると，表 2.3 からわかるように現在までに 13 個の景気循環が認定されています。その特徴として，戦後日本の景気変動はほぼ 4 年間を 1 循環として発生していることが確認できます。ただし第 1 次オイル・ショック以前と以降に分けると，オイル・ショック以降で景気循環が長期化していることがわかります。また表 2.3 では確認できませんが，潜在成長率が低下したことによって，景気循環の実感がわきずらくなっていることも，あわせて指摘しておきましょう。

　このほか景気循環という言葉からは，常に上昇か下降のサイクルを発生させていると考えがちですが，実際には膠着状態のまま変動しない期間が続く

こともあります。このように一進一退の状況を，しばしば「景気の踊り場」と呼んでいますが，景気判断でもっとも難しい状況はまさにこのような場合です。ちなみに第14循環では，2002年秋から03年夏まで，04年秋から05年夏までの2つの踊り場があったことが指摘されています[7]。

ところで景気変動を中長期的にみると，過去の研究から循環的変動としておもに4つの変動が知られています。すなわち4つの循環は，以下のようにそれぞれ発見者の名前が付けられています。これらを周期の短い順にあげると，キッチンの波（1周期は約2〜3年），ジュグラーの波（同，約7〜8年），クズネッツの波（同，約20年），コンドラチェフの波（同，約50〜60年）となります。そして景気循環の原因として，キッチンの波が在庫投資，ジュグラーの波が設備投資，クズネッツの波が建築・建設投資，コンドラチェフの波が人口増加・移民・戦争などが考えられています。

これらの4つの循環は，長期的な変動のなかに中期的な変動が，中期的な変動のなかに短期的な変動が，それぞれ含まれていますので，これらを抽出する必要があります。それゆえ私達は，分析目的にあわせて必要な変動以外を何らかの方法によって除去すべきことはいうまでもありません。ただし全般的な傾向として，1周期が4年程度であったということから判断して，戦後日本の景気変動はキッチンの波，つまり在庫変動によってもたらされたといえるかもしれません。また既述のとおり，ジュグラーの波も篠原三代平氏によって発見されています。

7）景気の踊り場については，「ニュース入門，景気の踊り場」『日本経済新聞』2005年9月18日付け朝刊，26頁を参照。

2.4 ビジネス・サーベイ

◯ BSという名の意識調査

　DIはあくまで各種の統計データをもとに作成されていましたが，景気の良し悪しを経営者の感覚によって把握することも可能です。このようなマインド（意識）にもとづく統計として，ビジネス・サーベイ（Business Survey：BS）があげられます。BSとは，各企業に対するアンケート調査項目中に景気に関する判断を入れておき，それを加工して全体としての景気判断を行う意識調査です。例えば「良い」と答えた企業の割合から「悪い」と答えた企業の割合を引いた数値を業況判断DI（%）としたうえで，その動向を経時的に観察しています。

　主要なBSとして，日本銀行が四半期ごとに公表している企業短期経済観測調査があります。この調査は短観という略称で呼ばれており，最近は外国人記者の間でも'TANKAN'の名称で知られています。短観は現在，企業規模（大企業，中堅企業，中小企業）を資本金規模別（10億円以上，1億円以上10億円未満，2,000万円以上1億円未満）に分類しつつ，全国の企業を対象に実施されています。このような短観を全国短観といいますが，このほか支店ごとに実施される地域別の短観（支店短観）もあります。いずれも非1次産業全体を対象としていますが，基本的には景気変動が明確に現れる製造業を中心に分析しています。同様の四半期別BSとして，内閣府の実施する法人企業景気予測調査があります。

　上記のような四半期別のBSではかならずしも景気変動を正確に把握できませんから，月次の調査も公表されています。代表的な調査として，内閣府による景気ウォッチャー調査，ロイター・ジャパン（株）によるテレレート短観業況判断調査（略称：ロイター短観），商工組合中央金庫による中小企

業月次景況観測などがあげられます。基本的な作成方法・見方は日銀短観と同じですので，これらを併用して景気判断することをお勧めします。

　このうち景気ウォッチャー調査は，政府の景気判断が遅く，かつ実感と一致しないという問題から，2000年1月より実施された比較的新しい調査です。全国を11の地域ブロックに分けて，景気判断に必要となる「現場の声」（2050人分）を収集させているため，政府内ではDIの景気判断を補う貴重な調査と位置付けられています。またロイター短観は，日銀短観と同規模の資本金10億円以上の製造業200社，非製造業200社の計400社を対象にアンケートの形で行われますので，日銀短観を補う情報を提供しています。

○ BSIの作成方法

　BSでは，一般にビジネス・サーベイ・インデックス（Business Survey Index：BSI），あるいは業況判断DIと呼ばれる指標を作成することによって景気の状況を判断しています。

　いま代表的なBSIの作成方法として，日銀の短観における業況判断DIを説明しましょう。この場合には，現在の業況が「良い」「さほど良くない」「悪い」の選択肢をもつ質問を入れておき，これら選択肢のなかから1つを選択させます。そして各項目の構成比を計算して，「良い」の構成比から「悪い」の構成比を引いた値がBSIとなります。

　もっとも作成方法では，以下の2点に注意しなければなりません。第一に，業況に関する質問項目が「良い」「悪い」といった景気の現状判断を問う場合と，「良くなる」「悪くなる」といった景気の先行きに対する判断を聞いている場合があります。前者は短観・中小企業月次景況観測で，後者は法人企業動向調査で採用されていますが，景気ウォッチャー調査では両方が調べられています。これら2種類の質問は，当然ながら対象時点が異なるため，適宜使い分けて行く必要があります。

　第二に，短観以外にもBSIは公表されていますが，これらの調査ではか

表2.4 ビジネス・サーベイ・インデックス（BSI）の表示形式

	形式（1）	形式（2）
BSIの計算式(注)	$BSI=\dfrac{\text{好判断回答数}-\text{悪判断回答数}}{\text{全回答数}}\times 100$	$BSI=\dfrac{\text{好判断回答数}+\text{不変判断回答数}\times 0.5}{\text{全回答数}}\times 100$
変動幅；		
上　限	100	100
中　心	0	50
下　限	−100	0
代表的な統計	・日銀「企業短期経済観測調査」，内閣府「法人企業景気予測調査」など	・商工中金「中小企業月次景況観測」など

(注) 計算式のうち，好判断回答とは「良い」「良くなる」，不変判断回答とは「さほど良くない」「不変」，悪判断回答とは「悪い」「悪くなる」等の属性を示す。

ならずしも短観と同一の形式を採用しているわけではありません。例えば表2.4のように，法人企業動向調査は短観と同様に下限が−100となる形式（1）ですが，商工中金の中小企業月次景況観測では「不変」も「良い」に加えることにより下限を0とする形式（2）となっています。

形式（1）が「不変」の大きさを無視しているのに，形式（2）ではそれをウェイト付けして加えているため，形式（2）のほうが正確であるように思われます。しかし同一調査で両形式を算出して比較しても，さほど大きな変化はないことが知られています。このような理由から，大半の調査では形式（1）を採用していますが，異なる方式を比較する際には注意してください。

○ 意識調査ゆえの「癖」

先の作成方法からもわかるように，あくまでBSIは意識調査であるがゆ

えに癖があることに注意してください。まず目的は定性的要因の把握であり，定量的な情報は入手できないということです。すなわち企業の経営者に対するアンケート調査によって，景況感，マインドといった定性的概念を客観的に把握することを目的としています。このため現状のマクロ経済指標では把握しきれない部分を補完して，極めて細かな判断のための情報を提供するデータであると，割り切って利用してください。

さらに今後の景気動向を占うための情報も含まれていますが，この場合には予測値特有の癖があることに注意しなければなりません。日銀短観を例にとると，売上高の予測の変化率が常に実績の変化率を下回ること（変動についての過小評価）や，設備投資計画は当初（2月調査）低めの伸びでスタートした後，翌年2月調査（実績見込），同5月調査（実績）では工事遅れや翌年度への繰り延べ等から下方修正されること（調査月による修正パターン）などが指摘されています。

○ 景気変動の公式判断『月例経済報告』

本章を終えるにあたって，政府が月々の景気判断をどのような形で発表しているのかを紹介しておきましょう。マスコミの発達した現代では，民間エコノミストなどさまざまの立場の人が，各種のメディアを通じて独自に景気判断を発表していますが，政府による代表的な公式判断は毎月中旬ごろに，経済財政担当相が関係閣僚会議に提出する『月例経済報告』によって知ることができます。また日本銀行による『短観』，『金融経済月報』（月次）や支店長会議（毎年1，4，7，10月）関連の記者発表，総裁の談話も，政府部内における景気判断に関する公式発表の一種といえましょう。

このうち『月例経済報告』は，冒頭の基調判断に関する部分を読むことによって，景気は上昇局面なのか，それとも下降局面なのかを判断することができます。もっとも政府の発表であるがゆえに，経済政策の責任を国会等で追及されないように，その表現が実態よりも微妙に上方修正されたり，婉曲

的に表現されるなど，しばしば「景気修辞学」と揶揄されています。このため景気の現状を正確に把握するためには，政府発表の景気判断ばかりでなく自らが日頃からデータの微妙な変化に関心をもつようにするほか，信頼できる民間エコノミストの発言に耳を傾けることも重要でしょう。

練習問題

2.1 景気動向指数の一致指数と遅行指数から一致・遅行比率を求め，これと景気の山・谷のあいだにどれだけのタイム・ラグがあるか確認しなさい。

2.2 全産業活動指数の作成方法について述べなさい。またGDP（QE）の代わりに全産業活動指数を使用して景気循環を判断する際に留意すべき点について答えなさい。

2.3 現在，使用されている景気動向指数の採用指標以外に，あなたならどんな指標を採用しますか？　いくつでもよいから提示しなさい。

2.4 GDPギャップの推計方法について，その基本的な考え方を説明しなさい。

参考文献

内閣府経済社会総合研究所編『景気動向指数の利用の手引き』（内閣府経済社会総合研究所のホームページで公表）。
同『月例経済報告関係資料』（同）。
景気動向指数研究会の議事録（http://www.esri.cao.go.jp/jp/stat/menu.html）。

第 3 章

SNA 統計

　私達は日常，1人当たり GDP が世界トップクラス，実質 GDP が前年に比べて何％増えたなどの言い方で，国民経済計算体系（System of National Accounts: SNA）に基づく統計（以下，SNA 統計という）のデータを利用しています。ただし一口に SNA 統計といっても，この統計は生産面，所得分配面，支出面など，広範囲をカバーして作成されています（ちなみに作成しているのは，内閣府経済社会総合研究所です）。以下では，このような広範な体系を有する SNA 統計の基本構造を，国連によって 1993 年に改訂された SNA（93SNA）の考え方にもとづき，生産支出勘定，部門別総生産額，資本調達勘定，海外勘定，推計方法とデフレーターの順で，説明していきます。

○ KEY WORDS ○
国内総生産と総支出勘定，GNI，
現実最終消費支出，三面等価の原則，
IS バランス論，資金過不足，
コモディティ・フロー法，QE，
GDP デフレーター，
インプリシット・デフレーター

3.1 SNAの基本的考え方

○ 付加価値と発生主義

　実質GDPの前年比に代表されるように，SNA統計で測られる社会全体の価値とは，いったい何でしょうか？　これは通常，付加価値と呼ばれる経済的価値のことです。すなわち一国で生産される製品の多くは，複数の人々が生産に参画することによって供給されています。ここで一つの製品が複数の生産者によって生産される形態を，社会的分業と呼んでいます。社会的分業にもとづき各生産段階の人々が次の生産者に販売するにあたっては，生産に要した費用に，ある一定額の価値を付加させて販売しており，ここで付加された価値がすなわち付加価値です。

　いま一国がパンのみを製造しており，このパンが図3.1のように社会的分業によって生産されていると仮定しましょう。社会的分業による生産物のうち，パンを最終生産物，それ以前の小麦・小麦粉を中間生産物（または中間投入物）と呼んで区別します。ここで一国の経済活動の大きさを計測するために，各生産段階の販売額をすべて足すと，ある生産者から他の生産者へと転売された中間生産物が二重に計上されてしまいます。このため付加価値総額を把握するには，最終生産物の金額（図3.1の右端）だけを考慮すればよいことがわかります。この最終生産物が国内総生産（Gross Domestic Product: GDP）と呼ばれる概念です。しかもSNA統計では，GDPの把握時点を販売が成立した時点としています。けっして小麦粉やパンの代金が支払われた時点ではありません。このように契約が成立した時点で取引が成立する考え方を発生主義といいますが，GDPは発生主義で把握されているのです。

　さらにSNA統計のみに備わった特殊な考え方として，帰属計算があげら

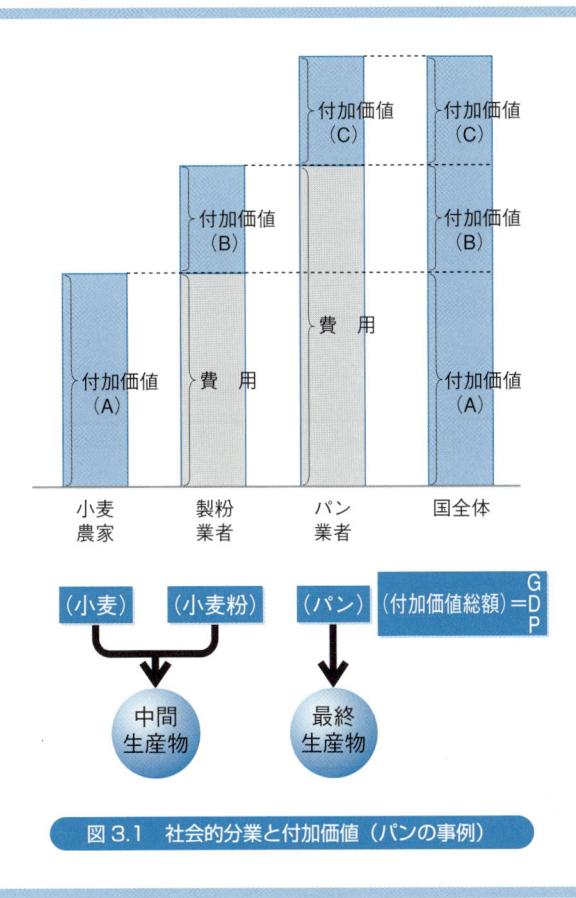

図3.1 社会的分業と付加価値（パンの事例）

れます。そもそもSNA統計の目的は，経済的活動の規模を正確に把握することですから，このために市場を仲介しないで生産・消費される財・サービスも，市場価格等で金額換算しようという考え方です。具体的には，農家における自家消費用の農作物の生産額，自宅や社宅等に入居している際の家賃見積もりなどがあげられます。これらは生産活動をいかにとらえるかという点から発生した，いわゆる「生産境界の二重性」に関連した議論ですが，これらの推計値はSNA統計では消費支出や所得で一定の考えのもとで加えら

れています（詳しくは第8章の8.5節を参照）。繰り返しますが，SNA統計で扱う経済的活動は，われわれが日常接する市場取引にもとづく経済活動より広い定義です。

○ 社会会計概念の導入

　通常，個別企業の経済活動は，企業会計の複式簿記（詳細は第9章を参照）という方法で統一的に把握されますが，国民経済の経済循環をSNA統計で把握するために，企業会計の発想に準拠した社会会計という概念が導入されています。ただ，企業会計では，損益計算書と貸借対照表が会社別に作成されますが，SNA統計では社会全体を一つの組織とみなす半面，各経済主体の動きをカバーするために，勘定と部門という2つの概念が導入されています。

　勘定とは，収入・支出（あるいは資産・負債）のような経済活動ごとに，その資金の調達と運用を一つにまとめた統計表のことであり，企業会計の損益計算書（あるいは貸借対照表）に相当します。ただしその表章形式は，企業会計のような左右ではなく上下となっている点が大きな違いです。すなわち上段は資金の運用（貸借対照表でいうと借方），下段は資金の調達（同，貸方）が示されています。ただしSNA統計のなかには，勘定以外にも多様な統計表がありますが，これらは性質の似た統計表ごとに，「主要系列表」「付表」としてまとめられています（詳しくは3.3節で説明します）。

　部門とは，さまざまな経済主体によって達成されている，一国の経済活動を適切に分割したグループのことです。SNA統計では，非金融法人企業，金融機関，一般政府，対家計民間非営利団体，家計の5つの制度部門に分けられます。このうち一般政府と対家計民間非営利団体は，SNA統計のために新たに作成された概念です。

　まず一般政府とは，業務内容が政府そのものまたは政府の分身として，その代行的性格の強い部門であり，中央政府，地方政府，社会保障基金の3つ

に分けられます。このうち社会保障基金とは，「社会全体ないし社会の大きな部分を対象に社会保障給付を行うために，公的機関によって加入が強制され，支配され，あるいは資金供給を受けている制度」です。具体的には，国民年金，厚生年金，公務員共済，厚生年金基金，健康保険等が含まれますが，個人年金は除外されます。

一方，対家計民間非営利団体とは，利益追及を目的とせずに家計部門へ社会的，公共的サービスなどを提供する団体です。例えば，私立学校，公共性の高い病院，労働組合，政党，宗教団体，私立の社会福祉施設など，NPO，NGOと呼ばれる組織です。さらに家計には，八百屋，魚屋，職人などの個人企業が含まれているため，かならずしもサラリーマン世帯のみではない点で，一般の家計イメージとかならずしも一致しません。

なお，各部門別の勘定を制度部門別勘定，部門を統合した勘定のことを統合勘定と呼んでいます。以下では統合勘定を中心に説明しますが，必要な場合には制度部門別勘定に言及します。これによって，「日本経済を体系的に捉えたマクロ統計書」(『平成16年版，国民経済計算年報』の副題) の全貌を明らかにします (以下の説明を読む前に，できれば内閣府経済社会総合研究所のHPにある「国民経済計算確報」に目を通してください)。

3.2 生産支出勘定

○ 基本となる生産支出勘定

統合勘定は，4種類の統計表 (国内総生産と総支出勘定，国民可処分所得と使用勘定，資本調達勘定，海外勘定) で構成されていますが，そのうちもっとも重要な勘定が，表3.1の国内総生産と総支出勘定 (以下，生産支出勘定という) です。この勘定は，マクロ (一国) 経済における生産活動の成果

表 3.1 国内総生産と総支出勘定（2003 年度）

	項　目	金　額 (10 億円)
①	1.1　雇用者報酬（2.4）	263,360.3
	1.2　営業余剰・混合所得（2.6）	96,512.5
	1.3　固定資本減耗（3.5）	102,657.1
	1.4　生産・輸入品に課される税（2.8）	40,811.0
	1.5　（控除）補助金（2.9）	3,909.6
	1.6　統計上の不突合（3.7）	1,822.2
	国内総生産	501,253.5
②	1.7　民間最終消費支出（2.1）(注)	283,547.5
	1.8　政府最終消費支出（2.2）	88,002.0
	（再掲）	
	家計現実最終消費(注)	332,970.6
	政府現実最終消費(注)	38,578.9
	1.9　国内総固定資本形成（3.1）	120,238.8
	うち無形固定資産	10,810.2
	1.10　在庫品増加（3.2）	270.0
	1.11　財貨・サービスの輸出（5.1）	60,375.7
	1.12　（控除）財貨・サービスの輸入（5.5）	51,180.5
	国内総支出	501,253.5
③	（参考）　海外からの所得	12,787.4
	（控除）海外に対する所得	4,001.1
	国民総所得	510,039.8

（注）最終消費支出と現実最終消費については本章の 3.3 節を参照のこと。
（資料）内閣府編『国民経済計算年報』（平成 17 年版），7 頁。

とその費用を記録する統計表に相当します。

　まず下段（②）には，生産活動の成果に相当する収入項目（つまり生産物の販売）が記録されます。ここでは前述のように中間生産物の販売が除外され，付加価値のみが最終需要別に記録されます。具体的には，民間と政府の

最終消費支出，固定資本と在庫への投資，および海外への財貨・サービスの輸出です。また輸入は，海外の生産でわが国の生産ではないから控除項目として処理されます（これらの具体的な内容については，標準的なマクロ経済学の本を参照してください）。なお収入項目の合計を国内総支出（Gross Domestic Expenditure:GDE）と呼んでいますが，この名称はかならずしも適切とはいえないと思われるはずです。これは作成上の理由によるものですが，とりあえず「コインの裏側」に相当する需要側より命名されていると考えてください。

他方，上段（①）は生産のための費用，いわば支出項目が記述されます。それは雇用者報酬と営業余剰・混合所得といった要素所得[1]，および固定資本減耗（すなわち減価償却費）です。これら供給側からみた関連項目の合計を，国内総生産（Gross Domestic Product: GDP）と呼んでいます。ここで間接税を加え補助金を控除しているのは，市場価格で記述されている収入面に支出面の価格を調整させるためです。なお収入面と支出面がそれぞれ別々に推計されるため，総額はかならずしも一致しません。一般的には収入面のほうが支出面よりも推計精度が高いため，両者の誤差は上段の支出面に「統計上の不突合」という項目によって調整されます。

ところで93SNAでは，それ以前の68SNAと比較してGDPの対象が拡大しています。具体的には，① 68SNAで中間消費（中間投入物のこと）とみなされていた受注型のコンピュータ・ソフトが，総固定資本形成（つまり投資）として追加されたこと，② 社会資本ストックは従来，減耗しないと考えられてきましたが，今回より減耗するとみなして固定資本減耗を計上したこと，などです。旧推計値と現推計値を比較する際には，これら定義の変更に注意してください。

---

[1] 要素所得とは，付加価値のうち各生産要素に分配される金額のことであり，68SNAでは雇用者報酬は雇用者所得，営業余剰・混合所得は営業余剰と，それぞれ呼ばれていました。それゆえ国内純生産（国内総生産－固定資本減耗）に占める雇用者報酬の割合は，マクロの労働分配率となっています。

○ GNI の新たな導入

93SNA の生産支出勘定では，GDP のほか国民総所得（Gross National Income: GNI）という概念も（参考）という項目で追加されています（表3.1 の③）。この2つの概念の間には，以下の式が成立します。

$$\text{GNI} = \text{GDP} + 海外からの所得 - 海外への所得 \qquad (3.1)$$

(3.1) 式は，一国の経済活動を把握する場合に国民概念と国内概念という2つの考え方があることを示しています。例えば総生産額をみると，国籍を問わずにあらゆる国民が日本国内で生産した総額を問題とする場合が考えられます。このような属地主義にもとづく生産概念が，国内概念としてのGDP です。

これに対して地域を限定せずに，日本国民が生産した総生産額を確定する考え方もあります。この場合には，海外に在住する日本国民が海外における経済活動によって得た所得，つまり賃金，配当，利子等を追加する反面，日本国内に在住する外国人や外国企業が国内の経済活動によって得た所得を除外する必要があります（表3.1 ③）。このような属人主義にもとづく所得概念が，国民概念としての GNI であり，従来，国民総生産（Gross National Product: GNP）と呼ばれていた概念です。ただし GNP が生産面を主体にした概念ですが，GNI は国民が受け取る総所得といった所得面を重視しています。このような新たな概念に変わって，再び同一データが登場してきたわけです。

○ グロス概念とネット概念

また表3.1 では，GDP を推計するにあたり固定資本減耗を加えている点に注目してください。企業は，生産設備の磨滅に備えて収益の一部を減価償却費に充てますが，一国経済でも国民総生産の一部が同様の費用に充当されると考えることが必要です。この減価償却に相当する費用を，SNA 統計では固定資本減耗と呼んでいます。

固定資本減耗は，実際に支出された費用ではなく将来の資産購入に充てて社会で積み立てる金額にすぎないため，景気変動としての需要総額を議論している場合にはこれを加えて分析したほうが良いでしょうし，一方，経済の規模自体を議論する場合には除外して分析すべきです。そこで固定資本減耗を含めた概念をグロス概念（記述にあたっては，「総」という接頭語を付ける），固定資本減耗分を除外した概念をネット概念（記述にあたっては，「純」という接頭語を付ける）として区別しています。つまり国民純生産＝国民総生産－固定資本減耗という関係が成立しています。

○ 内需と外需の寄与度

生産支出勘定は，経済分析にあたって実質GDPの変化率（すなわち経済成長率）がどの需要項目によって達成されたのかを確認する場合に，利用されています。このような目的のためには，同勘定の下半分（表3.1の②）に示されている需要項目別データが使用されます。

すなわち景気分析にあたっては，図3.3のように実質GDP成長率を内需・外需別の寄与度に分解する方法が採用されています。ここで内需とは民間最終消費支出，政府最終消費支出，国内総固定資本形成，在庫品増加の合計部分であり，外需とは財貨・サービスの輸出－同輸入の部分です。さらに内需は，民間需要と公的需要に分けることができます（図3.2）。また寄与度とは成長率を各要因に振り分けた数値のことであり，いわば貢献度を示しています（その計算方法は，第6章の6.3節を参照）。

図3.3からわかるように実質GDP成長率は1998年と2001年にマイナスとなっており，特に2001年はマイナス1.4％に達しました。そして同年の成長率がマイナスとなった理由を寄与度でみると，民間需要がマイナス0.9％，公的需要がマイナス0.5％となり，両部門とも経済活動が低迷していたことがわかります。またこのような低調な経済活動を反映して，国内物価の動向を示すGDPデフレーター（後述）の変化率も，常にマイナスとな

```
┌─────────────────────────────┐   ┌─────────────────────┐
│           内 需             │   │       外 需         │
│ ┌─────────┐ ┌─────────┐     │   │ ┌─────────────────┐ │
│ │ 民間需要 │ │ 公的需要 │     │   │ │ 財貨・サービスの輸出 │ │
│ │民間最終消費支出│政府最終消費支出│ │   │ └─────────────────┘ │
│ │民間住宅   │公的固定資本形成│     │   │     マイナス        │
│ │民間企業設備│公的在庫品増加│     │   │ ┌─────────────────┐ │
│ │民間在庫品増加│        │     │   │ │ 財貨・サービスの輸入 │ │
│ └─────────┘ └─────────┘     │   │ └─────────────────┘ │
└─────────────────────────────┘   └─────────────────────┘
```

図 3.2　内需と外需

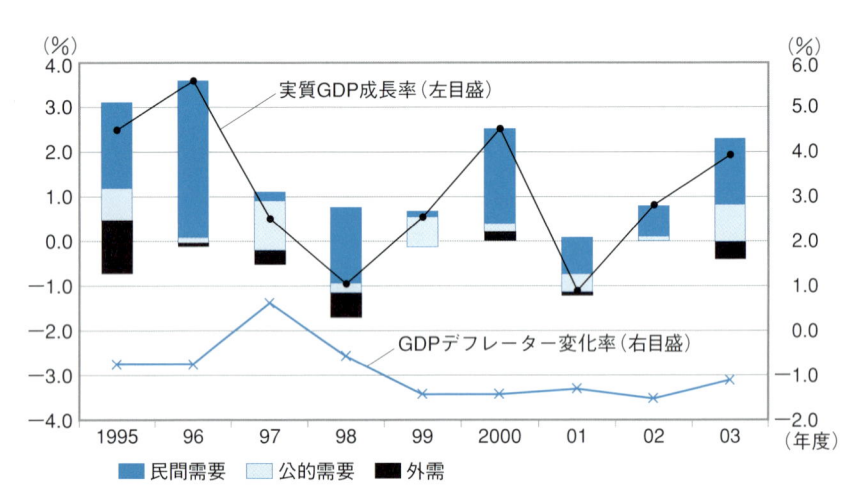

図 3.3　実質 GDP 成長率に対する需要項目別寄与度と GDP デフレーター変化率の推移

(資料)　内閣府編『国民経済計算年報（平成 17 年版）』。

っています。

3.3 部門別総生産と所得支出勘定

○ 経済活動別 GDP

　統合勘定ではありませんが，それと密接に関連するため注目しなければならない統計として，部門別総生産の統計と制度部門別の所得支出勘定があげられます。

　まず SNA 統計では，経済活動別国内総生産（暦年データ）を「主要系列表」で公表しています。もちろん，ここでいう"生産"という用語は，すでに本章の初めに指摘したように，付加価値のことを指します。われわれは通常，コスト面からみた付加価値＋費用の合計額（つまり販売額）を生産額と呼んでいますが，この意味ではありません。通常の生産額に相当するデータは，別に"産出額"と命名されて，「付表」の「財貨・サービスの供給と需要」の表に暦年データが掲載されています。私達はしばしば，「A 産業の市場規模（売上高総計）は，GDP の約 X ％である」という言い方を耳にしますが，SNA 統計の定義からみてこの使用法は間違っています。

　また生産活動は取引主体により，① 産業，② 政府サービス生産者，③ 対家計民間非営利サービス生産者の 3 つに分類しています。このような分類も SNA 統計のみで使用されているので注意が必要です。まず①は，通常の営利目的による民間企業が大半を占めますが，民間事業所と類似の生産技術によって類似の財・サービスを供給する公的事業所も対象に含めています。

　なお業種別にみた場合，金融業は注意する必要があります。なぜなら金融業の業務は，おもに手数料収入と利鞘（すなわち貸付利子と支払利子の差額）で構成されますが，このうち利鞘は財貨・サービスの取引によって発生したわけではないため，生産に計上すべきではありません。また利子は，主として他産業の付加価値から支払われるため，それを金融業で再計上するこ

とは生産額を二重計上することにもなります。しかし利鞘を生産とみなさなければ，金融業の営業余剰はマイナスとなる可能性があります。そこで利鞘を金融業の生産額にいったん計上しておき，それを再度，総生産額から控除することによって便宜的に金融業の生産活動を把握するといった「帰属計算」を行っています。ちなみにこのような利鞘を，帰属利子と呼んでいます。

②，③は，通常の産業活動では経済的に供給されない，社会に共通のサービスを生産する部門です。②は政府部門，③はある特定の目的を遂行するために集まった非営利団体です。両部門における総産出額は市場価格で評価できないため，SNA統計ではその生産に要した費用に等しいとみなしています。つまり同分野における産出額は，固定資本減耗，間接税，雇用者報酬のみで構成されており，営業余剰は発生しないと仮定しています。このため例えば，政府部門の労働生産性を計測するためにこのデータを使用することは，まったく意味のないことです。政府部門の付加価値とは何かを，あらためて研究する必要があるわけです。

○ 所得の再分配と2つの消費概念

さらに制度部門別の所得支出勘定も，今回の93SNAによって大きく変更されました。例えば家計部門の所得支出勘定は，68SNAでは制度部門ごとに1つの統計表しかありませんでしたが，93SNAでは4つ（厳密には5つ）の統計表で構成されるようになりました。具体的には，① 第1次所得の配分勘定，② 所得の第2次分配勘定，③ 現物所得の再分配勘定，④ 所得の使用勘定（可処分所得の使用勘定）・同（調整可処分所得の使用勘定）となります。

このように区分される理由は，家計の所得が勤労所得のほか，財産所得や各種の社会給付（現金・現物）など，多様な要素で構成されているためです。つまり生産によって発生した所得の分配を示した①から，政府等を経て再分配された③に至るまで，徐々に多様な所得を追加していくとともに，④では

総所得をいかに消費と貯蓄に振り分けるかが表示しています。この過程で，①で第1次所得バランス，②で可処分所得，③で調整可処分所得，という所得概念がそれぞれ提示されます。ちなみに各所得の定義は以下のとおりです。

$$第1次所得バランス＝営業余剰等＋雇用者報酬＋財産所得（受取）\\ －財産所得（支払） \qquad (3.2)$$

$$可処分所得＝第1次所得バランス＋現物社会移転以外の社会給付（受取）\\ ＋その他の経常移転（受取）－所得・富等に課される経常\\ 税（支払）－社会負担（支払）－その他の経常移転（支払）\\ (3.3)$$

$$調整可処分所得＝可処分所得＋現物社会移転（受取） \qquad (3.4)$$

他方，支出面では，表3.1の（再掲）で示されているように，最終消費支出と現実最終消費支出という2つの消費概念が導入されています。68SNAでは最終消費支出のみでしたから，このような変更を「消費の二元化」と呼んでいます。変更された背景には，消費という経済行動をたんに費用の支払行動ととらえるのか，それともその支払によって発生する受益の原因行動ととらえるかにもとづいています。

前者のように，家計が実際に支払った消費分を捕らえた消費概念が最終消費支出です。ところが現実には，教育や保険衛生などのように，実際には政府が負担していますが，家計がその受益を享受する移転的支出（つまり(3.3)，(3.4)式の社会給付や現物社会移転）があります。そこで後者の考え方にしたがって，これを最終消費支出に加えた金額を現実最終消費支出とみなしました。ただし国全体でみれば，これら2つの消費額は一致しています。

以上のような所得支出勘定の変更にともなって，大きな影響を受けることとなった一事例として，貯蓄率があげられます。従来は，たんに貯蓄率にすぎませんでしたが，93SNAでは貯蓄率と調整貯蓄率の2種類になりました。ちなみに2つの貯蓄率の定義を示すと，以下のとおりです。

$$貯蓄率＝\frac{貯蓄}{可処分所得＋年金基金年金準備金の変動（受取）} \qquad (3.5)$$

$$調整貯蓄率 = \frac{貯蓄}{調整可処分所得 + 年金基金年金準備金の変動（受取）} \quad (3.6)$$

これらの定義から，従来の SNA 統計から計算された貯蓄率は調整貯蓄率に相当するわけです。

3.4 資本調達勘定

○ 資本調達勘定の考え方

SNA 統計には，マネーの動きを把握するために，資本調達勘定という統合勘定と制度部門別勘定が掲載されています。資本調達勘定は，今期中に形成された資産の調達内訳と運用内訳を記録しており，いわゆるマネーフロー表に相当します（マネーフロー表については，第 11 章の 11.4 節を参照）。

表 3.2 のように実物取引表と金融取引表の 2 種類の統計によって構成されています。まず実物取引表は，国内における実物資産の購入および海外に対する債権の純増額を記録しています。すなわち（制度部門別の）所得支出勘定から導かれた貯蓄と海外から調達した債務を元手として，いかなる実物資産を取得しているかを記録した表です。実物資産の増加額は，固定資本の増加分（すなわち固定資本形成）と在庫品増加の 2 種類となります。そして調達した資金と購入した実物資産の増加額との差額が，海外に対する債権の変動という調整項目となります。

これに対して，海外に対する債権の変動と対外負債の変動分を元手として，対外資産をどの程度調達したかを示す表が金融取引表です。この表は，日銀の作成した資金循環統計を組み替えて作成しています。

表 3.2 資本調達勘定（2003 年度）

(1) 実物取引

項　　目	金　額 (10 億円)
3.1　国内総固定資本形成（1.9）	120,238.8
うち無形固定資産	10,810.2
3.2　（控除）固定資本減耗（1.3）	102,657.1
3.3　在庫品増加（1.10）	270.0
3.4　海外に対する債権の純増（4.2）	16,737.5
資産の変動	34,589.2
3.5　貯　蓄（2.3）	33,326.8
3.6　海外からの資本移転（純）（6.3－6.2）	－559.8
3.7　統計上の不突合（1.6）	1,822.2
貯蓄・資本移転による正味資産の変動	34,589.2

(2) 金融取引

項　　目	金　額 (10 億円)
4.1　対外資産の変動（7.3）	38,181.7
対外資産の変動	38,181.7
4.2　海外に対する債権の変動（3.4）	16,737.5
4.3　対外負債の変動（7.1）	21,444.2
海外に対する債権の純増および対外負債の純増	38,181.7

（資料）　内閣府編『国民経済計算年報』（平成 17 年版），9 頁。

○ 資本調達勘定と資金循環統計の比較

マネーフロー表は,すでに資本調達勘定のほか日銀の作成した資金循環統計があると説明しました。そこで資本調達勘定と資金循環統計を比較して,その特徴を整理しておきます(資金循環統計は,第11章の11.4節を参照)。

まず資金循環統計は金融部門のみで構成されていますが,資本調達勘定は実物取引も作成されています。後述のように理論的には,各部門の実物取引における貯蓄と投資の差額(貯蓄投資差額)は資金過不足と一致するため,資金循環統計は経済活動を金融面から把握しているにすぎません。

次に海外部門の扱いについては,資金循環統計では1部門として含めていますが,資本調達勘定では統合勘定において海外勘定(後述)として独立させているため除外されています。つまり資金循環統計では,海外部門も含めて資金過不足を0として記述されており,資金循環統計と資本調達勘定のデータは符合が逆になっています(この点は,練習問題3.4の解答を参照)。

金融部門の扱いについては,資金循環統計では金融部門を日本銀行・民間金融機関・公的金融機関(特に民間金融機関と公的金融機関はさらに細分割)など詳細に分割しています。そして金融資産自体も,資金循環統計が22分類,資本調達勘定が14分類であるなど,資本調達勘定よりはるかに詳細です。

発表時期は,資金循環統計が四半期ごとであるのに対して資本調達勘定では年に1度にすぎません。このため,資本調達勘定より資金循環統計のほうが速報性の高い分析が可能となります。また計上方法は,資金循環統計が現金主義にもとづいており,資本調達勘定が発生主義であるため,両統計のデータは厳密には一致しません。このため長期分析には資本調達勘定が適しますが,数ヵ月単位の短期分析には資金循環統計が適するでしょう。いずれにしても両統計の特徴を踏まえて,適宜選択して利用していくことが肝要です。

3.5　海外勘定

○ 3分割された海外勘定

　わが国と海外諸国とのさまざまな取引を一つにまとめて記録する統合勘定として，海外勘定があります。この勘定は国際収支統計に所要の調整をほどこして作成されますが，93SNAの統合勘定のなかでは大きく変更された表の一つです。かつて海外勘定は，経常取引と資本取引の2つに分かれていましたが，93SNAでは表3.3のように経常取引，資本取引，金融取引の3つに分けられることとなりました（国際収支統計は，第12章の12.3節を参照）。

　まず経常取引とは，「国内と海外との財貨・サービスの輸出入，雇用者報酬，財産所得およびその他の経常移転の受払」が記録されています。これらの経常取引のバランス項目が経常対外収支となります。なお，従来「国民経常余剰」として記録していた日本からみた海外との間の経常取引バランスも，海外からみた日本との間の経常対外収支として記録されることとなりました。このため経常対外収支は，国際収支統計の経常収支の金額と一致するものの，その符号が反対になることに注意してください。

　次に資本取引は，経常対外収支，受け取った者の投資の源泉となる移転である資本移転を記録する部分です。また金融取引は，対外的な金融資産と負債の変動を記録する部分です。

表 3.3　海外勘定（2003 年度）

(1) 経常取引

項　目	金　額 （10 億円）
5.1　財貨・サービスの輸出（1.11）	60,375.7
5.2　雇用者報酬（支払）（2.5＋5.7）	142.6
5.3　財産所得（支払）（2.7＋5.8）	12,644.8
5.4　その他の経常移転（支払）（2.10＋5.9）	1,293.6
5.5　経常対外収支（6.1）	－17,297.3
支　払	57,159.4
5.6　財貨・サービスの輸入（1.12）	51,180.5
5.7　雇用者報酬（受取）（5.2－2.5）	31.9
5.8　財産所得（受取）（5.3－2.7）	3,969.2
5.9　その他の経常移転（受取）（5.3－2.10）	1,977.8
受　取	57,159.4

(2) 資本取引

項　目	金　額 （10 億円）
6.1　経常対外収支（5.5）(注)	－17,297.3
6.2　資本移転等（受取）（6.3－3.6）	586.6
6.3　（控除）資本移転等（支払）（3.6＋6.2）	26.8
経常対外収支・資本移転による正味資産の変動	－16,737.5

(3) 金融取引

項　目	金　額 （10 億円）
7.1　資産の変動（4.3）	21,444.2
資産の変動	21,444.2
7.2　資金過不足（4.2）	－16,737.5
7.3　負債の変動（4.1）	38,181.7
資金過不足および負債の変動	21,444.2

(注)　経常対外収支は従来，国民経常余剰と呼ばれていた概念である。
(資料)　内閣府編『国民経済計算年報』（平成 17 年版），11 頁。

○ IS バランス論

海外勘定は，貿易統計や国際収支統計ほど詳細な取引情報を公表していませんが，そのかわり一国の経済活動のなかで海外との取引がいかに変動したかを大づかみに把握できるため便利な統計です。いまこのような分析の代表例として，IS バランス論を説明しましょう。

1980 年代以降，わが国における重要な経済問題として，しばしば貿易黒字問題が指摘されてきました。この問題に対する一つの考え方として，IS バランス論がよく利用されています。いま産出額を O，中間投入額を U，総所得を Y，消費を C，投資を I，政府支出を G，輸出を X，輸入を M とすれば，

$$\underbrace{O+M}_{\text{総供給}} = \underbrace{U+C+I+G+X}_{\text{総需要}} \tag{3.7}$$

$$\underbrace{O-U}_{\text{付加価値}} = \underbrace{Y}_{\text{総所得}} \tag{3.8}$$

ここで (3.7) 式は，産業連関表という統計の基本的な考え方を表示した式にあたります[2]。(3.7) (3.8) 式より，生産支出勘定の基本的な考え方を示す以下の (3.9) 式が導かれます。

$$\underbrace{Y}_{\text{総所得}} = \underbrace{C+I+G+X-M}_{\text{支出}} \tag{3.9}$$

ところで貯蓄を S，租税収入を T とすると，民間（家計＋企業）部門では所得のうち税を除いた部分（すなわち可処分所得）を貯蓄か消費に振り向けるため，以下の式が成立します。

$$Y-T=C+S \tag{3.10}$$

(3.9) 式に (3.10) 式を代入して整理すると，

$$S-I=(X-M)+(G-T) \tag{3.11}$$

となります。ここで民間部門と公的部門を合わせて，$(S-I)+(T-G)=\tilde{S}$

---
2) 産業連関表については，宮澤健一『産業連関分析入門（新版）』日経文庫，2002 年を参照。

$-I$ とすれば，

$$S-I = X-M \qquad (3.12)$$

この (3.12) 式を IS バランス式と呼んでいます。この式は，貯蓄の投資を超過した部分が経常黒字に等しいことを示しているため，このような考え方を国際収支に関する IS バランス論といいます。もちろん (3.12) 式は恒等式にすぎず，一方が他方を規定する因果関係を示しているわけではありませんが，とにかく経常黒字と貯蓄投資差額の国内部門計が事後的に一致するという興味深い事実を示しています。

○ 貯蓄投資差額，経常収支，資金過不足の関係

さらに貯蓄投資差額，経常収支に資金過不足を加えた3概念の関係をみてみましょう。いま金融資産の増分を ΔA，金融負債の増分を ΔL とすれば，国内部門（民間部門＋公的部門）における資金の調達と運用は，

$$\underbrace{Y + \Delta L}_{\text{資金の調達}} = \underbrace{C + I + G + \Delta A}_{\text{資金の運用}} \qquad (3.13)$$

ここで (3.10) 式を利用すると，(3.13) 式は以下の式に書き換えられます。

$$S - I = \Delta A - \Delta L + (G - T) \qquad (3.14)$$

いま $(S-I)+(T-G)=\tilde{S}-\tilde{I}$ と考えれば，(3.14) 式は，

$$\underbrace{\tilde{S} - \tilde{I}}_{\text{貯蓄投資差額}} = \underbrace{\Delta A - \Delta L}_{\text{資金過不足}} \qquad (3.15)$$

(3.12) と (3.15) 式より，

$$\underbrace{\tilde{S} - \tilde{I}}_{\text{貯蓄投資差額}} = \underbrace{\Delta A - \Delta L}_{\text{資金過不足}} = \underbrace{X - M}_{\text{経常収支}} \qquad (3.16)$$

(3.16) 式において，1番目と2番目の式を国内の制度部門別に分割した統計が制度部門別資本調達勘定，また2番目と3番目の式をもとに海外部門を加えて制度部門別に分割した統計が資金循環統計となります。

ところで ΔA と ΔL は，国内金融取引の ΔA_d と ΔL_d，対外金融取引の ΔA_f と ΔL_f に分解されるので，

$$\tilde{S} - \tilde{I} = (\Delta A_d - \Delta L_d) + (\Delta A_f - \Delta L_f) = X - M \qquad (3.17)$$

ここで ΔA_d と ΔL_d は同額で相殺されるため，一国全体としてみると次の関係が得られます。

$$\tilde{S} - \tilde{I} = \Delta A_f - \Delta L_f = X - M \qquad (3.18)$$

(3.18) 式の2番目の式は，海外に対する債権の増加額（すなわち国内企業による海外投資）から同減少額（海外企業による国内投資）を引いた純増額を示しています。そして第2番目と第3番目の式をもとにした統計が海外勘定となります。

ところで以上の議論は，一国全体の貯蓄投資差額・資金過不足等を想定していましたが，もちろんこれらの金額を部門別に分割することも可能です。ただしこの場合には，話はだいぶ変わってきます。なぜなら一般にいわれているように，家計部門は常に貯蓄超過（すなわち資金余剰）であるのに対して，企業部門は投資超過（資金不足）部門であるからです。

そこで部門別 IS バランスの視点から，1980年度以降におけるわが国の経常黒字の拡大原因を検証してみます。検証にあたっては，名目 GDP に対する比率（IS バランス比率）を部門別に計算しました。図 3.4 をみると，経常黒字の発生が一国経済の IS バランス比率のプラスで確認できます。その背景は，主に家計部門が貯蓄超過であるにもかかわらず，企業部門の設備投資意欲が弱く，企業部門が家計部門の余剰資金を吸収できなかったことがあります。また一般政府も，90年代後半以降に大幅な投資超過（つまり財政赤字）となっていることが確認できます。

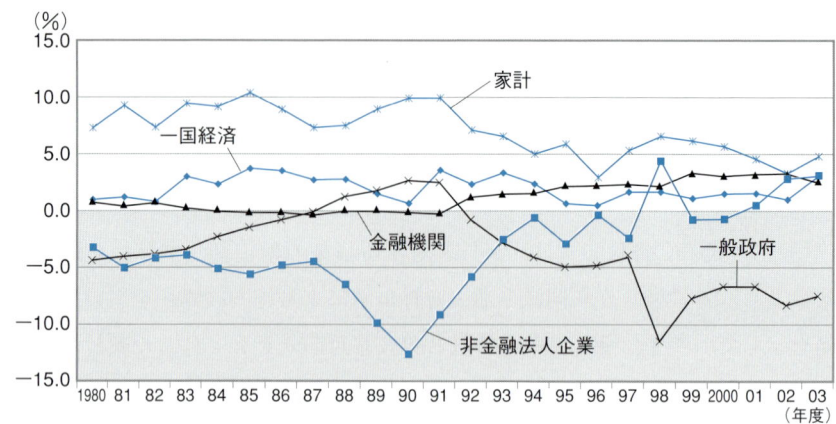

(注) 一国経済の IS バランス比率は，統計上の不突合を含まないベースで算出。
(資料) 内閣府編『国民経済計算年報（平成 17 年版）』

図 3.4　部門別 IS バランス比率

3.6　推計方法・デフレーター

○ 2 つの推計方法

　SNA 統計では，各種の推計方法が開発されてきました。代表的な推計方法として，以下では支出面（特に家計消費支出）に関連した方法に絞って，家計調査法とコモディティ・フロー法の 2 つを説明します。
　まず家計調査法は，日本独自に開発された人的推計法の一つです。これは，世帯当たりの家計支出額を求め，これに別途推計される世帯数を乗じて全体の個人（家計）消費支出を求める方法です。実際の推計作業では，家計調査，農業経営動向統計，全国消費実態調査，農林業センサス，農業構造動態調査，

国勢調査，労働力調査などの人的統計を利用することとなります。

　同方法では，主体別・用途別分類のデータが容易に推計できますが，他方では中間消費も含めた生産物相互の投入・産出関係をとらえることができず，産業連関表との関連が不明確となります。また単身世帯の消費情報，こづかい，非世帯主（パラサイトシングルを含む）の収入，帰属家賃・自己消費・中古品の売却分などの推計が困難であることなどの欠点もあります。

　一方，コモディティ・フロー法（略称：コモ法）は，国連の標準方式にもとづく推計法です。まずさまざまな商品の供給を，国内供給（生産）と海外供給（輸入）別にとらえ，次にそれらに流通過程で運賃や流通マージンなどの中間マージンがどれだけの比率（マージン率）で付け加えられ，さらにそれらが中間需要，家計消費，固定資本形成，在庫，輸出などの各需要項目にどのような比率（配分比率）で配分されたかを調査しておきます。この調査には，産業連関表や業界の統計などが利用されます。次に工業統計調査や通関統計などによって年々の供給量を確定し，これに前述のマージン率や配分比率を掛けて最終需要を推計します。このように供給側の物的データから推計するため，物的推計法の一つと考えられています。

　この方法は，産業連関表の概念と統一され商品別流通分野への分析が可能であること，人的推計方法に比べて概して推計漏れが少ないことなどの長所があります。ただし主体別・用途別のデータが推計困難であること，流通段階における配分比率，運賃率，マージン率等の情報が入手しづらいこと，また産業連関表の公表が5年に一度であることなどの欠点もあります。

○ データの改訂時期と推計精度

　SNAデータは，経済活動を包括的に示したデータであるため，景気判断のためにできるだけ早く入手する必要があります。現在，内閣府ではQE（Quick Estimation）と呼ばれる速報値を，四半期ベースで作成・公表しているほか，表3.4のように，その後に数次にわたって同一データが改訂さ

表3.4 SNAデータの公表時期

名　称	発表時期・周期	推計データ
(1) 1次速報値（QE）	当該四半期終了後1ヵ月と2週間	当該四半期の国民総支出系列と雇用者報酬
(2) 2次速報値	1次速報の1ヵ月後	同　上
(3) 確報値	毎年12月頃	前年度と同四半期別のデータ
(4) 確々報値	確報値公表の1年後	同　上
(5) 基準改訂値	5年に1度	同　上

れながら，精度を高めていくという動きをとっているのです。

　もっともSNA統計の発表時期は，膨大なデータをもとに推計されますので遅れざるをえませんが，政策的要請からできるだけ早く公表することが望まれます。このような政策上の要請に答えるために，従来は支出面（すなわちGDE）のQEの推計にあたって人的接近法を採用し，その後に発表される確報値（支出面に加えて分配面・生産面の年次データ）ではコモ法を採用していました。表3.4のように同一データが繰り返し改訂されている背景には，このような理由があったのです。

　しかしこのような改訂作業のなかで，① 家計消費支出等でQEと確報値の推計法が異なるため，しばしば実質成長率が後で大きく修正されたこと，② QEの公表時期が当該四半期終了後2ヵ月と10日前後もかかるなど，経済対策を見誤る可能性が高いことが指摘されました。特に②の背景には，設備投資や在庫品増加の基礎データである法人企業統計（季報）（法人企業統計は，第9章の9.4節を参照）が，集計に当該四半期後2ヵ月かかっていたことがあげられます。またこれらの指摘にもかかわらず，推計方法が公開されていなかったことも，QEの信頼性を疑問視する要因となりました。

　これらの批判に対して内閣府は，2002年4～6月期分からコモ法をベースとした推計法に変更したほか[3]，同推計法を全面的に公表するようになりま

した。これらの大幅な改訂によって，現在は表3.4のようにQEの発表が従来よりも1ヵ月程度早まっています。また民間研究機関の（財）日本経済研究センターで月次GDPを独自に推計するなど，新たな動きも出てきました。

○ 実質値とデフレーター

いままでの議論はすべて名目値で行いましたが，ここで実質値の推計方法とそれに関連するデフレーターも説明しておきます。議論のはじめとして，名目値，実質値，デフレーターの関係について押さえておかなければなりません。

そもそも名目値とはその年度に実際に取引されている価格で表した経済価値，実質値とは特定時点の物価を基準とした物価上昇や下落などの物価変動部分を名目値から取り除いた経済価値であり，複数時点間の経済価値を比較するために考え出された概念です。さらにデフレーターとは，名目値から実質値を算出するために考案された概念であり，実質化因子とも訳されています。このため名目値，実質値，デフレーターの間には，以下の関係が成立しています。

$$実質値 = \frac{名目値}{デフレーター} \tag{3.19}$$

以上の考え方にもとづき，SNA統計における実質値の考え方を整理しておきましょう。いま，GDEの実質値を，基準年価格で不変価格に評価されたGDEとみなせば，実質GDEは以下のように分解することができます。すなわち，個別価格を p，個別数量を q，添え字 0 を基準年，添え字 t を比較年，添え字 i を個別品目とすると，t 年の実質GDE（$\sum p_{0,i} q_{t,i}$）は，

3）QEの推計方法は，内閣府経済社会総合研究所編『四半期別GDP速報（QE）の推計方法（第4版）』2005年1月を参照のこと。

$$\sum p_{0,i} q_{t,i} = \sum p_{t,i} q_{t,i} \div \frac{\sum p_{t,i} q_{t,i}}{\sum p_{0,i} q_{t,i}} \qquad (3.20)$$

となります。

　ここで右辺第1項は名目 GDE，右辺第2項は比較年の数量 $q_{t,i}$ にもとづいたパーシェ型価格指数と呼ばれる指数となっています。つまり理論上からは，SNA 統計のデフレーターはパーシェ型指数でなければなりません。われわれはしばしば物価指数でラスパイレス型指数と呼ばれる指数を利用していますが，SNA 統計の実質値を推計する場合にはラスパイレス型指数を使用することはできないのです（パーシェ型指数とラスパイレス型指数の詳細は，第4章の4.2節を参照）。

　しかも SNA 統計では，支出の構成項目ごとの事情が異なるために，上記のような価格・数量情報を積み上げて実質 GDE を作成することは，非常に困難です。そこで実際には，パーシェ型物価指数などを利用して構成項目別の実質値を推計し，その項目別実質値を合計して実質 GDE を計算しているのです。いま消費を C，投資を I，政府支出を G，輸出を X，輸入を M，各需要項目のデフレーター（パーシェ型指数）を P_c, P_i, P_g, P_x, P_m とすれば，

$$名目\ GDE = C + I + G + X - M \qquad (3.21)$$

$$実質\ GDE = \frac{C}{P_c} + \frac{I}{P_i} + \frac{G}{P_g} + \frac{X}{P_x} - \frac{M}{P_m} \qquad (3.22)$$

このため GDE に関するデフレーターは，以下のように計算します。

$$GDE\ デフレーター = \frac{名目\ GDE}{実質\ GDE} \qquad (3.23)$$

　(3.23) 式のようなデフレーターをインプリシット・デフレーター（Implicit Deflater），このようなデフレーターの計測方法をインプリシット法と呼んでいます。ただしこのデフレーターは，パーシェ型指数とまったく関係ないかというと，そうではありません。なぜならこのデフレーターは，項目別のパーシェ型指数を各項目の構成比で加重平均して算出した調和平均値で

あるからです（調和平均については，第6章の6.1節と同章の練習問題6.1を参照）。理論的には極めて密接なつながりがあるのです。なお3.1節で指摘したように，GDEはGDPと理論的に一致しますから，GDEデフレーターはGDPデフレーターでもあります。そして一般的には，経済成長との関連で議論されることが多いために生産活動に関わるGDPデフレーターのほうが注目されているのです。

ところでGDEは輸入が集計対象から控除されていますから，GDPデフレーターの動きは国内で発生した価格の上昇傾向のみを表しています。そして国内で物価が上昇する理由として，生産段階における価格上昇や流通段階での価格上昇が考えられますが，このような物価上昇現象をホームメイドインフレと呼んでいます。このため輸入品の分が含まれている消費者物価指数や企業物価指数などの物価指数よりGDPデフレーターのほうが，ホームメイドインフレの代理指標として注目されています。

練習問題

3.1 友人の家庭では1週間に数回，寝たきりとなった祖父の入浴を家族が交代で担当しているといいます。SNA統計上では，このような介護労働をいかに把握すべきでしょうか。

3.2 国民経済の循環過程を示した「三面等価の原則」を，SNA統計上より確認してみなさい（名目値でよい）。

3.3 労働分配率の推移を，SNA統計と法人企業統計（年報）で比較しなさい。またその差がいかなる理由によって発生しているか検討してください。

3.4 各統計では現在，貯蓄投資差額＝資金過不足＝経常収支が成立しているでしょうか，特定年次のデータ（名目値）で検証しなさい。

参 考 文 献

内閣府経済社会総合研究所編『国民経済計算年報』各年版。

経済企画庁経済研究所編『93SNA推計手法解説書（暫定版）』2000年11月
（http://www5.cao.go.jp/2000/g/1115g-93sna/93suikeimokuji.pdf）。

浜田浩児『93SNAの基礎―国民経済計算の新体系』東洋経済新報社，2001年。

第4章

物価統計

　物価とは，生産・流通等の各段階における財・サービスの価格のことです。例えば生産・卸売段階では卸売物価，最終需要者への販売段階（小売段階）は消費者（小売）物価と呼んでいます。これらの物価統計は，時間的な変化や地域差を比較するばかりでなく，名目値を実質値に変換するなど，さまざまな目的で使用されています。以下では，まず物価指数の作成方法を説明したうえで，消費者物価指数，消費者物価地域差指数，企業物価指数を個別に説明し，さらにしばしば利用される地価統計，商品指数も解説しましょう。

○ KEY WORDS ○
全国物価統計調査，小売物価統計調査，
消費者物価指数，企業物価指数，
企業向けサービス価格指数，
ラスパイレス型・パーシェ型・フィッシャー型指数，
パーシェチェック，連鎖指数，
マーケット・バスケット方式，帰属家賃，
品質調整，計測誤差，消費者物価地域差指数，
地価統計，一物四価，商品指数

4.1 価格現象の統計体系

◯ 多様な価格形態

　経済学では，現実の価格は需要と供給が一致した時点で成立した均衡価格であるとみなしていますが，実際には実に多様な価格形態があります。例えば，再販価格維持制度，米価支持制度に代表されるように，そもそも市場の需給関係とは別に決められた価格があるほか，需給関係で決定される価格でも，市況商品における建値，仕切り価格，自由価格といった需給調整（あるいはリスクヘッジ）機能を考慮した値決め方法が採用されています。

　さらにスーパーではオープン価格や本体希望小売価格に加えて，月末，年末に実施されるセール価格が使われていますし，卸売段階では後決め，後仕切り，値戻しなどの特殊な事後調整法が利用されるなど，流通段階や時期によって同一商品でも価格形成方法が変化しています。さらに地域別にみても同一商品の価格水準が異なっており，経済学で学ぶ一物一価は存在していません（ちなみに上記の各価格の意味を調べてみてください）。

　このように多様な価格があるため物価統計の作成は容易ではなく，また分析対象としてどの統計を利用すべきかを慎重に検討する必要があります。「物価は経済の体温計」といわれるように，経済政策の重要な判断材料となるため，その動向には注視していかなければなりません。そしてもっとも重要なことは，生産者から最終消費者へと販売される各種の財・サービス価格の変動を流通過程ごとの特徴と関連させてみていくことです。

◯ 物価実数統計と物価指数統計

　このような多様な価格現象を記述した物価統計を整理すると，表4.1の

表 4.1　主要な物価統計の概要

	物価実数統計		物価指数統計		
	全国物価統計調査	小売物価統計調査	消費者物価指数 (CPI)	企業物価指数 (CGPI)	企業向けサービス価格指数 (CSPI)
調査機関	総務省統計局	同左	総務省統計局	日本銀行調査統計局	同左
掲載資料名	全国物価統計調査	小売物価統計調査	消費者物価指数年報	物価指数年報	同左
統計の種類	指定統計（第108号）	指定統計（第35号）	加工統計	同左	同左
〈価格データ〉					
調査客体	家計・企業に対する財・サービスの価格	家計に対する財・サービスの価格	家計に対する財・サービスの価格	企業間で取引される財の価格	企業に対する第3次産業のサービスの価格
調査周期	5年ごと（西暦の末尾が2と7の年）	毎月	「小売物価統計調査」の価格データを利用	毎月3回（卸売物価統計調査を実施）	同左（企業向けサービス価格調査を実施）
集計対象期日	当年11月20日	毎月12日を含む週の水～金曜日のいずれか1日	「小売物価統計調査」と同様	原則として契約成立時（ただし困難な場合は、出荷時または入着時）	同左
調査数					
・店舗数	大規模店舗：約20,000店 小規模店舗：約118,000店 （大規模店舗は売り場面積450㎡以上）	約30,000店	同上	―	―
・品目数	217品目	505品目（773銘柄）	同上	国内企業：910品目 輸出：222品目 輸入：275品目	102品目
〈指数の作成方法〉	―	―	ラスパイレス型指数	同左	同左
ウェイトの採用データ	―	―	家計調査の消費支出	工業統計調査の出荷額や通関統計の輸出入額	産業連関表の取引額
ウェイトの改訂周期			5年ごと（西暦の末尾が0と5の年）	同左	同左

4.1 価格現象の統計体系

ように，物価水準自体を公表する物価実数統計と指数を公表する物価指数統計に大別できます。

　まず物価実数統計は，5年に一度実施される全国物価統計調査と毎月実施される小売物価統計調査があります。全国物価統計調査は，店舗の形態や立地地域等によって異なる卸売・小売店における商品やサービスの価格など，いわば物価構造の実態を把握する静態統計です。これに対して小売物価統計調査は，全国物価統計調査で得られた物価構造に関する情報にもとづき，毎月の物価変動を調査した動態統計です。ここで注目しなければならないのは，近年の流通機構の複雑化・多様化を反映して，1997年の全国物価統計調査で従来の卸売・小売別の調査が大規模・小規模店舗別の調査へと変更されたことです。もはや純粋な卸売店舗は無きに等しいのかもしれません。

　ところで時間の経過にともなう物価の変化を把握するには，物価の実数のような煩雑な動きを追うよりも，指数に加工して利用したほうが便利です。ここで指数とは，特定の時点を基準（＝100）として作成された無名数です（％等の単位はつきません）。物価指数統計として現在，総務省による消費者物価指数（Consumer Price Index：CPI），日銀による企業物価指数（Corporate Goods Price Index：CGPI）と企業向けサービス価格指数（Corporate Service Price Index：CSPI）が発表されています。このうちCGPIは従来，卸売物価指数（Wholesale Price Index：WPI）と呼ばれ，1887年よりつい最近まで100年以上にわたって，日銀により継続して作成されてきました。しかし近年，全国物価統計調査と同様に，流通機構が変化してきたため，各種の見直しを行うとともに，名称を変更したものです。なおCGPIの価格データは日銀の独自調査によって収集されるのに対して，CPIの価格データは小売物価統計調査の情報を利用します。

○ 物価指数の対象領域

　いま比較的利用頻度の高いCGPI，CSPI，CPIについて，その対象領域を

表 4.2 各物価指数の対象領域

	財貨	サービス
企業向け	CGPI 輸入品 ／ 国内品・輸出品	CSPI 国内サービス・輸入サービス
家計向け	CPI 輸入品 ／ 国内品 ／ 国内サービス	

確認しておきましょう．各指数は，表 4.2 のようにそれぞれ集計対象を異にしています．はじめに卸売段階の物価水準のうち，CGPI は対象領域が財貨に，CSPI は第 3 次産業の提供するサービスに限定されています．また CGPI には企業向けの中間投入財が含まれていますが，CSPI は含まれていません．

これに対して CPI は，家計向けの財貨とサービスの両方を対象としています．このため CPI と CGPI の前年同期比の推移を併せて一つのグラフに描き，その乖離を流通過程における物価変動の波及状況として論じることがあります．しかし表 4.2 のように，対象物が異なるためにいっしょに論じることはできません．あえてこれを論じるには，CGPI を最終消費財，CPI を生鮮食品を除く商品として，範囲を揃えるべきです．また CGPI には，既述のように中間投入財も含まれているため，インフレ時に最終製品の伸び率を上回る場合があります．これを重複計算と呼んでいますが，これも CPI と CGPI を比較する際におこる問題です．

さらに CPI は，しばしば国内のインフレ率の分析にあたって使用されます．ただし輸入品からの影響（輸入インフレ）が含まれているため，国内品のみの影響（ホームメイドインフレ）を分析する場合には，むしろ輸入品の

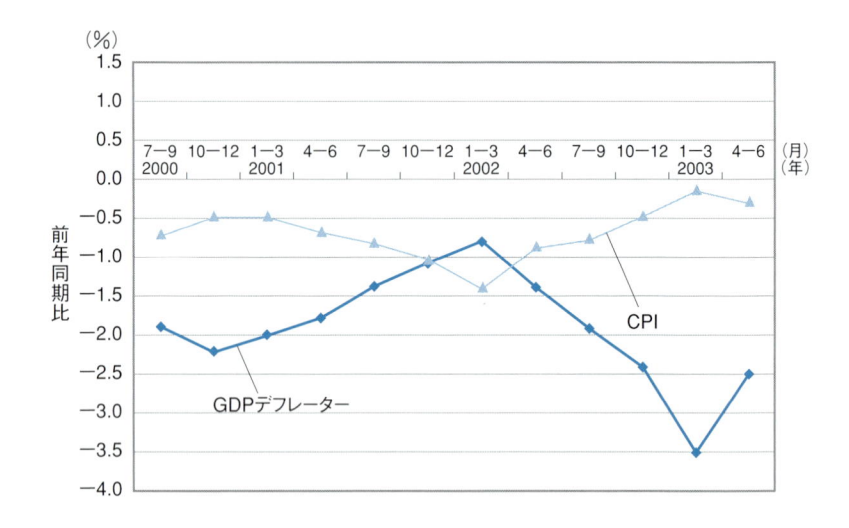

図 4.1 GDP デフレーター，CPI の前年同期比の推移

影響を控除している GDP デフレーターの変化率を使用することが一般的です（GDP デフレーターについては，第 3 章の 3.6 節を参照）。

ちなみに図 4.1 によって，最近の GDP デフレーターと CPI の前年同期比を比較しておきましょう。GDP デフレーターのほうが低く，その動きも正反対に近いものとなっています。このような差が現れる理由として，① 総合指数の作成方法が，CPI ではラスパイレス型，GDP デフレーターではパーシェ型であるため，GDP デフレーターのほうが価格低下の影響を受けやすいこと（つまり GDP デフレーターの下方バイアス），② 計算の対象となる価格が CPI では製品価格，GDP デフレーターでは（最終生産物の）付加価値ですが，一般的に流通過程の川下ほど価格低下が強い傾向にあること[1]，③ CPI には輸入インフレによる物価引き上げ分が含まれていること，など

---

1) 妹尾芳彦『実戦景気観測の技術』日本評論社，2005 年，187～191 頁を参照。

が考えられます（総合指数の作成方法については次節を参照）。われわれは日常的にデフレ経済といっていますが，指標の選択によっていかに現状認識が異なってくるか，あらためて考えさせられる問題です。

4.2　物価指数の作成方法

○ 2種類の指数分類

ところで各種の経済情報を単純化するために利用される"指数"は，おもに対象品目別・構成要素別の2種類の分類に分けられます。まず対象品目別分類は，個別指数，総合指数，複合指数の3つで構成されています。個別指数とは個別のデータごとに作成された指数，総合指数は個別指数を複数加えて作成された指数，複合指数は複数の異なる性質をもった指数を組み合わせることによって作成される新しい概念の指数です。例えば，石鹸の価格情報から作成された価格指数は個別指数，石鹸を含む消費財全般の価格情報から作成された消費者物価指数は総合指数，石鹸業界の生産指数と雇用者指数から作成された労働生産性指数は複合指数となります。

一方，構成要素別分類では，価格指数，数量指数，金額指数の3分類となります。これらは，それぞれ価格・数量・金額に関するデータから作成された指数です。もし2時点間で数量が一致していれば，金額指数は価格指数と一致します。代表的な価格指数として物価指数，数量指数として鉱工業生産指数，金額指数として東証株価指数（TOPIX）などがあげられます。

○ 物価指数と平均単価の関係

いま物価指数の性格を，金額指数・数量指数と比較して把握してみましょ

表4.3 各指数のカバーする範囲

	価格変化	品質変化	数量変化
物価指数	○	×	×
数量指数	×	×	○
金額指数	○	○	○

(注) 各指数のうち，○は対象とする変化を含み，×は含まないことを示す。

う。そもそも消費支出額（すなわち金額指数）の変化は，表4.3のように価格変化，品質変化，数量変化の3つの変化に分解することができます。この支出金額の変化と比較すると，物価指数（つまり価格指数）では価格変化のみを，数量指数では数量変化のみを，金額指数は数量変化，品質変化，価格変化を，それぞれ対象としています。

このため金額指数を物価指数で割れば品質変化と数量変化を，金額指数を数量指数で割れば価格変化と品質変化を，それぞれ合わせた動きを示すことになります。特に後者の点に関連して，家計調査の金額を数量で割った平均単価をCPIに代わる物価情報として使用することがあります。しかしこの平均単価には，上記のとおり品質変化にともなう価格変化分が含まれているため，その解釈にあたっては注意しなければなりません。例えば景気下降期には，低価格品にシフトする代替行動が取られますが，平均単価ではこのような行動にともなう価格変動を含んでいるため，平均単価の動向から消費者物価の動向を正確に推計することはできません。

○ 総合指数の作成方法

物価の全般的な動向を把握するためには，個別指数ではなく総合指数を作成しなければなりません。この総合指数は，複数の価格データを平均する方

法によってラスパイレス（Laspeyres）型指数，パーシェ（Paasche）型指数，フィッシャー（Fisher）型指数，連鎖指数の4種類が考案されています。いま各品目における価格を p，数量を q，取引額を W（$=pq$），品目名を添字 i，基準時を添字 0，比較時を添字 t とすれば，各指数は以下のように作成されています（なお以下の説明は，あくまで物価指数の作成方法です。もし数量指数を作成する場合には，p と q を反対に考えてください）。

〈ラスパイレス型指数〉

品目別の価格を基準時の数量によって加重平均する方法（基準時加重相対法）で求めた総合指数です。いまラスパイレス型指数を $P_{0,t}^L$ と表示すれば，第2式をラスパイレス式，第3式を基準時加重相対法算式と呼び，実際の計算は第3式で行っています。

$$P_{0,t}^L = \frac{\sum p_{t,i}\,p_{0,i}}{\sum p_{0,i}\,q_{0,i}} \times 100 = \frac{\sum \left(\frac{p_{t,i}}{p_{0,i}} W_{0,i}\right)}{\sum W_{0,i}} \times 100 \tag{4.1}$$

この方式はデータ数の入手がもっとも少なくてすむため，現在のところ消費者物価指数や鉱工業生産指数等の数量指数など，多数の指数で採用されています。

〈パーシェ型指数〉

品目別の価格を比較時の数量によって加重平均する方法（比較時加重相対法）で求めた総合指数です。いまパーシェ型指数を $P_{0,t}^P$ と表示すれば，

$$P_{0,t}^P = \frac{\sum p_{t,i}\,q_{t,i}}{\sum p_{0,i}\,q_{t,i}} \times 100 \tag{4.2}$$

ラスパイレス型よりもデータ数を多く必要としますが，理論上の要請からSNA統計の需要項目別指数で採用されています（詳細は，第3章の3.6節を参照）。

〈フィッシャー型指数〉

この指数 $\left(P_{0,t}^F\right)$ は，$P_{0,t}^L$ と $P_{0,t}^P$ を幾何平均した総合指数です（幾何平均については，第 6 章の 6.1 節を参照）。

$$P_{0,t}^F = \sqrt{P_{0,t}^L \cdot P_{0,t}^P} \tag{4.3}$$

この指数の適用例は，財務省が普通貿易統計のデータをもとに作成した輸出（入）価格指数が知られています。

〈連鎖指数〉

いままでの 3 つの指数は，ある特定の年次が基準年（固定基準）になっていましたから，固定基準年方式の指数と呼ばれています。現在，固定基準年方式を採用する各種指数では，いずれも西暦の末尾が 0 と 5 の年を基準年としています。しかし連鎖指数では，常に前年を基準年とし，毎年毎年積み重ねて接続していきます。この積み重ね方（連鎖基準）でもラスパイレス型とパーシェ型の 2 種類が考えられますが，いまパーシェ型指数（連鎖基準パーシェ型指数）を P_t^{CP} と表示すれば，以下のようになります。

$$P_t^{CP} = \frac{\sum p_{1,i} q_{1,i}}{\sum p_{0,i} q_{1,i}} \times \frac{\sum p_{2,i} q_{2,i}}{\sum p_{1,i} q_{2,i}} \times \cdots \times \frac{\sum p_{t-1,i} q_{t-1,i}}{\sum p_{t-2,i} q_{t-1,i}} \times \frac{\sum p_{t,i} q_{t,i}}{\sum p_{t-1,i} q_{t,i}} \times 100 \tag{4.4}$$

SNA 統計では従来，GDP デフレーターに固定基準パーシェ型指数を採用していましたが，2003 年度の確報値より連鎖基準パーシェ型指数に代えています。

○ パーシェ・チェック

ここで，3 指数の特徴を整理しておきましょう。まずラスパイレス型指数 $P_{0,t}^L$ は，基準時にウェイト $W_{0,i}$（具体例は次節）を算出しておけば，それ以降は価格データを収集するだけでよいため，計算が容易であるという利点があります。ただし基準時から離れるにしたがって，現実の動向とのズレが生じやすくなります。これに対してパーシェ型指数 $P_{0,t}^P$ は，比較的実態の動き

を伝えやすいものの、毎期の価格データと数量データを収集しなければならないため、費用と時間がかさみます。またフィッシャー型指数 $P_{0,t}^F$ は、理想指数と呼ばれるように実態の動きをもっとも正確に反映するといわれますが、$P_{0,t}^L$ と $P_{0,t}^P$ の両方を算出しなければならないため、さらに費用と時間がかさみます。

以上の3指数は、計算方法が異なるがゆえに時間がたつにしたがって乖離してきます。このうち $P_{0,t}^L$ と $P_{0,t}^P$ を比較すると、一般的には $P_{0,t}^P$ の上昇率が $P_{0,t}^L$ の上昇率よりも小さくなる傾向があります。このような傾向をパーシェ効果と呼んでいます。数年に1度、パーシェ効果の大きさ（乖離率）を以下のような式で計測して、この値がある程度の大きさとなった場合にラスパイレス型指数を改訂する目安としています。このような検証方法を、パーシェ・チェックと呼んでいます。

$$乖離率 = \frac{P_{0,t}^P - P_{0,t}^L}{P_{0,t}^L} \times 100 \quad (4.5)$$

4.3 消費者物価指数

○ 「バスケット」による取り込み

消費者物価指数（CPI）の作成では、いわゆるマーケット・バスケット（買い物かご）方式と呼ばれる方式が採用されています。すなわち基準時点における消費者の生活に必要な商品やサービスを想像上の買い物かごに入れて、その中身全部を購入するのに必要な費用がその後の個々の品目の価格変化によっていくらに変わっていくかを計算し、基準となる時点の費用を100として指数化した方式のことです。この方式は、消費者物価指数の作成にあたりラスパイレス型指数を採用していることから考案された方式です。

同方式では、品目・銘柄の指定と指数のウェイトが重要な要素となります。まずCPIでは、小売物価統計調査における個別品目の価格データより作成されているため、その価格データの精度が指数の精度に大きく影響します。そこで小売物価統計調査では、個別品目の価格を正確に調査する方法として、メーカー名、商標、型式番号を指定した"銘柄"が決められています。ただし1品目が複数の銘柄で構成されていることがあります。例えばボールペンでは、「鉛筆型、芯取替式。透明軸、クリップ付きキャップ、金属製口部である"ゼブラボールペン N-5100"、"三菱ボールペン SA-S"又は"パイロットボールペン BP-S"」の3銘柄が指定されています。次にウェイトは、基本的には家計調査の消費支出に占める割合を採用します。ただし「年間の支出金額が消費支出総額の1万分の1以上となる」品目に限定しており、現状のCPIでは約510品目（780銘柄）が採用されています。

◯ 計上価格の限界

　ここで小売物価統計調査における指定銘柄の価格（計上価格）調査方法をみておきましょう。同調査によると、「調査日に調査店舗で実際に販売されている平常の小売価格又はサービスであって、一時的な廉売価格、災害等に起因する異常価格、月賦販売等による価格及び中古品の価格などは調査されない」と定義しています。また価格の調査期日は、「毎月12日を含む週の水曜日、木曜日又は金曜日のいずれか1日」としています。

　もっとも以上のような計上価格に関して、90年代に入っていわゆる「価格破壊」現象が顕著となっているなかで、安売りの実態を反映していないといった批判もおこってきました。なぜなら調査対象店舗が繁華街の百貨店がほとんどであり、近年急増している郊外型のディスカウント店やセール価格を織り込んでいないからです。事実、このような批判が日銀等から1999年に出ましたが、それに対して総務省では調査店舗（あるいは調査地区）の設定方法の見直しを行っています。

表4.4 消費者物価指数の分類別ウェイト

(単位：1万分比)

10大費目	平成12年基準	平成7年基準	差引増減
総　合	10,000	10,000	10,000
食　料	2,730	2,850	－120
うち生鮮食品	450	496	－46
住　居	2,003	1,981	22
光熱・水道	651	590	61
家具・家事用品	369	411	－42
被服及び履物	568	679	－111
保健医療	380	329	51
交通・通信	1,313	1,216	97
教　育	398	455	－57
教養娯楽	1,130	1,090	40
諸雑費	456	398	58

（資料）　総務省統計局編『平成12年基準消費者物価指数の解説』日本統計協会，2001年，9頁。

◯ 分類とウェイト付け

　CPIでは，銘柄別の個別価格を加重平均して細分類の指数を作成しますが，さらに細分類から小分類，中分類，大分類へと，同類の性質をもった財貨・サービスのグループへ集約された分類の指数を作成します。

　これらの集約化を行う際には，総合を10,000とした構成比が採用されています。CPIでは，ラスパイレス型指数が採用されているため，これらの構成比は (4.1) 式右辺第3式のウェイトに該当します。このウェイトは，家計調査の消費支出に分類される品目の金額を採用していますが，所得水準の変動等によって変化するため西暦の末尾が0と5の年（つまり5年ごと）に見直されます。ちなみに表4.4によって1995年と2000年の10大分類にお

けるウェイトを比較すると，被服及び履物，食料が減少したのに対して，交通・通信，光熱・水道などでウェイトが増加したことが確認できます。

なおこのような分類とウェイトの改訂は，近年のように新製品の出現や価格低下のサイクルの短縮化が進んでいるもとでは，5年間の固定基準方式では実態から乖離する可能性が高くなっています。このため後述のように，企業物価指数では2000年基準指数の改訂にあたって連鎖指数を導入したほか，SNA統計のGDPデフレーターでも最近，導入に踏み切ったところですが，CPIでも2005年基準に切り替わる2006年半ば以降は，参考指標として連鎖指数が公表される予定といわれています。

○ 生鮮食品と持ち家の帰属家賃

総合指数の作成に際しては，生鮮食品と持ち家の帰属家賃の扱いに注意すべきです。まず野菜，果実，魚介などの生鮮食品は，季節によってその購入単価や購入数量が大きく変化するため，これらのウェイトは月別に大きく異なっています。また天候などに大きく左右されるため，生鮮食品を含めた指数の価格動向は経済全体の物価動向を正確に反映しない危険性があります。このような生鮮食品による突発的な価格変動を除くために，これらを除いた総合指数を「コア指数」と呼んで作成・公表しています。日銀も2001年3月よりこの前年同期比をインフレ目標値とするなど，金融政策運営上の参考指標として注目しています。

また持ち家の帰属家賃が，1985年基準指数から総合指数に含まれるようになったことも注意してください。持家の帰属家賃は本来，持家世帯が実際に支出した金額ではありませんが，理論上からみると所得・消費支出に含めなければならない概念です（帰属家賃については，第8章の8.5節を参照）。それゆえCPIでも，他の統計類と整合性を保つために帰属家賃を加える必要があります。同指数では，小売物価統計調査における民営借家の家賃と住宅統計調査から帰属家賃を推計し，この推計値を全国消費実態調査から求め

たウェイトで加重平均して総合指数に加えています。

○ 品質変化と新製品の登場

　CPIに関しては，過去にしばしば「CPIの動きが生活実感と一致しない」という疑問が提示されてきました。総務省ではその都度，このような指数と実感の乖離（いわば計測誤差）がおこる各種の理由を説明してきましたが，もちろんこの議論は個人差を含んでいるため一概に解決することは困難です。このような論争の具体的な内容については，谷沢『経済統計論争の潮流』の第6章（消費者物価指数論争）に譲るとして[2]，ここではこれらの論争で焦点となった品質変化と新製品の登場の2点を説明しましょう。

　まず品質調整の問題は，そもそも物価指数は基準時点から品質を一定に保った場合の価格変動を捉えることを目的としています。しかし現実経済では，常に技術革新が進展して調査対象銘柄自体の品質が向上することが多いです。これらの品質変化は，5年ごとに実施される銘柄の入れ替え時に適切な方法で調整すべきですが，現状の銘柄変更ではかならずしも適切に行われているとは限りません。この事例として，2000年基準指数から初めて，パソコンの品質調整のためにPOS情報を利用したヘドニック法といった計量分析手法が採用されました[3]。

　新製品の登場問題は，品質調整と関連した問題ですが，新製品が登場した

---

　2) なお，わが国で消費者物価指数論争が発生した背景には，アメリカの同指数が調査方法の不備等からバイアスが発生していることを指摘したレポート（いわゆるボスキンレポート）が発表されていたことが大きく影響していました。ちなみに2000年10月4日に開催された第94回統計審議会経済指標部会において，ボスキンレポートや消費者物価指数への批判に対する総務省統計局としての見解を報告した際に提出した資料が同局のホームページ（http://www.stat.go.jp/data/cpi/8.htm）に掲載されているので，関心のある読者は参照してください。

　3) ヘドニック法は，機能にもとづき品質を調整する方法ですが，この方法によると過度に品質調整が行われる欠点があることが指摘されています。例えば，10年前のパソコンと最近のパソコンを比較した場合，最近のパソコンは急激に高機能となっています。このためヘドニック法を適用して，これらの機能をすべて使用していると想定して計測された価格情報は，実態よりも過小評価していることとなるのです。なぜなら平均的な所有者は，それらの機能をすべて使用しているとは，到底考えられないからです。ヘドニック法にも問題があることに注意すべきです。

後にこれらが物価指数のバスケットへ取り込まれるまでのラグが生じることです。これらの新製品が普及する過程では，CPI のウェイトが過小評価されたり，そもそも調査対象品目に加えられなかったりします。例えば，2000年基準の CPI で初めてパソコン（デスクトップ型，ノート型），移動電話通信料が加えられましたが，インターネット通信料は未だ加えられていません。常に消費活動を追跡する努力を怠らないようにしなければなりません。

4.4　消費者物価地域差指数

○ 地域差指数の作成方法

消費者物価指数（CPI）と関連した物価指数として，消費者物価地域差指数（Regional Difference Index of Consumer Prices：RDICP）も重要です。国内の物価水準をみた場合，都市圏が地方圏より高いとしばしば主張されます。総務省では，このような物価の地域差を考慮した RDICP を，1年に1度『消費者物価指数年報』で公表しているほか，西暦の末尾が0と5の年（つまり5年ごと）には，全国物価統計調査で品目別の詳細な地域差指数を公表しています。

作成にあたっては，基準地域の価格情報によって加重平均する方法（基準地域加重相対法）が採用されています。いま各品目における年平均価格を p，支出金額を W，基準地域を添字 0，比較地域を添字 i とすれば，同指数（総合指数）は以下のように作成されます。

$$\text{RDICP} = \frac{\sum \left(\frac{p_{t,i}}{p_{0,i}} W_{0,i} \right)}{\sum W_{0,i}} \times 100 \tag{4.6}$$

なお CPI の場合と同様に，$p_{0,i}$ は独自に収集した価格データ（288 品目）

と小売物価統計調査の価格データ (25品目), $W_{0,i}$ は家計調査から採用したデータを利用しています。この作成方法から, 通常の CPI のように異時点間の比較が行われていない点に留意してください。

RDICP では, 基準地域 (=100) が全国平均と東京都区部の2種類あるほか, 総合指数には食料品と持ち家の帰属家賃を含んだ指数と除いた指数があります (帰属家賃については, 第8章の8.5節を参照)。通常は, 東京を基準地域とし持ち家の帰属家賃を除いた総合指数が利用されています。ちなみに2001年の同指数によると, 東京都区部 (109.5) がもっとも高く, 反対に那覇市 (96.9) がもっとも低くなっています。

4.5 企業物価指数

○ 多様な計上価格

企業物価指数 (CGPI) は, 原則として企業間で取引される物的商品を対象とします。ただし前述のように近年は, 卸売段階の物価情報が多様化しているため, 日銀では従来の卸売物価指数から企業物価指数へと名称を変更しました。日銀は現在, 企業価格指数として国内企業物価指数 (Domestic Corporate Good Price Index: DCGPI), 輸出物価指数, 輸入物価指数のほか, これら3指数をラスパイレス型で加重平均した総合指数も公表していますが, 金融政策上よりインフレ等の参考としている指標は DCGPI です。

指数用の計上価格は, 銘柄・取引条件を固定した実勢販売価格であり, 上・中・下の3旬ごとに旬間の代表的な価格が調査されています。このうち DCGPI は, 国内市場向け生産品を対象として, 910品目, 5,508価格を調査しています。おもに一次卸段階の価格が調べられますが, 直接販売されることの多い機械などでは, メーカーの出荷価格が調べられます。これに対して

輸出物価指数は輸出品を対象として FOB 建ての 222 品目，1,155 価格を，輸入物価指数は輸入品を対象として CIF 建ての 293 品目，1,601 価格を，それぞれ調査しています（なお，FOB と CIF については第 12 章を参照してください）。いずれの情報も，原則として価格調査表により入手しています。

　計上価格は，おもに商品を特定して，取引条件，取引相手先等を一定とした取引価格を調査しています。ただし多品種少量生産やオーダーメイド色の強い商品や，取引形態が多様化している商品の場合には，「平均価格」（＝月間取引額÷月間取引数量）を採用しています。また契約期間が四半期等の複数月にわたっており，かつ当該期間中の出荷価格が契約期間に入った後になって決定されるなどの商習慣がある商品の場合には，「仮価格」（価格が正式に決定するまでの間，取引に使用される暫定的決済価格）」が採用しています。特に「平均価格」を採用している割合は，国内企業価格で 12％，輸出入価格で各 2％ を占めています。

　なお CGPI でも，消費者物価指数（CPI）と同様に品質調整問題が発生します。これに対して日銀では，直接比較法，単価比較法，コスト評価法，オーバーラップ法，ヘドニック法を採用しています。特に，商品サイクルが短く，技術進歩に伴う品質向上が著しい IT 関連 5 商品（汎用コンピュータのサーバ，パソコン，デジタルカメラ，ビデオカメラ，印刷装置）では現在，ヘドニック法が採用されています。

○ 分類とウェイト付け

　CGPI の分類のうちもっとも一般的な分類は，商品の属性による国内企業物価・輸出物価・輸入物価という基本分類ですが，その他に参考指数として，需要段階別・用途別指数，連鎖方式による DCGPI，消費税を除く DCGPI（同じく国内需要財指数），国内・輸出・輸入の平均指数も，あわせて推計されています。

　このうち需要段階別・用途別指数は，国内需要財と輸出財に大別されます。

国内需要財は，さらに需要段階別に素原材料，中間財，最終財に分類されます。また最終財は，用途別に資本財と消費財に分けられます。これらの指数のうち，特に国内需要財のなかの最終財の消費財（つまり最終消費財）は，その動きに注目する必要があります。なぜならこの指数はほぼCPI（ただし生鮮食料品を除いた指数）と同じ流通経路を通過しているため，両者を比較することによって価格の転嫁状況が把握できるからです。

しばしばマスコミでは，CGPIとCPIを比較して，「CGPIは大きく低下しているが，CPIは低下していない」といった議論をしていますが，このような議論を行うなら需要段階別・用途別指数の最終消費財とCPIの2者を比較すべきです。CGPIには，一般消費者向けの商品以外に，輸入原材料や最終的な製品になる途中段階の商品（中間財），工場や事務所の設備器具なども含まれています。一方，CPIには，CGPIが対象としていない鉄道運賃や大学の授業料など，消費者向けのサービスの価格が含まれています。

なお以上のいずれの分類でも，そのウェイト付けは工業統計調査の出荷額や通関統計の輸出入額等を利用していますが，CPIと同じく西暦の末尾が0と5の年（つまり5年ごと）に新しく基準指数が作成されると同時に，変更されています。

○ 利用上の留意点

CGPIの利用にあたっては，以下のような点に注意してください。第一に，価格調査の不可能な品目は初めから除外されています。すなわち建築物，船舶，航空機，コンピュータ等のように，マーケットにおける需給ではなく相対で受注価格が決定されるような品目は，工業製品のように継続的に調査できませんから除外されています。

第二は，生産物に限定されていますので，それ以外の製品は含まれていません。例えば，土地，既存建物等の不動産や中古自動車等の中古品は，第一の事例と同様に価格調査が困難であるため，対象外となっています。また企

業間のサービス価格は別途，日銀によって企業向けサービス価格指数（CSPI）が作成されていますので，この指標を利用すべきです。

第三に，ダンピング価格が不明である点です。あくまで調査対象価格が実勢価格であるため，リベート等によるダンピング価格は原則として採用されません。このため実勢価格といっても，実態から乖離する場合があることに注意すべきです。

4.6　その他の価格統計

○ 複数の地価統計

消費者物価地域差指数（RDICP）で確認したように都市部では家賃が高水準ですが，これは同地域の地価が極めて高い水準にあることと関連しています。このような地価の動向を示した統計として，表4.5のような地価統計が作成されています。

地価統計も，物価統計と同様に地価実数そのものを表示した地価実数統計と地価動向を指数化した地価指数統計に分類することができます。まず地価実数統計は，それぞれの省庁における政策目的によって，地価公示法にもとづく国土交通省の公示地価，国土利用計画法にもとづく都道府県の基準地価，相続税法等にもとづく国税局の路線価，地方税法にもとづく各市町村の固定資産税評価額を公表しています。つまり政府自らが同一地に4つの統計を作成するといった，統計行政上では極めて異常な状況を作っています。

これに対して地価指数統計として，（財）日本不動産研究所が公表している全国市街地価格指数があります。この指数は，1936年9月から商業地・住宅地・工業地の3地域に分けて継続して公表している，もっとも歴史のある指数であり，地価の長期傾向を分析するのに適しています。

表 4.5 主要な地価統計の概要

	地価実数統計				地価指数統計
	公示地価	基準地価	路線価	固定資産税評価額	全国市街地価格指数
調査機関	国土庁土地鑑定委員会	都道府県	国税局・税務署	市町村	(財)日本不動産研究所
掲載資料名	地価公示	…県地価調査	路線価設定地域図	固定資産の価格等の概要調書	市街地価格指数
統計の種類	業務統計	同左	同左	同左	民間統計
根拠法	地価公示法第2条1項	国土利用計画法施行令第9条1項	相続税法第22条	地方税法第341条5号	—
調査の目的	・一般の土地取引の参考資料 ・公共事業の適正補償金の算定基準	・土地取引の規制の適正かつ円滑な実施 ・公示地価の補完資料	・相続税,贈与税,地価税の課税資料	・固定資産税の課税資料	・土地取引額の時系列変動の把握
調査周期	毎年	同左	同左	3年ごと(最近年次は2003年)	半年ごと
調査実施日	当年2月頃	当年8月頃	同左	当年1月頃	当年4月・10月頃
集計対象日	当年1月1日	当年7月1日	当年1月1日	前年1月1日	当年3月・9月の末日
調査客体	・全国の都市計画区域の標準地(約1.7万地点)における単位面積当たりの取引価格	・全国の住宅地・宅地見込み地及び林地(約2.5万地点)における単位面積当たりの取引価格	・主要道路に面した土地における取引価格	・全国の主要な土地における取引価格	・全国の主要223都市の市街地における取引価格 ・1990年3月末日=100とした指数
実勢価格との比較	約70%	約90%	約50%	約20%	—

(注) 実勢価格との比較は,長谷川徳之輔『土地改革の視点』東洋経済新報社,1990年,146頁の表9-1を利用した。ただし1990年頃の数字であり,その後の税制等の変更によって大きく変化しているため,使用にあたっては注意すること。

○ 一物四価の発生

　繰り返しますが，地価統計の問題点は同一地区に複数の地価統計が存在していることです。各省庁が独自の目的によって，同一地区上に独自の地価を発表しているため，いわば「一物四価」の状況が発生しています。いま各地価水準を実際の売買価格（実勢価格）と比較すれば，バブル経済の 1990 年時点では公示地価（約 70％），基準地価（約 90％），路線価（約 50％），固定資産税評価額（約 20％）であり，各統計で大きく異なっていました。

　もっともこのような現象が発生する理由は，土地にはまったく同一の商品は存在せず，上記のように同一地区を比較することが不可能なこと，地価を決定する要因として形状，使用目的，取引主体等，多様な要因が想定されることがあげられます。また納税者の負担や財政収入の確保を考慮して，地価を弾力的に決定できないことも指摘されています。例えば，近年では地方自治体の主要な財政収入である固定資産税評価額が，財政逼迫下で高止まりしているなど，一物四価を修正することは容易ではありません。いずれにしても地価統計の数字はその目的に合わせて癖を修正すべきであり，単純に実勢価格とみなすことは控えるべきです。

○ 日経商品指数（17 種，42 種）

　最後に，市況性（つまり稀少性や投機性）の強い商品の価格指数として，日本経済新聞社の発表している商品価格指数があります。毎日発表している「日経商品指数 17 種」と，月末に発表する「同 42 種」（毎週末に速報値を発表）があります（いずれも 1970 年＝100 に基準化）。42 種では総合指数のほか，繊維，鋼材，非鉄，木材などの類別指数も公表されています。これらは，価格が需給に敏感に反応して動く原材料で構成されているため，42 種の総合指数は内閣府が発表する「景気動向指数」の先行系列の一つに採用されています（第 2 章表 2.2）。

なおこれらの指数は，通常の加重平均では価格変動が激しくなるため，幾何平均（第6章の6.1節を参照）によって作成されています。この点でも他の指数と異なっています。

練習問題

4.1 「卵は物価の優等生」と，しばしば指摘されています。はたして卵は本当に優等生であるのか，半導体の価格と比較しつつ論評しなさい。

4.2 消費者物価指数がしばしば実態を反映していないという批判のなかで，スーパー大手の西友では自店舗内のPOS（Point of Sale System：販売時点情報管理システム）情報から商品別価格データを入手して物価指数（西友物価指数）を作成・公表したことがあります。このような物価指数について論評しなさい。

4.3 最近の消費支出調査によると，若者の購買行動においてコンビニエンスストアの比率が非常に高くなっています。この事実を世代別の消費行動に関連させると，いかなる現象が表れるでしょうか。

4.4 東京から北海道に転居した世帯の名目所得水準が同一水準であったと仮定します。この場合には，転居によって実質所得水準はいかに変化したことになるでしょうか？　実質所得水準の算出方法を示したうえで，想定される経済統計上の問題点について論じなさい。

参考文献

総務省統計局編『平成12年基準消費者物価指数の解説』日本統計協会，2001年11月．

ILO等，国際機関編（日本統計協会訳）『消費者物価指数マニュアル』日本統計協会，2005年．

日本銀行調査統計局編『2000年基準企業物価指数（CGPI）の解説』（日銀ホームページで公表），2005年3月。

第5章

人口統計

　いかなる国でも，もっとも早くから作成されてきたデータの一つが人口データであり，それを分析する人口学 (demography) も確立されました。このような動きの背景には，租税（人頭税等），労働力，戦力の把握や，疾病者・災害者数，被選挙権者の確定にあたり，人口データが重要な基礎資料であったからです。さらに近代では，人口統計の名簿を各種統計の母集団（いわば標本抽出のための名簿）として利用したり，外国人労働者数を把握したり，国会議員の1票の格差を是正する際に使用するなど，新たな使い方もあります。以下ではこのような人口統計を，人口静態統計，人口動態統計に分けて説明します。

○ KEY WORDS ○
人口学的方程式，人口静態統計，人口動態統計，
国勢調査，常住人口，高齢化率，合計特殊出生率，
千分比（‰），住民票・住民基本台帳，
コーホート，県間移動率

5.1 人口現象の把握方法

○ 基本は人口学的方程式

　人口関連の統計体系を説明する手はじめとして，人口現象をいかに把握することができるかから紹介しましょう。いかなる地域でも，地域内の今期末の人口を前期末の人口と関連させてみると，以下の式が成立しています。

$$\text{今期末の人口} = \text{前期末の人口} + \text{今期中の自然増加数} + \text{今期中の社会増加数} \quad (5.1)$$

　ここで自然増加数＝出生数－死亡数，社会増加数＝（国内外を問わず）他地域からの流入数－同流出数で計算します。(5.1) 式を，人口学的方程式と呼んでいます。さらに今期末の人口，前期末人口のように，ある一定時点における人口の規模や構成（すなわち人口静態）をとらえた統計を人口静態統計，今期中の自然増加数や社会増加数のように，ある一定期間に発生した人口の変動（すなわち人口動態）を表す統計を，人口動態統計と呼んでいます。このため人口統計は，人口静態統計と人口動態統計の２つに分けることができます。

　なお今期末の人口－前期末の人口＝人口増加数ですから，(5.1) 式は以下のように書き換えることができます。

$$\text{人口増加数} = \text{自然増加数} + \text{社会増加数} \quad (5.2)$$

　この (5.2) 式は，人口増加数を自然増加数と社会増加数の２要素に分解できることを示しています。さらに両辺を前期末人口で割れば，

$$\text{人口増加率} = \frac{\text{自然増加数}}{\text{前期末人口}} + \frac{\text{社会増加数}}{\text{前期末人口}} \quad (5.3)$$

　右辺の第１項は自然増加率，第２項は社会増加率と呼ばれています。(5.2) 式，(5.3) 式のような関係は，地域別，性別，年齢別等の人口集団に

おいても等しく成立する関係です。以下では，これらの人口統計を人口静態統計・人口動態統計（つまり自然増加統計・社会移動統計）に分けて説明していきましょう。

5.2 人口静態統計

◯ 2種類の人口統計

　代表的な人口静態統計として，国勢調査と住民基本台帳人口要覧があげられます。まず国勢調査は，総務省統計局が5年に1度，専門の調査員によって10月1日現在における当該地域内の人口を全数調査するもっとも正確な人口統計です。ただし国勢調査以外の年次（または月次）の人口は，同じく総務省が国勢調査の人口などをもとにして推計人口という加工統計を公表しています。

　これに対して住民基本台帳人口要覧は，総務省自治行政局が住民基本台帳に記入された日本国籍を有する人口（登録人口）を，3月31日現在で再集計した業務統計（以下，住民票人口統計という）です。ここで住民基本台帳について補足説明しておきましょう。この台帳は，住民票で構成された行政書類です。住民票には，氏名，生年月日，性別，世帯主の氏名，世帯主との続柄，本籍，住所のほか，国民健康保険，国民年金の被保険者，児童手当の支給を受けている者等の資格に関する事項が記載されています。このため住民基本台帳にもとづいて，選挙人名簿や学齢簿，国民健康保険，国民年金，児童手当，印鑑証明などの行政事務が行われており，極めて貴重な行政書類といえます。

　以上のように調査方法からみると，国勢調査が事実主義を採用しているのに対して，住民票人口統計は届出主義を採用しています。一口に人口といっ

ても2種類の把握方法があり，それにもとづき2種類の人口統計があることに注意してください。

○ 人 口 の 定 義

　国勢調査と住民票人口統計は，調査対象時期以外にも種々の点で異なっています。まず人口の定義を比較してみましょう。そもそもわれわれが日常，なんの疑問ももたずに使用している人口という概念も，限られた時間と人員では正確に調査することが難しいものです。そこでもっとも簡単な人口の定義は，「調査時点の調査地点に存在している人数」を人口（いわゆる現在人口）とすることです。戦前の国勢調査では，このような現住地主義が採用されていました。

　しかしこの考え方では，たまたま調査時点にその場所にいた人数（一時現在人口）や，常にいるのにたまたまその場所にいなかった人数（一時不在人口）によっても当該人口の大きさが影響されてしまいます。そこで戦後の国勢調査では，「当該住居に3ヵ月以上にわたって住んでいる者，又は住むことになっている者」を人口（常住人口）とみなすこととしました。いわば常住地主義が採用されたわけです[1]。ちなみに常住人口と現在人口の間には，以下の関係が成立します。

$$\text{現在人口} = \text{常住人口} + \text{一時現在人口} - \text{一時不在人口} \qquad (5.4)$$

　これに対して住民票人口統計では，あくまで「住民票を提出している日本人」が基本となりますから，これを登録人口と呼ぶこともあります。住民票は，住民基本台帳法（第22条）において，他の市町村から転入した人は14日以内に転入届を提出しなければならないとされていますから，どちらかというと国勢調査よりも現在人口に近い概念となっています。

　このような人口の把握方法の違いによって，次のような問題が生じます。

　1）この3ヵ月ルールは，出入国管理および難民認定法（いわゆる入管法）による3ヵ月間の短期滞在として査証（ビザ）が交付されることと整合性が取れています。

すなわち住民票を提出していても，現在まで3ヵ月以上にわたって海外渡航している人は，国勢調査では人口に含めないのに対して，住民票人口統計では人口に含めています。また転入して3ヵ月以上経ていても住民票を移動させていない人は，国勢調査では人口に含まれるのに対して，住民票人口統計では人口に含まれません。さらに国籍に関してみると，国勢調査は国籍に関係なく常住人口を調査しているのに対して，住民票人口統計では日本国籍を有する者のみを対象としています。

このように国勢調査と住民票人口統計では，対象人口と調査時期が異なっています。このため特定地域の人口を複数時点で比較したり，複数の地域の人口を比較する場合には，国勢調査（あるいは推計人口）を利用するか，住民票人口統計を利用するか，どちらか一つに決める必要があります。

◯ 推計人口の推計方法

国勢調査は正確なデータですが，それが実施されない年次の人口については総務省から「推計人口」が公表されています。いま全国の推計人口を例にとれば，人口学的方程式をベースとした以下の式によって推計されています。

> 当年10月1日の推計人口
> 　　＝前年10月1日の推計人口（または国勢調査人口）
> 　　＋前年10月〜当年9月の自然増加数
> 　　＋前年10月〜当年9月の社会増加数　　　　　　　　(5.5)

ここで自然増加数は厚生労働省『人口動態統計月報（概数）』より，社会増加数（＝入国者数−出国者数）は法務省『出入国管理統計』より入手できます。もし都道府県別の推計人口の場合には，社会増加数＝（都道府県間転入者数−同転出者数）＋（当該都道府県への入国者数−同からの出国者数）となりますから，（都道府県間転入者数−同転出者数）については総務省『住民基本台帳人口移動報告』から入手できます。

◯ 世帯・世帯主の定義

次に世帯の定義は，国勢調査・住民票人口統計とも，基本的には「住居と生計を共にしている人々の集まり」と一致しています。ただし世帯を具体的に調査する際には，国勢調査では現実に世帯を形成しているかいないか（いわば事実主義）を採用しているのに対して，住民票人口統計では住民票を提出したか否か（いわば届出主義）が採用されています。また寄宿舎，寮，合宿所，下宿屋，自衛隊内などの居住者については，国勢調査では1棟（あるいは1施設）を1世帯と数えるのに対して，住民票人口統計では住民票が提出されている限り1人を1世帯としており，この点が両統計でいちばん大きな違いです。

一方，世帯主の定義についてもここで確認しておきましょう。現行の統計では，かならずしも世帯主の定義が統一されているわけではありません。そこで人口統計に限ってみると，国勢調査では特段明確な規定が行われていませんが，住民票では「世帯を主宰する者」を世帯主としています。ただし両統計とも，調査実施上では調査対象世帯の自主申告にもとづいて決められているので，このような世帯主を「申告による世帯主」と呼んでいます。この場合には，概して就業しているか否かにかかわらず，最年長の男子（いわゆる家長や戸主）を世帯主とみなすことが多いです。これに対して所得・資産統計などでは，最多収入者すなわち「主たる家計維持者」を世帯主と決めています。いずれの方法をとるかによって，特定集団における産業別世帯数の割合が変化するため，世帯主の定義にも十分に留意すべきです。

◯ 人口静態関連の主要指標

人口静態に関連した指標としては，以下のような指標があげられます。なお定義式左辺のカッコ内は，単位を示しています。

[高齢化率]

$$高齢化率(\%) = \frac{65歳以上人口}{総人口} \times 100 \quad (5.6)$$

この指標は，高齢化の代表的な指標としてしばしば使用されます。国連などでは，7〜14%を高齢化社会，14〜21%を高齢社会，21%以上を超高齢社会といって，高齢化の進行度合を分けています。

[老年人口指数]

$$老年人口指数(\%) = \frac{老年人口}{生産年齢人口} \times 100 \quad (5.7)$$

老年（つまり高齢者）人口＝65歳以上人口です。なお最近では，高齢者を65〜74歳の前期高齢者と75歳以上の後期高齢者に区分することもあります。

[老年化指数]

$$老年化指数(\%) = \frac{老年人口}{年少人口} \times 100 \quad (5.8)$$

[年少人口指数]

$$年少人口指数(\%) = \frac{年少人口}{生産年齢人口} \times 100 \quad (5.9)$$

ここで年少人口＝0〜14歳人口，生産年齢人口＝15〜64歳人口です。

[従属人口指数]

$$従属人口指数(\%) = \frac{従属人口}{生産年齢人口} \times 100 \quad (5.10)$$

なお従属人口＝年少人口＋老年人口です。

[性比]

$$性比(\%) = \frac{男性人口}{女性人口} \times 100 \quad (5.11)$$

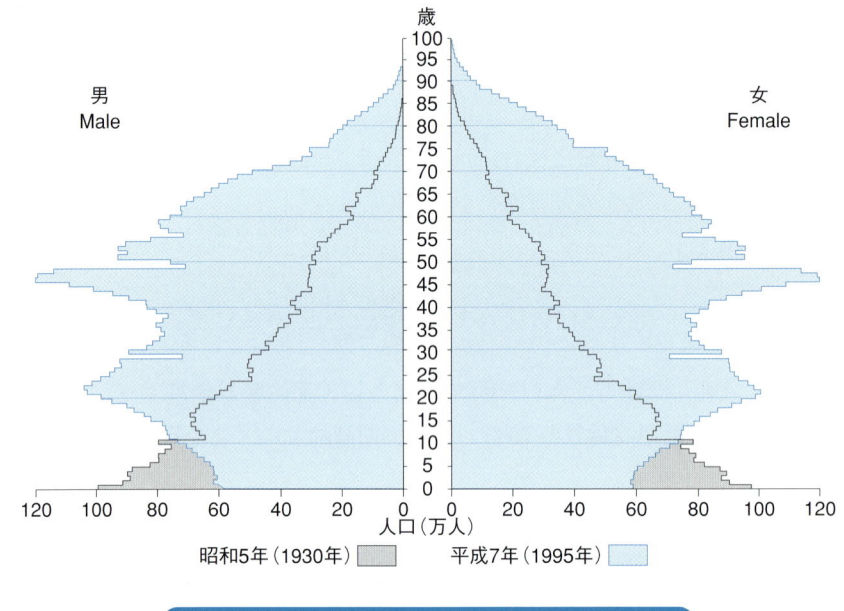

図 5.1　わが国の人口ピラミッド（1930 年，1995 年）

昭和5年（1930年）　　平成7年（1995年）

男 Male　　女 Female　　歳　　人口（万人）

人口ピラミッドとコーホート

　人口高齢化などの年齢構成を把握するためには，上記のような指標以外に年齢別の人口数を 0 歳より 1 歳ずつ積み上げていった，人口ピラミッドと呼ばれる一種のヒストグラム（度数分布図）を作成することもあります。図 5.1 では，戦前の国勢調査（1930 年：黒線部分）と最近年次のそれ（1995 年：青線部分）の人口ピラミッドを比較してみました。この図をみると，わが国の人口構成がピラミッド型から中壺型へと変化しており，高齢化が急速に進んでいったことがわかります。そのほか，60 年に 1 度（1906 年・1966 年）回ってくる丙午（ひのえうま）といった迷信，第 2 次大戦が遠因となった第 1 次（1947〜49 年）・第 2 次（1971〜74 年）のベビー・ブームなど，わ

が国特有の社会経済動向も反映されています。

さらに人口静態統計を利用して人口現象を究明する分析方法として、コーホート分析が知られています。そもそもコーホート（Cohort）とは、古代ローマ軍の歩兵隊（300〜600人）を意味していましたが、現在では「ある特定の現象が通例1年間（あるいは5年間）といった同一期間内に発生した場合、その現象を発生させた集団」のことを示しています。例えば、同一期間内に出生した人口集団のことを年齢コーホート、同一期間内に結婚した夫婦の集団のことを結婚コーホートと呼んでいます。そしてこれらのコーホートごとの変化を比較検討する分析方法がコーホート分析です。

○ 国勢調査の精度

国勢調査は全数調査であるため、基本的にはもっとも精度の高い統計ですが、全数調査といえども若干の誤差が発生します。以下ではコーホート分析を利用して、2つの事例を紹介しましょう。

まず年齢コーホートの2時点比較で精度を検証します。なぜならわが国では、海外との流出入がほとんどないため、年少の年齢コーホートの2時点比較では人口が減少することはあっても、大幅に増加することはありえません。表5.1はこの特性を利用して、同一年齢コーホートが2時点でどの程度変化したのかを変化率によって確認した表です。例えば1995年の0〜4歳女子人口は、2000年の5〜9歳女子人口より減少するはずですが、実際には0.45%も増加しています。しかもこの大きさは、前期と比較して各階層とも大幅に増加しています。このような同一コーホートで人口が増加する背景には、年齢を正確に答えなかったこと、未だ名をつけていない出生直後の子供を申告しなかったこと、私生児のために報告しなかったこと等が考えられるでしょう。

次に有配偶者数を男女別に比較してみます。わが国は一夫一婦制であるため、有配偶者数は男女で一致するはずです。しかし、表5.2のように国勢

表5.1 年齢コーホートの2時点比較（変化率）

（単位：%）

基準時の年齢	基準時：1975年 比較時：1980年		基準時：1985年 比較時：1990年		基準時：1995年 比較時：2000年	
	男子	女子	男子	女子	男子	女子
0～4歳	0.30	0.33	0.08	0.12	0.44	0.45
5～9歳	0.24	0.24	−0.07	−0.04	0.10	0.08
10～14歳	−0.32	0.09	−0.48	−0.21	0.18	0.09

（注） n 歳の年齢コーホートの変化率＝[比較時($n+5$歳)人口−基準時(n歳)人口]
　　　÷基準時(n歳)人口×100
（資料） 総務庁編『国勢調査』（各年版）。

表5.2 有配偶者数の男女別比較

（単位：千人）

	男性	女性	乖離率（%）
1960年	28,313	28,800	1.72
80	29,387	29,472	0.29
90	31,256	31,290	0.11
2000	32,448	32,435	−0.04

（注） 乖離率＝（女性有配偶者数−男性有配偶者数）÷男性有配偶者数
（資料） 総務庁編『国勢調査報告』（各年版）。

調査ではかならずしも一致していません。そして90年までは女性が男性を上回っていましたが，2000年には若干ながら男性が女性を上回りました。従来，女性が男性より多かった背景には，例えば内縁関係の男女の場合に，男性が結婚という事実を何らかの理由で隠して申告をしているなどが想定されましたが，2000年の理由は不明です。男女間の力関係が逆転してきたのでしょうか？

　以上の2事例だけでも，センサス統計である国勢調査の一部のデータでは，

その精度がやや低いことがわかります。このほか外国人人口についても，不法滞在等の理由から調査員に対する虚偽申告が多く，かならずしも精度が高くないことが指摘されています（詳細は，谷沢『現代日本の経済データ』の第1章を参照）。厳密な分析を行う際には，このようなデータの癖に注意しなければなりません。

5.3　自然増加統計

○ 充実した自然増加統計

次に代表的な人口動態統計を，自然増加と社会増加に分けて紹介しましょう。まず自然増加・社会増加の両方を掲載した統計として，住民基本台帳人口要覧と国勢調査があげられます。住民基本台帳人口要覧では，住民が地元自治体に提出した出生，死亡，転入，転出等の各種届出書類をもとに，総務省（旧自治省行政局）が1年に1度編集したのが上記の資料です。市町村別の自然増加数と社会増加数の両方がわかる，ほぼ唯一の資料です。一方，国勢調査は，5年ごとに生年月日より出生数を把握しているほか，10年ごと（西暦の末尾が0の年のみ）に社会増加数を調査しています。

また自然増加のみを掲載した統計として，厚生労働省によって作成された人口動態調査と生命表があげられます。人口動態調査は，住民票人口統計と同様に住民が地元自治体に提出した出生，死亡，婚姻，離婚等に関する各種届出書類を集計した統計であり，集計されている出生児数，死亡者数，死産件数，婚姻件数，離婚件数などはいずれも登録ベースの数字です。もっともこの統計における「人口動態」とは，おもに自然増加が中心であり社会増加が対象外となっていることに注意してください。統計体系上からみると，不適切な名称ではありますが，統計としては極めて充実しています。

生命表は，国勢調査・人口動態調査等の既存資料を利用して，日本人に関する年齢別死亡率等を作成した加工統計です。自然増加数を直接示した統計ではありませんが，自然増加に深く関与する統計として極めて重要です。

◯ 大規模調査と簡易調査

国勢調査では，上記のとおり西暦の末尾が0の年のみ社会移動の調査を実施するなど，かならずしも毎回の調査項目が固定されているわけではありません。通常は，西暦の末尾が0の年の調査を大規模調査，同じく5の年の調査を簡易調査と呼んでいます。

いま，これらの調査の調査項目を比較しておきましょう。両調査とも，毎回見直しが行われるため，かならずしも厳密に固定されているわけではありません。しかし調査項目の特徴を大雑把にいえば，表5.3のように大規模調査では主に簡易調査の項目に社会移動，教育，所得に関連した項目を追加していることがわかります。

◯ 婚姻状態の把握方法

自然増加関連の調査のうちもっとも把握が困難なものは，婚姻状態でしょう。なぜなら婚姻状態には，婚姻届を地元自治体に提出した法律婚のほか，婚姻届を提出しない，同棲などに代表される事実婚という形態が存在しているためです。

このような婚姻状態を把握するにあたって，人口動態調査や住民基本台帳では婚姻届数を集計した法律婚を対象としているのに対して，国勢調査では事実として共同生活を営んでいるかどうか，いわば事実婚を対象としています。それゆえ国勢調査の幼児人数は，事実婚で生まれた子供が申告していない場合があるため過小集計されていることは，すでに紹介したとおりです。

表 5.3　国勢調査の調査項目

調査の性格		1990 年 大規模調査	1995 年 簡易調査	2000 年 大規模調査
基本的事項	世帯主との続き柄	○	○	○
	男女の別	○	○	○
	出生の年月	○	○	○
	配偶の関係	○	○	○
	国　籍	○	○	○
移動関連	現住居での居住期間	—	—	○
	従前の常住地	—	—	—
	5 年前の住居地	○	—	○
教育関連	在学, 卒業等教育の状況	○		○
就業関連	就業・不就業状態	○	○	○
	就業時間	—		○
	従業上の地位			
	所属事業所の名称及び事業の種類	○	○	○
	仕事の種類	○	○	○
通勤通学関連	従業地または通学地	○	○	○
	利用交通手段	○	—	○
	通勤・通学時間	○	—	—
世帯関連	世帯の種類	○	○	○
	世帯人員	○	○	○
	家計の収入の種類	○	—	○
住居関連	住居の種類	○	○	○
	居住室数	○	○	—
	居住室の畳数	○	—	—
	住宅の床面積	○	○	○
	住宅の建て方	○	○	○

（資料）　総務省編『国勢調査報告』をもとに作成。

○ 生命表と平均寿命

　生命表は，現状の死亡状況が今後も変化しないと仮定したうえで，出生時10万人の人口が年齢とともにどのように減少していくか，言い換えると各年齢の平均余命（平均してあと何年生きられるか）等の死亡秩序を示した統計です。生命表には完全生命表と簡易生命表の2種類の生命表があります。

　完全生命表とは，国勢調査のデータから直接推計された5年に1度の生命表であり，簡易生命表とはそれ以外の年における推計人口から推計された5年に4度の生命表です。さらに都府県別生命表が，完全生命表と同様に5年に1度作成されています。そしてしばしば日本人の平均寿命が延びたといった話を聞きますが，この平均寿命とは生命表において0歳時の平均余命のことです。ちなみに2003年の簡易生命表による2003年時点の平均寿命は，男性78.36歳，女性85.33歳となっています。

○ 自然増加関連の主要指標

　自然増加関連の指標として，以下があげられます。出生・死亡関連のほか結婚・離婚等の指標も，この分野に加える場合が多いです。ほとんどの指標も，その発生確率が低いため，千分比（‰：パーミル）で表示されています。

［出生率，または普通出生率］

$$出生率(‰) = \frac{年間出生数}{前期末人口} \times 1000 \qquad (5.12)$$

［総出生率］

$$総出生率(‰) = \frac{年間出生数}{再生産年齢人口} \times 1000 \qquad (5.13)$$

　ここで再生産年齢人口とは，出産を担当する年齢（通常15〜49歳，または10〜49歳）の女子人口です。

[年齢別出生率]

$$年齢別出生率(‰) = \frac{X歳の母親から生まれた出生数}{X歳の女性人口} \times 1000 \quad (5.14)$$

[合計特殊出生率]

年齢別出生率を再生産年齢全体にわたって合計したものであり，1人の女性が生涯に生む子供の総数を示す指標として，しばしば利用されています。

$$合計特殊出生率(人) = \frac{\Sigma 年齢別出生率}{1000} \quad (5.15)$$

[死亡率，あるいは普通死亡率]

$$死亡率(‰) = \frac{年間死亡数}{前期末人口} \times 1000 \quad (5.16)$$

[年齢別死亡率]

$$年齢別死亡率(‰) = \frac{年間年齢別死亡数}{年齢別人口} \times 1000 \quad (5.17)$$

なお性別にもこの指標を推計することができます。

[乳児（新生児，早期新生児）死亡率]

$$各死亡率(‰) = \frac{乳児（または新生児，早期新生児）死亡数}{出生数} \times 1000 \quad (5.18)$$

ここで乳児は生後1年未満，新生児は生後4週未満，早期新生児は生後1週未満の子供のことです。

[婚姻（離婚）率]

$$婚姻（離婚）率(‰) = \frac{婚姻（離婚）件数}{総人口} \times 1000 \quad (5.19)$$

5.4 社会移動統計

◯ 社会移動の多様性

次に社会増加（すなわち社会移動）に関連した統計（以下，社会移動統計という）に移りましょう。その前に，そもそも人は何故に移動するのかを考える必要があります。社会移動は，大きく分けると労働移動と非労働移動に分類できます。

まず労働移動としては，日常用語としてもしばしば出稼労働，Uターン，Iターン，単身赴任などがあげられます。このうち出稼労働者は，農林水産省「農業構造動態調査」において「1ヵ月以上1年未満の予定で家を離れ，他に雇われて就労し，再び家に帰ること」と定義されていますが，この定義では外国人の出稼ぎ労働者はカバーされません。その他の用語も，それぞれ社会現象として注目されているものの，統計上での明確な定義はありません。さらに都市圏に居住する人々は，住居を固定した（つまり住民票を移動しない）まま，通勤のために居住地から勤務先に移動しています。このように1日のうちでも，社会移動を行っている人が多数いるわけです。

一方，非労働移動としては，婚姻・離婚による他地域への移動，大学等への入学・卒業にともなう移動などがあげられます。そのほか通学のために，居住地から他の市町村にある学校に，1日内で移動する学生も無視できません。もちろん1日以内の移動は，労働移動でも行われていることはいうまでもありません。

このように個々人の社会移動は，じつにさまざまな要因で発生しており，これらを正確に把握することは困難です。通常は社会移動にともなうコスト（移動コスト以外にも，新しい土地の人々と馴染むことができるかなど）が高いことから，複数の理由が発生したときに社会移動を決定すると考えるべ

きであり，これらの複雑な要因を加味した統計の作成が望まれます。

○ 不完全な社会移動統計

社会移動を地域別にみると，国内の地域間移動と国際間移動（つまり出入国）に分類できます。いま国内の移動に限って代表的な社会移動統計をみると，すでに紹介した住民基本台帳人口要覧，国勢調査（大規模調査）のほか，住民基本台帳人口移動報告，卒業後の状況調査があげられます。

住民基本台帳人口要覧では毎年，住民票の移動にもとづく社会増加数を市町村別に公表していますが，残念ながら転出先および転入元の内訳が公表されていません。ただし，同じ住民票を総務省統計局が集計した住民基本台帳人口移動報告では，県単位でこれらの内訳数字が公表されています。この統計書は，市町村単位で把握できないため分析対象は制限されますが，とりあえず社会移動に関するもっとも詳細な統計です。

一方，国勢調査（大規模調査）では10年に1度，調査項目として「現在の場所に住んでいる期間」と「5年前の居住地」が追加されます。このような項目では，サラリーマン世帯のように5年以内に複数回，転居している世帯の動向を把握しきれず，社会移動の実態を正確に把握できるとはいえません。ただし通勤・通学による1日以内の社会移動については，国勢調査において「従業地・通学地による人口」が公表されていますので，移動数は把握することが可能です。

また新規学卒に限定すると，文部科学省によって卒業後の状況調査が実施されています。この調査は，内定状況を調べているため，かならずしも就職のために移動したことを確認しているわけではありませんが，おおよその県別の移動傾向を把握できます。新卒以外の労働異動（つまり転職など）に関しては雇用動向調査がありますが，ここでは残念ながら地域別の移動状況が公表されていません。

以上のように社会移動統計は，いずれも社会移動の一部分を対象とした調

査にすぎず，すべての社会移動を包括的に把握した統計は作成されていません。しかも移動理由については，まったく調査されていません。地域経済の分析にあたって，社会移動は極めて重要な現象ですから，早急に整備すべきではないでしょうか。

○ 社会移動関連の主要指標

代表的な社会移動関連の指標として，以下の指標があげられます。いずれの指標も，百分比（％）で表示されます。

[転入（出）率]

$$転入(出)率(\%) = \frac{転入（出）者数}{前期末人口} \times 100 \qquad (5.20)$$

[人口移動率]

$$人口移動率(\%) = \frac{移動者総数}{前期末人口} \times 100 \qquad (5.21)$$

なお移動者総数＝転入者数＋転出者数です。

[県間（内）移動率]

$$県間(内)移動率(\%) = \frac{県間（内）移動者総数}{前期末人口} \times 100 \qquad (5.22)$$

[昼夜間人口比率]

$$昼夜間人口比率(\%) = \frac{昼間人口}{夜間人口} \times 100 \qquad (5.23)$$

これは，1日以内の移動を代理する指標です。夜間人口は国勢調査の常住地による人口（つまり10月1日午前零時の人口），昼間人口は同調査の従業地・通学地による人口（＝夜間人口＋流入人口－流出人口）を利用します。

練 習 問 題

5.1　特定市町村における人口を 1920 年と 2000 年の『国勢調査』で比較する際には，いかなる点に注意すべきでしょうか。またそれを回避するためにはいかなる資料を利用すべきでしょうか。

5.2　外国人の人口現象は，いかに把握することができるでしょうか。その基本的な考え方と，それに対応した主要統計を紹介しなさい。

5.3　住民基本台帳にもとづく人口移動のデータは，かなり制限された情報しか入手できないといわれています。この理由について述べなさい。またこの欠点を補うために，いかなる情報を入手すべきでしょうか。

5.4　都市圏と地方圏の人口が 2 時点でわかっていたと仮定します。この場合に，地方圏から都市圏への人口移動数がどの程度であるか，およその人数を推計する方法を考えなさい。

参 考 文 献

日本人口学会編『人口大事典』培風館，2002 年。
岡崎陽一『人口分析ハンドブック』古今書院，1993 年。
大友　篤『日本の人口移動―戦後における人口の地域分布変動と地域間移動』大蔵省印刷局，1996 年。

第 6 章

データの身近な分析方法

　この章では，日常的に使用する基礎的なデータの分析方法を，代表値と代表値以外の主要指標に分けて紹介します。このうち代表値とは，対象集団の特性を示す指標であり，おもに平均と分散を使用して計算することができます。これらの指標を適切に使えば，複雑なデータからすっきりした事実が浮かび上がるはずです。もちろんここで紹介したもの以外にも高度な分析方法は多数ありますから，それらについては他の専門書（計量経済学，統計学などのタイトルの本）を参照してください。とにかくこれらの方法を身に付けるためには，日常的に繰り返し使用することが肝要です。

○ KEY WORDS ○
移動平均と中心化，標準偏差，変動係数，
ジニ係数と擬ジニ係数，接続指数，特化係数，
変化率，瞬間風速，ゲタ，弾力性，
寄与度と寄与率

6.1 代表値

○ 平均に関する代表値

平均というと,まず算術平均(すなわち単純平均と加重平均)が思い浮かびます。加重平均とは,N 個の数 $X_1, X_2, \cdots, X_n$ に対して $w_1, w_2, \cdots, w_N$ という個別の「ウェイト」を掛けることによって,重みづけを行う平均であり,以下のように示されます。

$$\sum_{i=1}^{N} w_1 X_1 = w_1 X_1 + w_2 X_2 + \cdots + w_N X_N$$

$$\text{ただし}\quad 0 \leq w_i \leq 1 \quad (i=1,\cdots,N)$$

$$\sum_{i=1}^{N} w_i = 1 \tag{6.1}$$

ウェイトの総和は1となります。ここで単純平均は,このウェイトがすべて等しいケース $\left(w_i = \dfrac{1}{N}\right)$ となる,加重平均の一形態です。加重平均は,統計データの作成でもしばしば利用されますが,代表例として消費者物価指数の総合指数(特にラスパイレス型指数)を作成する場合があげられます。

① 移動平均(moving average)

その他にも多数の平均概念があります。初めに移動平均は,季節指数を作成する場合や,変動の激しいデータから傾向値を把握する場合(例えば,HDI(ヒストリカル・ディフュージョン・インデックス)や機械受注データなど)に使用される方法で,一定の期間内での平均値を連続して計算することになります。使用するデータ(X_i)が奇数個の場合と偶数個の場合では,計算方法が異なるので注意しなければなりません。

まずデータが奇数個の場合,例えば3期移動平均(Ma_3)と5期移動平均(Ma_5)を示すと以下のとおりです。

$$\text{第2時点における3期移動平均 } Ma_3 = \frac{X_1 + X_2 + X_3}{3} \qquad (6.2)$$

$$\text{第3時点における5期移動平均 } Ma_5 = \frac{X_1 + X_2 + X_3 + X_4 + X_5}{5} \qquad (6.3)$$

半導体の製造装置の受注に関するBBレシオ（出荷（Billing）に対する受注額（Booking）の割合）は，景気判断に利用されますが，それは3ヵ月移動平均を使用した代表例です。

しかしデータが偶数個の場合は，以下のように移動平均の中心化という手法を用います。例えば，X_7 時点における4期移動平均（Ma_4）は以下のとおりです。

$$\text{第7時点の4期移動平均 } Ma_4 = \frac{\frac{X_5 + X_6 + X_7 + X_8}{4} + \frac{X_6 + X_7 + X_8 + X_9}{4}}{2} \qquad (6.4)$$

時系列データでは，月別データ，四半期別データといったように偶数個の場合が多いので，しばしば中心化を使用しなければなりません。なお当然のことながら，3期移動平均の場合には最初と最後，5期移動平均では同2つずつのデータが，それぞれ利用できませんので，注意してください。特に最後（つまり最新）のデータが利用できないことは，景気判断にとって致命的な問題点です。このため最近の景気判断では，後方移動平均という方法が使用されています。ちなみに後方3期移動平均は，以下のように計算されます。いままでの方法を両側移動平均とすると，この方法は片側移動平均と呼ぶことができます。

$$\text{第7時点の後方3期移動平均 } Mab_3 = \frac{X_5 + X_6 + X_7}{3} \qquad (6.5)$$

さらに反復移動平均も，景気論争でよく利用されます。この方法を3期反復移動平均で示すと，以下のようになります。

$$\text{第3時点の3期反復移動平均 } Mar_3 = \frac{\frac{X_1 + X_2 + X_3}{3} + \frac{X_2 + X_3 + X_4}{3} + \frac{X_3 + X_4 + X_5}{3}}{3}$$

$$= \frac{X_1 + 2X_2 + 3X_3 + 2X_4 + X_5}{9} \qquad (6.6)$$

上記の第2式からわかるように，この方法は当期の重みを最大とする加重平均を採用しています。このため単純な移動平均ではいまだ変動が激しいような時系列データで，よく使用されます。

② 幾何平均（geometric mean）

経済成長率など比率に関する時系列データにおいて，その比率の平均を求める必要がある際に幾何平均を計算します。幾何平均 GM はデータ X の積をデータ数 N で開いた根（N 乗根）として定義されます。

$$GM = \sqrt[N]{\prod X_i} \qquad (6.7)$$

ただし $\prod X = X_1 \times X_2 \times X_3 \times \cdots\cdots \times X_N$（$\prod$ は，ギリシャ文字 π の大文字。N はデータ数）を示しています。ここで（6.7）式の両辺を対数に変換すると，算術平均になる性格があります。幾何平均は経済分析上でフィッシャー型指数がラスパイレス型指数とパーシェ型指数を幾何平均して作成されているほか，日経商品指数や輸出（入）価格指数のような変動の激しい価格指数でも利用されています。（関数電卓や Excel で簡単に算出できます。）

③ 調和平均（harmonic mean）

X の逆数 $\frac{1}{X}$ を算術平均した結果の逆数です。もちろん単純平均と加重平均の2種類がありますが，単純平均の場合には以下のようになります。

$$H = \frac{N}{\sum\left(\frac{1}{X_i}\right)} \qquad (6.8)$$

一方，SNA統計における GDP デフレーターは，個別需要項目のウェイトで各需要項目のパーシェ型物価指数を加重平均した，調和平均の代表例です（GDP デフレーターについては，第3章の3.6節を参照）。

④ 平方平均（squared mean）

X の2乗を算術平均した結果の平方根です。

$$Q = \sqrt{\frac{\sum X_i{}^2}{N}} \qquad (6.9)$$

⑤ 中位数または中央値（median）

X を大きさの順に並べたとき，中央の位置にくる値のことです．

$$\text{奇数個（つまり } N = 2k+1\text{）なら，} \quad M_e = X_{k+1} \quad (6.10)$$

$$\text{偶数個（つまり } N = 2k\text{）なら，} \quad M_e = \frac{X_k + X_{k+1}}{2} \quad (6.11)$$

⑥ 最頻値（mode）

N 個のデータの中で，もっとも数の多い値です．所得分布の分析で，ある一定の所得階級を想定したとき，家計数の最多の階級がこれにあてはまります．かならずしも上記の各平均と一致するとは限りませんが，一つの代表的な平均概念として利用されています．

⑦ トリム平均（trimmed mean）

N 個のデータのうち，上下の何％かを無条件でカットして，残りの部分について計算した平均値です．この平均は，少数の異常値によって標本平均が変動することを防ぐために採用されるのです．ちなみに trim とは，切り落とすという意味です．体操・フィギュアスケートの採点やスキージャンプの飛形点の確定にあたっては，この方法が使用されています．

○ 散らばりに関する代表値

① 分布範囲（range）

最大値（X_{ma}）と最小値（X_{mi}）の差のことです．

$$R = X_{ma} - X_{mi} \quad (6.12)$$

② 四分位偏差（quartile deviation）

第3四分位数（Q_3）と第1四分位数（Q_1）の差の $\frac{1}{2}$ のことです．

$$Q = \frac{(Q_3 - Q_1)}{2} \quad (6.13)$$

なお四分位数とは，例えば所得水準の低い順に並べて4等分するとき，所得水準の低いグループの平均所得から第1四分位所得，第2四分位所得，………といいます．なお総務省『家計調査年報』にも，年間収入十分位階級，同

五分位階級といった数値が掲載されていますが，この数値はかならずしも対象世帯数を均等に分類していないため，厳密には十分位偏差等を計算できない点に留意してください。

ところで，以上の①，②は対象集団のバラツキを直感的に把握するには非常に便利な方法ですが，一方では個々の X のバラツキを十分には反映しておらず，一部の数値でバラツキを代表させているにすぎません。そこで，度数分布の散らばり具合は，個々の数値が算術平均（M）からどれだけ乖離しているかを示すことによって得られるはずと考えることができます。このような考え方を具体的に示せば，

$$(X_1 - M) + (X_2 - M) + \cdots\cdots + (X_n - M) = \sum(X_i - M) \quad (6.14)$$

ここで $(X_i - M)$ を偏差（deviation）と呼んでいます。しかし，この式を計算すると，いかなる場合にも0になってしまいます。そこで，以下の2つの考え方が出てきました。一つは各偏差の絶対値を利用する方法（すなわち平均偏差），もう一つは各偏差の2乗を利用する方法（すなわち標準偏差）です。

③ 平均偏差（mean deviation）

個々の偏差の絶対値について算術平均した値のことです。

$$MD = \frac{\sum |X_i - M|}{N} \quad (6.15)$$

④ 標準偏差（standard deviation）

個々の偏差を平方平均した値です。

$$SD = \sqrt{\frac{\sum (X_i - M)^2}{N}} \quad (6.16)$$

なお，SD という表示以外に，σ（ギリシャ文字 Σ の小文字）と書くこともあります。SD^2 は分散と呼ばれているため，標準偏差は分散の平方根と言い換えることもできます。なお SD を実際に計算する場合には，$SD^2 = \frac{\sum X_i^2}{N} - M^2$ として計算するほうが容易です。

○ 不平等度の指標

経済分析の中では，所得分布（つまり貧富の格差）のように，散らばりの指標をさらに加工して，不平等の指標として使用することが多々あります。

① 相対平均偏差（relative mean deviation）

各平均偏差の絶対値の合計を総合計（NM）で割った値です。

$$D_e = \frac{\sum |X_i - M|}{NM} \quad (6.17)$$

完全平等のとき最小値 0，完全不平等のとき最大値 $\left(2 - \frac{2}{N}\right)$ となります。

② 変動係数（coefficient of variation）

標準偏差（分散の平方根）を平均値で割った値です。

$$CV = \frac{\sqrt{\frac{\sum (X_i - M)^2}{N}}}{M} \quad (6.18)$$

完全平等のとき最小値 0，完全不平等のとき最大値 $\sqrt{N-1}$ となります。この指標は，地域間の所得格差を計測する場合などに，よく使用されています。

③ ローレンツ曲線（Lorenz curve）

これはローレンツ（Max O. Lorenz；1876-1959）が 1905 年に発表した不平等の計測方法です。日本では河上肇が，1916 年に発表した『貧乏物語』の中ではロレンズ氏の曲線として紹介しました。いま，N 人で構成された社会において，各人の所得が $y_i (\geqq 0)$ で表されていると仮定します。そして横軸に低所得層から高所得層へと順次，人員の累積百分率を，縦軸にはこれらの人々の所得金額の累積百分率をとり，両者の対応する点を連続的に結んだ曲線がローレンツ曲線となります（図 6.1）。

もし，全員が同一の所得水準（完全平等）なら AC という 45 度の対角線，1 人のみ所得がある（完全不平等）なら ABC という逆 L 字型となるた

図6.1 ローレンツ曲線

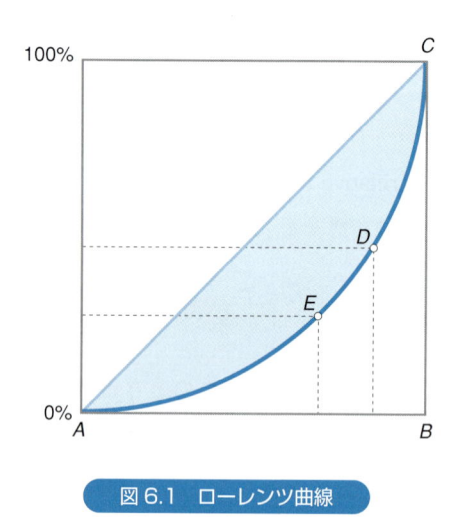

め，AC と $AEDC$ に囲まれた $EDCA$ の面積が小さいほど平等化されていることとなります。このような分析方法は視覚に訴えるわかりやすさがあります。しかし，① 平均所得が異なる2つのグループ（国）を比較する際にその平均所得水準自体は考慮していない，② いかなる個人がいかなる所得水準にあろうと考慮しない（いわば匿名性），③ 人数（人口）が異なる2つのグループを比較する際に，人数の多寡は考慮しない，④ ローレンツ曲線が交叉する場合に，その判断がつかない，ことといった問題点があげられます。

④ ジニ係数（Gini Coefficient）

ジニ係数は，以下の式で計算することができます。いま，N 人の集団から，y_i と y_j という2つの組合せをつくります。この組合せは全部で N^2 個考えられるはずです。この組合せを以下の式に代入していくことによって，計算することができます。

$$G = \frac{\sum_{i=1}^{N}\sum_{j=1}^{N}|y_i - y_j|}{2MN^2} \qquad (6.19)$$

もっとも現在は，上式に代わってローレンツ曲線の図6.1を利用した計算方法が採用される場合が大半です。

$$G = \frac{ABC\text{ の面積} - ABCDE\text{ の面積}}{ABC\text{ の面積}} = 1 - \frac{\sum_{i=1}^{N} r_i(y_i - y_{i-1})}{10,000} \qquad (6.20)$$

ここで r_i とは i 番目に低い所得水準の構成比を示します。図6.1からわかるように完全平等＝0，完全不平等＝1であり，$0 < G < 1$ の値をとります。さらにジニ係数は，以下の式のように所得要素による分解が可能であるため，変化の原因を探る場合にしばしば利用されています。

$$G = \sum_{k=1}^{l} \sigma_k \tilde{G}_k \qquad (6.21)$$

ここで，l＝所得要素（例えば，勤め先収入，利子，公的年金，家賃・地代など）の数，σ_k＝所得要素 k が全所得に占める割合，$\tilde{G}_k$＝所得要素 k の擬ジニ係数です。擬ジニ係数とは，所得要素 k を全所得と同じ順序で並べてローレンツ曲線を作成したうえで求めたジニ係数のことです。所得要素自身の大きさによる順序と全所得の大きさによる順序とはかならずしも一致しないため，擬（「まがい」という意味）という接頭語を付けたわけです。

○ その他の代表値

① 歪度（skewness）

集団の分布が左右対称か，あるいはどちらかに偏っているかといった，非対称度を示す指標です。

$$S_k = \frac{\dfrac{\sum(X_i - M)^3}{N}}{SD^3} \qquad (6.22)$$

$S_k=0$ のとき左右対称，$S_k>0$ のとき右側に傾き，$S_k<0$ のとき左側に傾いています。平均，中央値，最頻値との関係を示すと，以下のとおりとなりますが，通常の所得分布（横軸に所得階級，縦軸に世帯数）では真中の図のようになります。

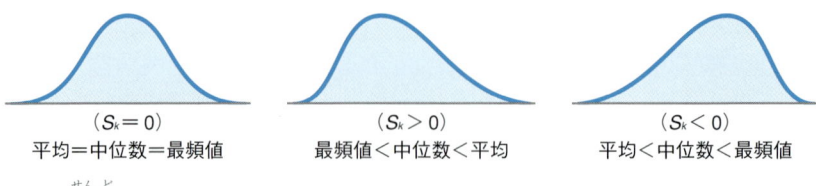

($S_k=0$)	($S_k>0$)	($S_k<0$)
平均＝中位数＝最頻値	最頻値＜中位数＜平均	平均＜中位数＜最頻値

② 尖度（kurtosis）

集団の分布が正規分布と比べて，偏平であるか，それとも尖っているかを示す，「とんがり度」の指標です。

$$K = \frac{\frac{\sum (X_i - M)^4}{N}}{SD^4} \tag{6.23}$$

$K=3$ のときの分布が正規分布と同程度，$K<3$ のときの分布が正規分布よりも尖っている，$K>3$ のときの分布が正規分布よりも偏平であることを示しています。

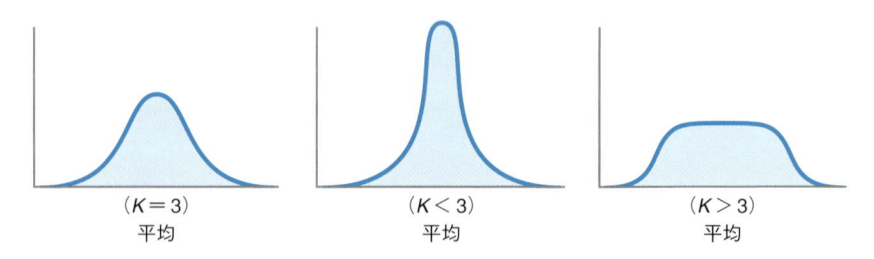

($K=3$)	($K<3$)	($K>3$)
平均	平均	平均

③ 偏差値（standard score）

この数値は代表値ではありませんが，ある計測値（X_i）が集団のなかでいかなる位置にあるかを表した指標ですので，入学試験における各受験者の合否を判断する場合などで利用されているのはご承知のとおりです。ちなみに右辺の第1項は，正規分布に従うと仮定した対象集団を標準正規分布（平

均 0，分散 1) に変換 (つまり標準化) する数式です。

$$SS_i = \frac{10(X_i - M)}{SD} + 50 \tag{6.24}$$

もし，X_i が平均と一致している場合には $X_i = 50$，平均以下なら $X_i < 50$，平均以上なら $X_i > 50$ となります。

6.2 変化率と構成比

○ 基準指数と接続指数

データ分析では，前節のような集団特性を分析する場合以外に，個々のデータの特性を分析する場合も多くあります。この場合にまずあげなければならない指標は，変化率と構成比です。そこで変化率から説明しますが，その前に指数について確認しておきましょう。

データ分析にあたって，水準そのものが問題となる場合には実数を使用すべきですが，時間的な変化を問題にする場合は，実数より指数を使用したほうが便利です。例えば，特定の製品の生産動向を把握するために，鉱工業生産・出荷・在庫指数が作成されています。そして指数における時間的な変化を明確にするには，一般的に特定時点を 100 とした基準指数を作成する方法がしばしば行われています。例えば，特定時点 t 年における変数 Y を Y_t，同じく $t-n$ 年の Y を Y_{t-n} として，$t-n$ 年を基準とした t 年における基準指数 y_t^{t-n} を求めれば，

$$y_t^{t-n} = \frac{Y_t}{Y_{t-n}} \tag{6.25}$$

ただし，基準指数は 5 年ごとに改訂されるため，5 年前の基準指数と現在の基準指数を接続する場合 (例えば，10 年以上にわたる長期分析の場合な

ど）には，基準指数を再計算しなければなりません。一般的には，以下のようになります。

$$y_{t-n-x}^{t-n} = \frac{y_{t-n}^{t-n}}{y_{t-n}^{t-n-5}} \times y_{t-n-x}^{t-n-5} \qquad (6.26)$$

なお，(6.26) 式の $\frac{y_{t-n}^{t-n}}{y_{t-n}^{t-n-5}}$ はリンク係数と呼ばれており，旧指数を新指数へ変換する係数です。以上のような接続指数は，経済産業省編『鉱工業指数年報』の生産・出荷・製品在庫等において公表されています。

○ 変化率・瞬間風速・ゲタ

変化率とは，ある基準時点から別の時点へと2時点間でどれだけ変化したかを表示する経済指標です。いま，$t-n$ 年から t 年にかけての Y の変化率 (R_Y) は以下のように示すことができます。

$$R_Y = \frac{Y_t - Y_{t-n}}{Y_{t-n}} \times 100 \qquad (6.27)$$

なお変化率は，特定の2時点間における変化の度合いを記述するため，期間の異なる2集団間では正確に比較できません。そこで1年当たりの変化率（以下，年平均変化率という）に揃える必要があります。その方法は，期間 n が1年以上の場合と1年未満の場合では異なっています。

まず1年以上の場合として，Y の年平均変化率を r_y（複利，ただし $r_y = \frac{R_Y}{100}$）とすれば，Y_t と Y_{t-n} の間には，

$$Y_t = (1+r_y)^n \times Y_{t-n} \qquad (6.28)$$

という関係がありますから，(6.26) 式は

$$\frac{Y_t}{Y_{t-n}} = (1+r_y)^n \qquad (6.29)$$

と書き換えることができます。そして (6.29) 式を r_y で整理すれば，

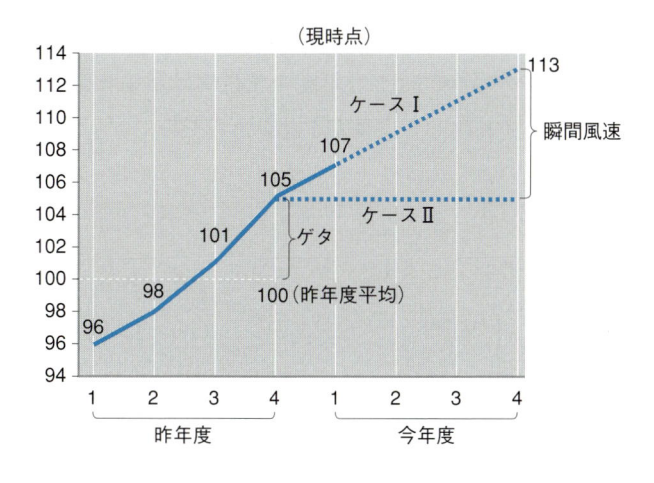

図6.2 瞬間風速とゲタ

$$r_y = \left(\frac{Y_t}{Y_{t-n}}\right)^{\frac{1}{n}} - 1 \quad \text{または} \quad \sqrt[n]{\frac{Y_t}{Y_{t-n}}} - 1 \qquad (6.30)$$

となります。

　一方，2時点間が1年未満の場合に，その変化率を年平均変化率に修正したものを瞬間風速と呼んでいます。この場合にも，やはり (6.30) 式が利用できます。例えば図6.2のケースⅠのように，四半期別データの変化率の瞬間風速は，(6.30) 式の $n = \frac{3}{12}$ となるため，(6.31) のように4乗となります。また月次データの瞬間風速なら，当然ながら右辺を12乗します。

$$r_y = \left(\frac{Y_t}{Y_{t-n}}\right)^{\frac{1}{\frac{3}{12}}} - 1 \qquad (6.31)$$

　さらに四半期別データを利用して景気分析を行う際には，いわゆる「ゲタ」（英語では carry over effect）によって，実際の成長率が歪む場合があることに注意しなければなりません。いま，このゲタを図6.2で説明しまし

ょう。四半期別データで GDP をプロットした場合，前年が年間を通じて上昇傾向にあったのに対して，当年はケース II のようにまったく成長しなかったと仮定します。この場合には，当年度の成長率は本来 0 % とすべきですが，前年度の平均値を利用して成長率を計算するため，プラスの成長率となってしまいます。このように計算上から実態を底上げする，いわば下駄を履かせる効果のことを通称，ゲタと呼んでいます。そのためゲタの程度は，以下の式で表示することができます。

$$\text{ゲタ} = \left(\frac{\text{前年度の最終四半期データ}}{\text{前年度の四半期平均値}} - 1 \right) \times 100 \quad (6.32)$$

上記の式では四半期データを利用していましたが，もちろん月次データでも同様に利用できます。その場合には，前年度の四半期は月別となります。また景気の後退局面では，当年度の成長率が実質 0 % であったとしても，マイナスのゲタが計算されてしまいます。いずれにしても，成長率の分析にあたっては，実態をゆがめるゲタを控除しなければなりません。

○ 構成比・発生率・特化係数

他方，特定集団内の個別要素に注目する場合には，構成比を求める必要があります。例えば，全国の全産業のデータを J，全国の i 産業のデータを J_i とすれば，産業別の構成比（C_i %）は，以下のようになります。

$$C_i = \frac{J_i}{J} \times 100 \quad (6.33)$$

また特定集団内で発生する個別要素の確率は，発生率で示すことができます。通常は百分率あるいは百分比（単位はパーセント：%）を使用しますが，場合によっては千分率（パーミル：‰）や 10 万分率を使用することもあります。例えば千分率は人口当たりの出生数・死亡数で採用されますが，10 万分率は「人口 10 万人当たり…人」といった記述方法が採られ，人口当たりの肺炎罹患者数は人口 10 万人当たり X 人などと使用されます。要するに

有意な差が確認できるレベルに応じて，これらの指標を適切に選択してください。

ところで特定集団内で発生する個別要素が，他の集団内の状況と比較してどの程度の頻度で発生するかを数量的に記述する方法が特化係数です。例えば，全国と北海道を比較して特定産業の特徴を把握する方法として，産業別の特化係数（S_i）を以下のように記述できます。

$$S_i = \frac{h_i}{H} \div \frac{J_i}{J} \quad (6.34)$$

ここで，H は北海道の全産業のデータ，h_i は北海道の i 産業のデータ，J は全国の全産業のデータ，J_i は全国の i 産業のデータを示しています。もし，S_i が1より大きければ，北海道の i 産業が全国と比較して特化していることを示し，1より小さければ全国と比較して特化していないことを表します。

6.3 弾力性と寄与度

○ 弾力性

さらに変化率に関連した経済指標として，弾力性と寄与度を説明します。まず弾力性について。一般的には，ある特定のデータAが1％変化した場合に，そのデータと関連する別のデータBが X ％変化することを，「BのAに対する弾力性（または弾性値）は X である」と表現します。このように弾力性は，いわば反応の強さを示す指標であるため，複数の経済現象の反応特性を比較することができるわけです。複数の経済現象を比較しますから，もちろん特定の単位のつかない無名数で表示されます。

いま特定の財の需要量（D）がその価格（P）の変化に対して，どの程度の大きさであるかという事例（いわゆる需要の価格弾力性）によって弾力性

の算出方法を示すと，以下の3つの方法があります。

〈点弾力性〉

価格の対前年比で需要量の対前年比を割った値です。ある特定時点における弾力性であるため，点弾力性（あるいは事後的弾力性）と呼ばれています。なお Δ（ギリシャ文字のデルタ）は，微小な増分（つまり今期－前期）を示しています（以下同様）。

$$\text{点弾力性} = \frac{\Delta D}{D} \div \frac{\Delta P}{P} \qquad (6.35)$$

〈平均値周りの弾力性〉

平均値周辺における価格弾力性のことです。具体的には，まず被説明変数を需要量，説明変数を財の価格とする以下のような需要関数を計測します。

$$D = a - b \times P \qquad (6.36)$$

ここで a は定数，b は価格が1単位（すなわち1円）上昇した場合に需要量が b 単位（例えばガソリンであれば b リットル）減少させること（つまり $\frac{\Delta D}{\Delta P} = -b$ を意味します。ところで需要の価格弾力性は (6.35) 式ですから，需要の価格弾力性は以下のように書き換えられます。

$$\text{平均値周りの弾力性} = \frac{\Delta D}{\Delta P} \div \frac{D}{P} = -b \div (D \div P) \qquad (6.37)$$

(6.37) 式の左辺第2項に平均需要量と平均価格を代入することによって，平均値水準における価格弾力性（すなわち「平均値周り」の価格弾力性）を計測することができます。ちなみに『家計調査年報』の「付表，用途分類項目の支出弾力性」では，この方法を採用した数値が公表されています。

〈両対数式から計測した弾力性〉

この方法は，需要量と価格の間に以下のような関数式を想定する場合に得られる弾力性です。

$$D = \frac{a}{P^\eta} = a \cdot P^{-\eta} \qquad (なお a は定数) \qquad (6.38)$$

この回帰式を対数変換した以下の式のなかで，価格の対数変換値のパラメータ（η；ギリシャ文字イータ）が価格弾力性となります。

$$\log D = \alpha - \eta \times \log P \qquad (なお \alpha = \log a) \qquad (6.39)$$

なぜなら，(6.39) 式を t 時点における需要量と価格の変化の関係とみたうえで，同式を P と D について全微分[1]すれば，

$$dD \frac{\partial \log D}{\partial D} = -\eta dP \frac{\partial \log P}{\partial P} \qquad (6.40)$$

この式は，$dD \frac{1}{D} = -\eta dP \frac{1}{P}$ と書き換えられますから，さらに

$$-\eta = \frac{dD}{D} \div \frac{dP}{P} \qquad (6.41)$$

なお，点弾力性と平均値周りの弾力性が特定時点における弾力性であるのに対して，この弾力性は特定期間における平均的な弾力性を示していることに注意してください。

○ 寄与度・寄与率

一つのデータが複数のデータで構成されているときは，変化率をこれら複数の要因に分解することができます。つまり変化率の要因分解と言い換えることもできますが，この要因分解した数値を寄与度（Contribution Degree：CD）と呼んでいます。ただし合計が項目の和で構成されている場合と合計が項目の積で構成されている場合では，その要因分解が異なってきます。

まず特定時点の Y が，以下のように各項目の和で構成されているならば，

$$Y = Y_1 + Y_2 + Y_3 \qquad (6.42)$$

この式を全微分すれば，

---

[1] ここでは，P と D を同時に微小に増加したときの変化量を計算することを意味します。全微分については詳しくは経済数学の教科書を参照してください。

$$dY = dY_1 \frac{\partial Y}{\partial Y_1} + dY_2 \frac{\partial Y}{\partial Y_2} + dY_3 \frac{\partial Y}{\partial Y_3} \tag{6.43}$$

ここで，$\frac{\partial Y}{\partial Y_1} = \frac{\partial Y}{\partial Y_2} = \frac{\partial Y}{\partial Y_3} = 1$ ですから，(6.43) 式は，

$$dY = dY_1 + dY_2 + dY_3 \tag{6.44}$$

(6.44) 式は，以下のように書き換えられます．

$$\frac{dY}{Y} = \frac{Y_1}{Y} \cdot \frac{dY_1}{Y_1} + \frac{Y_2}{Y} \cdot \frac{dY_2}{Y_2} + \frac{Y_3}{Y} \cdot \frac{dY_3}{Y_3} \tag{6.45}$$

つまり各項目の和で構成される場合には，各項目の変化率をそのウェイトで加重した部分が，その寄与度となります．

他方，Y が以下のように各項目の積で構成されている場合には，

$$Y = Y_1 \cdot Y_2 \cdot Y_3 \tag{6.46}$$

この場合に，(6.46) 式の両辺を対数に変換したうえで全微分してみましょう．$\frac{\partial \log Y}{\partial Y} = \frac{1}{Y}$, $\frac{\partial \log Y_1}{\partial Y_1} = \frac{1}{Y_1}$, $\frac{\partial \log Y_2}{\partial Y_2} = \frac{1}{Y_2}$, $\frac{\partial \log Y_3}{\partial Y_3} = \frac{1}{Y_3}$ ですから，

$$\frac{dY}{Y} = \frac{dY_1}{Y_1} + \frac{dY_2}{Y_2} + \frac{dY_3}{Y_3} \tag{6.47}$$

この式は，変化率が各項目の変化率に分解できることを示していますから，各項目の変化率そのものが寄与度となります．これは，売上高 (pq) の変化率が価格 (p) の変化率と販売数 (q) の変化率の合計にほぼ一致するという事実から，直感的に理解できるはずです．また，(6.46) 式を $Y = \frac{Y_1}{Y_2}$ に代えれば，(6.47) 式は $\frac{dY}{Y} = \frac{dY_1}{Y_1} - \frac{dY_2}{Y_2}$ となります．

さらに，変化率 (R_y) に対する各項目別の寄与度の割合を寄与率 (CR_i) と呼んでいます．

$$CR_i = \frac{CD_i}{R_y} \times 100 \tag{6.48}$$

最後に，一点だけ注意をしておきます．「複数の寄与度に要因分解するこ

とができる」と書いてきましたが、あくまで右辺の原因→左辺の結果といった一方向の因果関係を示しているわけではありません。なぜなら寄与度のベースとなっている式は定義式であるため、寄与度で求めた要因分解はたんに両辺の数値が事後的に一致しているにすぎないからです。このように因果関係を示しているわけではない点を、十分に注意しながら利用してください。

練習問題

6.1 SNA統計におけるGDPデフレーターは、需要項目別のパーシェ型物価指数を項目別のウェイトで加重平均した、調和平均であることを説明しなさい。

6.2 分散が $\dfrac{\sum X^2}{N} - M^2$ によって計算できる理由を説明しなさい。

6.3 世界銀行の推計によると、購買力平価で換算した1998年度の1人当たりGNPは日本が23,180ドル、中国が3,220ドルでした。いま、今後の実質経済成長率（年率）を日本が1.0%、中国が8.0%と仮定すると、中国の1人当たりGNPが日本を追い越すのは西暦何年度でしょうか。なお対数の計算にあたっては、『対数表』を使用しなさい。

6.4 (6.47)式を利用して2時点間の変化率を寄与度分析した場合、かならずしも右辺の合計が左辺に一致しません。その理由を説明しなさい。

参考文献

荒木孝治ほか『Excelで始める経済統計データの分析』日本統計協会、2003年。
清水　誠『データ分析はじめの一歩―数値情報から何を読みとるか？』講談社ブルーバックス、1996年。
青木昌彦『分配理論』筑摩書房、1979年。

第Ⅱ部

応用編

第7章

労働統計

　労働統計の対象は，労働市場（労働需給量，賃金水準，労働異動など），労働内容（労働時間，労働生産性，労働災害など），労働条件（労働福利，休暇日数，労使関係など），労働者生活（所得，労働分配率など）等，極めて広範囲に及びます。このうち労働市場関連の統計では，労働需給を人々の就業・不就業状況（特に失業率）として把握したうえで，それらに対応した人数を公表するため，労働力統計と言い換えることができます。本章では多様な労働統計のうち，特に重要な労働力統計，賃金統計，労働時間統計に絞って，それぞれの抱える問題点を含めて解説していきます。

○ KEY WORDS ○
労働力調査，アクチュアル方式，
ユージュアル方式，UV分析，均衡失業率，
常用労働者，パートタイム労働者，
きまって支給する給与，賃金指数，
所定外労働時間数

7.1 労働力統計

○ 労調は労働力統計の要

主要な労働力統計は，表7.1のとおりです。これらの統計のうちもっとも注目されるのは，労働市場における需給状況（特に失業率）を把握する労働力調査（略称：労調）です。この統計は従来，毎月公表される普通調査と，1年に1度，2月末の1週間を対象とした特別調査で構成されていました。前者は景気の現状判断に利用されるのに対して，後者は失業状態の内容を詳細に把握する各種の質問項目が設定されて，普通調査を補完する調査でした。しかし2002年からは標本抽出方法を変えつつ，基礎調査票と特定調査票の2種類の調査票で毎月実施されることとなったため，これらの情報は『労働力調査年報』と『労働力調査年報（詳細結果）』と区別して公表されています。

失業率のデータは，このほかに国勢調査や就業構造基本調査（同：就調）でも入手することができます。両統計とも，調査周期が5年であるため景気動向を把握するには不向きですが，労調と比較すると大規模な調査であるため，正確な情報が入手できる可能性があります。なお就調には，「おもな仕事」のほかに「別の仕事」を記入させているなど，副業が調べられている点は労調のような仕事の有無のみを調査する場合と異なっています。

職業安定業務統計（同：職安統計）は，全国に約600ヵ所ある公共職業安定所（いわゆるハローワーク）における求職票や求人票といった書類を集計した業務統計です。この統計からは，有効求人倍率などの労働需給に関連した指標を計算することができます。ただし最近は職安を経由しないで就職する労働者の割合が全就業者の6割に達しているため，これらのデータがかならずしも実態を反映しているとは言い切れないと指摘されています。

表7.1 主要な労働力統計の概要[注1]

	労働力調査[注2]	就業構造基本調査	職業安定業務統計	雇用動向調査
調査機関	総務省統計局	同 左	厚生労働省職業安定局	厚生労働省政策調査部
統計の種類	指定統計(第30号)	指定統計(第87号)	業務統計	承認統計
調査周期	毎 月	5年ごと (西暦の末尾が2と7の年)	毎 月	半年ごと
調査実施日	毎月末	同 左	—	第1回：当年7月 第2回：翌年1～2月
集計対象期間 (または期日)	毎月末の1週間	就業関連：「ふだん」の状態	1ヵ月間	第1回：当年1～6月 第2回：当年7～12月
調査客体	15歳以上の全世帯員	同 左	求人事業所，求職者	常用労働者5人以上の事業所への入職・同事業所からの離職者など
調査客体数	約4,706万世帯	同 左	未公表	入職者数：約673万人[注4] 離職者数：約685万人
調査数	約4万世帯	約44万世帯	未公表	入職者：約8.6万人 離職者：約10.7万人
抽出率	0.1%	0.9%	41%[注3]	1.4%

(注) 1．国勢調査でも就業・不就業状態が調べられている。
2．労働力調査の報告書は，『労働力調査年報』と『労働力調査年報（詳細結果）』の2つある。
3．『労働力調査年報（詳細結果）』における完全失業者の求職方法のうち，公共職業安定所への申込を行う者の割合である。
4．2004年の年間数を示す。以下同様。

さらに雇用動向調査は，半年周期（1～6月，7～12月）で入職・離職状況を調査した承認統計であり，労働者の流動状況を統一的に把握することができる数少ない統計です。ただし新規学卒の就職に限ると，文部科学省による就職内定状況調査（中学・高校・大学別）を分析する必要があります。

```
                    ┌─ 従業者
             ┌─ 就業者 ─┤
     ┌─ 労働力人口 ─┤     └─ 休業者
15歳以上人口 ─┤     └─ 完全失業者
     └─ 非労働力人口
```

(a) アクチュアル方式

```
             ┌─ 仕事が主な者
     ┌─ 有業者 ─┤
15歳以上人口 ─┤     └─ 仕事が従な者
     └─ 無業者
```

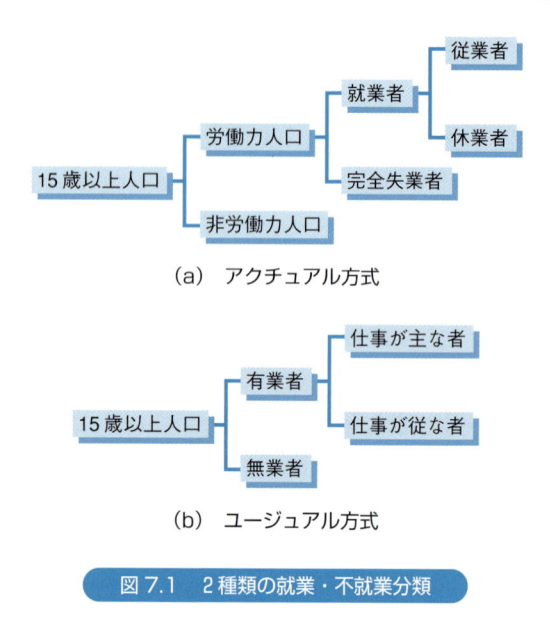

(b) ユージュアル方式

図 7.1　2 種類の就業・不就業分類

○ 就業・不就業状態の把握方法

　わが国の労働力統計では現在，就業・不就業状態を把握する方法としてアクチュアル方式とユージュアル方式という 2 つの方式が併用されています。

　アクチュアル（Actual）方式とは，戦後，ILO の考え方に準拠して導入されたものです。これは，特定の調査期間（普通は 1 週間）において就業しているか否かを判断する方式であり，労働力方式とも呼ばれています。この方式を採用した労調・国調では，まず図 7.1 のように義務教育が終了した 15 歳以上の人口を，働く意欲がそもそもある労働力人口と，それがない非労働力人口（家事，通学，その他）に分類します。

　労働力人口は，職をもっているかどうかで就業者と完全失業者に分類されます。さらに就業者は，従業者と休業者に分類されます。従業者は，調査を

行った週に収入を目的とする仕事を少しでも（1時間以上）した者であり，おもに仕事のほか，通学のかたわら仕事，家事のかたわら仕事の3種類に分類されます。休業者は，仕事をもっていながら調査期間中は病気や休暇などのため仕事をしなかった者が該当します。他方，完全失業者は，（a）職がないこと，（b）就業可能であること，（c）求職活動をしていること，の3つの要件を満たす者と定義されています。同方式は，客観的・継続的な調査が可能ですが，他方では特定期間の特殊事情の影響を受けやすい欠点があるといわれています。

　これに対してユージュアル（Usual）方式は，戦前からわが国の労働統計で採用されてきた方式です。つまり「ふだんの状態」として就業しているか否かを判断する方式であり，有業者方式とも呼ばれています。この方式を採用している就調の就業分類は，15歳以上人口をふだん仕事をしているか否かの基準に従って，有業者と無業者に分類します。

　有業者とは，ふだんの状態として収入を目的とした仕事をもっており，調査日以降も就業していく予定にある者及び仕事はもっているが，現在は休んでいる者のことです。有業者は，さらに仕事が主な者と仕事が従な者に分類されます。他方，無業者とは，ふだんまったく仕事をしていない者及び仕事をしていてもときたま臨時的にしかしない者です。当方式は，特定期間の特殊事情の影響を受けづらいものの，客観的・継続的な調査が難しいといった特徴があります。

　以上のような，考え方が異なる2種類の方式を併用すれば，就業状態を多面的に把握できるとしばしば指摘されましたが，実際の分析ではかならずしも適切な分析方法が見つからず，ほとんどアクチュアル方式のみが使用されてきました。さらに2002年からは，労調で求職状況に関する調査項目が充実してきたことも加わり，ますます就調の影は薄くなっています。

◯ 労働力関連の主要指標

労働力関連では，以下の指標が比較的よく利用されています。なお定義式左辺のカッコ内は，単位を示しています。

[労働力率]

$$労働力率(\%) = \frac{労働力人口}{15歳以上人口} \times 100 \qquad (7.1)$$

なお年齢別，性別労働力率もあります（ただし年齢別では，15歳以上人口が対象年齢人口に代わります）。

[完全失業率]

$$完全失業率(\%) = \frac{完全失業者数}{労働力人口} \times 100 \qquad (7.2)$$

全階層計の数値のほか，年齢別，性別の数値もあります。

[雇用失業率]

完全失業率では，その分母に失業状態になりづらい自営業者や第1次産業従業者を含んでいるため，景気変動を敏感に反映しない欠点があります。この欠点をカバーするために開発された，雇用者のみを対象とした失業率概念が雇用失業率です。例えば，次節のUV分析で使用します。

$$雇用失業率(\%) = \frac{完全失業者数}{雇用者数 + 完全失業者数} \times 100 \qquad (7.3)$$

なお雇用者は，労調で「就業者のうち会社，団体，個人などや官庁に雇われている者」と定義されています。

[有業率]

いままでの指標が，いずれも労調のデータで作成されたのに対して，この指標は就調のデータを使用しています。

$$有業率(\%) = \frac{有業者数}{15歳以上人口} \times 100 \qquad (7.4)$$

なお年齢別，性別有業率もあります。ただし年齢別では，15歳以上人口

が対象年齢人口に代わります。

[有効求人倍率]

　この指標は，完全失業率とともに労働市場の需給状況を反映した指標であり，速報性が高いため景気指標として頻繁に利用されます。求人数が求職者数を上回るときは景気好調，反対に下回るときは景気停滞であるため，1を上回るか下回るかが大きな関心となっています。

$$有効求人倍率（倍）=\frac{有効求人数}{有効求職者数} \quad (7.5)$$

　ここで有効求人数とは「従来から求人中で現在まで未決定のままに登録されている求人の累計」，有効求職者数は「求職中で，就職が決まらないまま登録されている者の累計」であり，いずれも職安統計のデータです。

[新規求人倍率]

　この指標は，当月の新規求人数に対する新規求職者数の割合であり，有効求人倍率よりも調査時点の労働需給を強く反映した指標です。有効求人倍率と同様に，1を上回るか下回るかがポイントとなります。

$$新規求人倍率（倍）=\frac{新規求人数}{新規求職者数} \quad (7.6)$$

[欠員率]

　これは，企業において必要とする労働者数がどの程度確保できていないか，いわば未充足度を示す指標です。例えば，次節のUV分析で使用します。

$$欠員率（\%）=\frac{欠員数}{欠員数+雇用者数}\times 100 \quad (7.7)$$

なお欠員数 $=\dfrac{翌月への繰越求人数+当月の有効求人数-当月の就職件数}{2}$

とします。分母の欠員数+雇用者数は必要労働者数に相当するデータです。いずれのデータも，雇用動向調査より入手することができます。

7.2 失業率の実態

○ 失業定義の問題点

　労調の完全失業者は，既述のとおり（a）職がないこと，（b）就業可能であること，（c）求職活動をしていること，の3つの要件を満たす者と定義されていましたが，この定義を現実の就業状態に即して考えるとさまざまな問題点が出てきます。

　（a）の点は，現状では1時間以上仕事をすれば職があったとみなされてしまいます。このため1時間以上仕事をした人のうち，その給与のみでは生活費を賄いきれない人（例えば低所得層の世帯主など）は，実態としては失業者に近い存在であるにもかかわらず就業者となります。また生活費を稼ぐ必要性の乏しい人（例えばアルバイトにより娯楽費を稼いでいる若年者，中所得層以上の主婦，親と同居している未婚女性など）は，実態的には非労働力人口のはずですが，完全失業者に分類されています。

　（b）は，職がみつかったとき本人がほんとうに就業可能であるかどうかを確認することは難しい問題です。例えば結婚退社した直後の主婦のように，就業の可能性が極めて低いにもかかわらず職安に求職標を提出して失業給付を請求することがあります。このような事例は，（もちろん違法行為ですが）非労働力人口であるにもかかわらず，完全失業者に分類されます。

　さらに（c）とは，調査にあたって，① 人に仕事の依頼をした場合，② 公共職業安定所に申し込んだ場合，③ 新聞の求人広告に応募した場合，④ 過去に行った求職活動の結果を待っている場合，⑤ 事業をはじめるための資金，資材，設備などを調達している場合，の5つが判断基準となっています。このため各種の求人雑誌で仕事を探している人，また求人雑誌に掲載された企業に電話をして労働条件等を問い合わせている人（例えば家庭の主

婦・未婚女性など）は，実態として完全失業者に該当するにもかかわらず，非労働力人口に分類されてしまいます。また求職活動をしても仕事にありつけないため，求職活動をやめてしまった人（以下，就業意欲喪失者という）は，失業者であるにもかかわらず非労働力人口に分類されます。

　このようにわが国の完全失業者数は，主に家庭の主婦層に代表される就業意欲喪失者が非労働力人口に分類されることによって，実態より低く現れる可能性が高いと考えられます。これを裏付けるように，1980年代にはわが国の失業率が低い背景には失業率定義が実態より低く抑えているという主張が現れ，これに関連した論争が行われました。この論争に興味のある人は，谷沢『経済統計論争の潮流』第2章（失業率論争）を読んでみてください。

　この論争を通じて，たとえ欧米流に定義を変更したとしても，さほど失業率は上昇しないことがわかりました。ただしこのような国際比較の重要性に鑑み，アメリカの定義に代えた場合の失業率（調整失業率）や，OECDによって国際比較が可能なように調整された失業率（標準化失業率）が，その後の統計報告書の中で公表されるようになりました。ちなみに2004年平均の失業率でみると，完全失業率・標準化失業率とも4.7%となり[1]，依然としてアメリカ（標準化失業率：5.5%）より低くなっています。

○ UV分析と均衡失業率

　わが国の失業率が他国と比較して低かったことが事実とすると，その低かった理由を解明しなければなりません。これを解明する方法として登場したのが，UV分析です。

　いま図7.2のように縦軸に雇用失業率（u），横軸に欠員率（v）をとり，過去における雇用失業率と欠員率の組合せをプロットした点を結んだ曲線（UV曲線）を描きます。雇用失業率は労働供給，欠員率は労働需要を代理

---

[1] 総務省統計局編『労働力調査年報（平成16年）』2005年，16〜21頁を参照。

(参考) 概念図：UV 曲線の見方

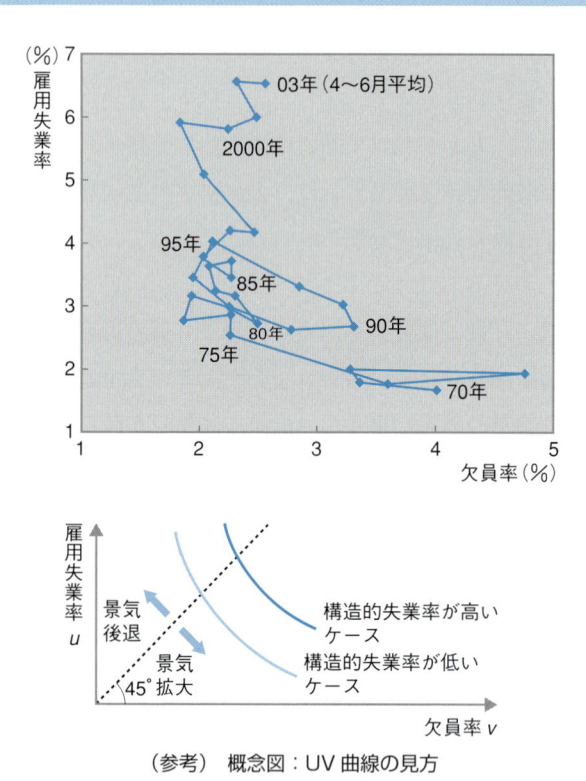

(資料) 内閣府編『平成15年度版経済財政白書』2003年，150頁，第2-4-4図
(参考) は同『平成14年度版』の210頁。

図 7.2 UV 曲線の推移

した指標ですから，UV 曲線は原点に対して凸で右下がりとなります。なぜなら現実には，需要が存在している一方で，労働者がその需要に不満をもち就業しない求職者も存在する，ミスマッチ状態が存在するからです。ちなみに図 7.2 の上図によると，1990 年代後半からわが国では欠員率が改善されないまま雇用失業率が上昇しており，ミスマッチの水準が急速に大きくなっていることがわかります。またわが国の失業率が他国と比べて低かったのは，

従来，このミスマッチ部分が低かったためです。

このような超過需要と超過供給が同時に存在した経済では，図 7.2 の下図のように，労働需給の均衡状態が原点を通過する 45 度線と UV 曲線の交点（Z）上にあるため，この交点が原点から離れるほど構造的なミスマッチの水準が大きいことを示します。いま $u = v$ となる失業率（u'）を均衡失業率，u' と現実の u_x の差（$u_x - u'$）を需要不足失業率と呼ぶと，需要不足失業率は労働需要が不足しているために発生している失業率部分に相当します。そして現実の失業率を均衡失業率と需要不足失業率に分解してみると，わが国では長期的に均衡失業率が上昇しつつあることが知られています[2]。

今後は，均衡失業率の抑制に向けて長期的・構造的なミスマッチ解消政策が強化されるべきであり，例えば職業紹介施設での職業紹介機能の向上，職業訓練の充実による労働力の質の向上が求められます。その一方で需要不足失業率の解消には短期的な総需要管理政策，例えば景気後退期の需要喚起政策が必要となるなど，長短とりまぜた失業対策の必要性が高まっています。

○ 失業状況の深刻度

失業に関しては，その水準ばかりでなく失業の深刻度もあわせて把握すべきです。まず完全失業者は自発的失業者と非自発的失業者に分けて考えることができますので，特に非自発的失業者の労働力人口に占める割合（非自発的失業率）に注目する必要があります。景気の悪化が進むと，非自発的失業率が高くなるはずです。

次に，失業期間に注目すべきです。失業状態の発生から終了までの平均月数を失業継続期間，1ヵ月の失業発生数を労働力人口で割った数字を失業頻度と呼んでいます。さらに労調は，同一世帯が 2ヵ月継続して調査されているため，この特性によって，非労働力人口，失業者，就業者のあいだの変動を把握することができます。これらの数字は，いずれも『労働力調査年報

---

[2] 詳しくは，厚生労働省編『平成 16 年版労働経済白書』2004 年，20 頁の第 25 図を参照のこと。

(詳細結果)』に掲載されているので，これらの数字を失業率の水準とあわせて検討すべきです。またこのような分析は，『労働経済白書』などで行われていますので，是非見てください。

　さらに就業者でも，追加就業や転職を希望する者がどの程度いるかが重要です。これらの人々は，いわゆる潜在的な失業者ですので，これを顕在化している完全失業者に加えることによって，失業状況を現実に即して検討することができます。ただしこれらの人々は，景気がよくなると失業者として顕在化する傾向がありますので，かならずしも完全失業率と景気動向が反比例するとはいえない点も注意が必要です。いずれにしても，これらの数字は労調や就調に掲載されていますので，詳しく分析できるはずです。

7.3　賃　金　統　計

○ 賃金水準と賃金制度の統計

　現在，わが国で調査されている代表的な賃金統計を賃金水準と賃金制度の視点からあげると，表7.2のような統計があげられます。まず毎月勤労統計調査（略称：毎勤）は，賃金のほか雇用，労働時間のデータを集計した動態統計であり，常用労働者（後述）30人以上事業所を対象とした全国調査（第一種事業所に係る調査），同5〜29人事業所を対象とした全国調査（第二種事業所に係る調査），都道府県別事業所を対象とした地方調査（第一種事業所に係る調査），同（第二種事業所に係る調査），同1〜4人事業所を対象とした特別調査，の5つの調査で構成されています。特別調査以外は毎月調査されており，特に全国調査（第一種事業所に係る調査）は景気の状況を判断するにあたりしばしば利用されます。

　これに対して賃金構造基本統計調査（同：賃構，賃金センサス）は，年に

表7.2 主要な賃金統計の概要

	毎月勤労統計調査(注)			賃金構造基本統計調査
	全国調査		特別調査	
	第一種事業所に係る調査	第二種事業所に係る調査		
調査機関	厚生労働省統計情報部	同 左	同 左	厚生労働省統計情報部
統計の種類	指定統計(第7号)	同 左	同 左	指定統計(第94号)
調査周期	毎 月	同 左	毎 年	毎 年
調査実施日	毎月末	同 左	当年7月末日	当年7月
集計対象期間	1ヵ月間	同 左	・きまって支給する給与：当年7月 ・特別に支払われた給与：前年8月〜当年7月	・きまって支給する現金給与額：当年6月 ・年間賞与その他特別賞与額：前年1〜12月
調査業種	農林水産業と公務(非現業)を除く全産業	同 左	同 左	農林水産業と公務(非現業)を除く全産業
調査客体	常用労働者30人以上の事業所：第1種事業所	常用労働者5〜29人の事業所：第2種事業所	常用労働者1〜4人の事業所	常用労働者5人以上の事業所
調査客体数	約26万事業所	約142万事業所	約261万事業所	約168万事業所
調査数	約16,700事業所	約16,500事業所	約77,000事業所	約70,000事業所
抽出率	6.4%	1.2%	3.0%	4.2%

(注) 毎月勤労統計調査では，全国調査，特別調査のほかに都道府県別集計の地方調査が実施されている。

1度だけ年齢別，学歴別，事業所規模別，産業別，地域別などの賃金構造を，事業所単位で詳細に調査した統計です。一般にわが国の賃金構造は，年功序列的である（つまり年齢とともに賃金が増加する）と指摘されますが，このような特徴を把握する静態（構造）統計として，賃構は正確に作成されています。なお賃金センサスという略称は，同統計の調査対象が常用労働者5人

以上の事業所に限定されていることを考慮すれば，必ずしも適切な名称とはいえないでしょう。

このほか賃金制度，労働時間制度，労働費用，福祉施設制度，退職金制度，同支給実態などを調査した統計として，賃金労働時間制度等総合調査があります。この統計は，常用労働者30人以上の民営企業を対象として，賃金水準を決定する各種の制度を把握することのできるユニークな統計です。企業別に集計している点が，事業所単位で集計している毎勤・賃構と異なります。

○「常用労働者」という労働者

ところで一口に労働者といっても，さまざまな雇用契約のもとで就業している人々の集団ですから，いざ賃金調査を行うにもどの人を対象とすべきか，判断に迷ってしまいます。そこで毎勤や賃構では，調査対象として常用労働者という特殊な用語が使用されています。この常用労働者とは，上記の両統計以外ではあまり使用されていません。例えば毎勤における定義は，事業所に使用され給与を支払われる者のうち，以下のいずれかの条件を満たす，いわば継続的に雇用されている者と捉えています。

① 期間を定めずに，又は1ヵ月を超える期間を定めて雇われている者。
② 日々，又は1ヵ月以内の期間を定めて雇われている者のうち，前2ヵ月にそれぞれ18日以上雇い入れられた者。

実際に常用労働者を確定するにあたっては，企業がかならず作成している賃金台帳を利用しています。賃金台帳とは，毎月支給する給与の明細が記述されている経理帳簿ですから，いずれの企業でも基本的には作成しているはずです。このため賃金台帳に掲載されている労働者に限定したうえで，上記の条件に照らしつつ対象労働者か否かを確認しています。

もっとも上の定義に従うと，法人役員，事業主の家族従業員，パートタイム労働者でも，常時事業所に勤務して毎月給与の支払いを受けていれば常用労働者に含まれます。反対に近年急増している一定期間に限定された派遣社

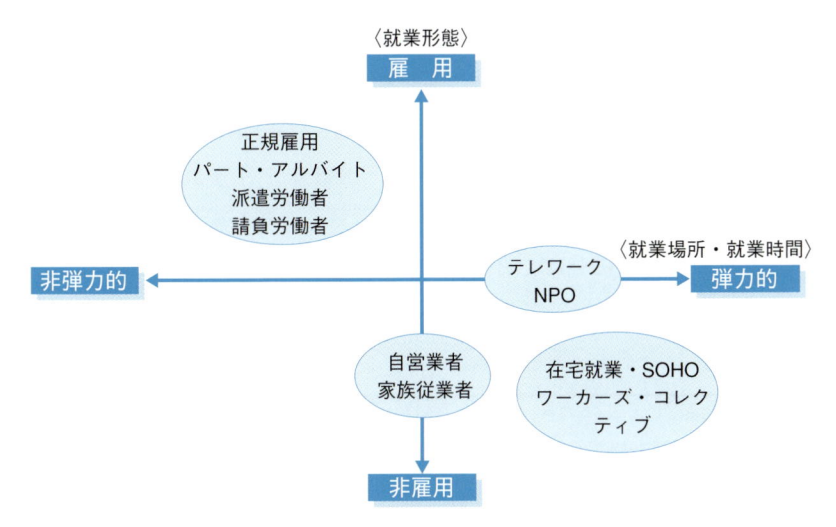

図中:
〈就業形態〉
雇用
正規雇用
パート・アルバイト
派遣労働者
請負労働者

〈就業場所・就業時間〉
テレワーク
NPO
非弾力的 ← → 弾力的

自営業者
家族従業者

在宅就業・SOHO
ワーカーズ・コレクティブ

非雇用

(資料) 厚生労働省編『平成15年版労働経済白書』2003年, 136頁, 第2-(2)-9図を一部修正.

図7.3 就業形態の概念整理

員や,断続的に雇用されるアルバイトは除外される可能性があります.つまりこの定義を使用すると,企業や業種によっては実際の生産活動に関与した労働者と調査上の労働者の範囲が一致しない可能性がある点に,注意してください.

○ 一般労働者とパートタイム労働者

以上のように常用労働者の定義がかならずしもわれわれの実感と一致しない理由には,ここにきて多様な就業形態の労働者が急速に増大していることがあげられます.図7.3では,縦軸に就業形態(雇用・非雇用別),横軸に就業場所・就業時間(弾力的・非弾力的別)にみると,雇用されているなかで就業場所が固定的(非弾力的)な,従来型の正規雇用やパート・派遣労働

者のほかに，テレワーク・NPO（Non-Profit Organization：民間非営利組織），在宅就業・SOHO（small office home office）など，就業場所・時間の非常に柔軟な就業形態が拡大しつつあります。

このような状況に対して，統計類ではせいぜいパート労働者について定義が行われているにすぎません。毎勤では，1993年1月分より継続的に雇用されるパートタイム労働者の実態を把握すべく，常用労働者を一般労働者とパートタイム労働者に分けてデータを公表しています。ちなみに毎勤におけるパートタイム労働者は，常用労働者のうち以下のいずれかの条件を満たす者と定義されています。

① 同一事業所の一般労働者より1日の所定労働時間が少ない労働者。
② 1日の所定労働時間が同じで1週の所定労働日数が少ない労働者。

なお所定労働時間，所定労働日数とは，労働協約や就業規則で定められた1日当たりの時間や1週当たりの日数のことです。

さらに厚生労働省『パートタイム労働者総合実態調査』では，パートタイム労働者を「正社員以外の労働者（パートタイマー，アルバイト，準社員，嘱託，臨時社員等）で名称にかかわらず，1週間の所定労働時間が正社員よりも短い労働者」と定義しています。またこの調査では，正社員を「いわゆる正規型の労働者（いわゆるパートタイム労働法にいう通常の労働者）のことで，終身雇用的な長期勤続を前提としている常用労働者」としています。

このように各調査では，パートタイム労働者に対して複数の定義が存在しており[3]，実態があまりに早いために統計の整備が追いつかない状況にあります。

3）各調査におけるパートタイム労働者の定義について詳しくは，『平成15年版労働経済の分析』2003年，125～126頁を参照。

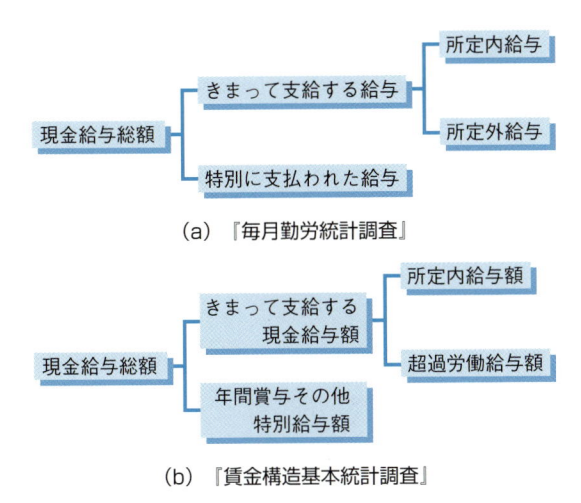

図7.4 主要賃金統計における現金給与の分類

(a) 『毎月勤労統計調査』
- 現金給与総額
  - きまって支給する給与
    - 所定内給与
    - 所定外給与
  - 特別に支払われた給与

(b) 『賃金構造基本統計調査』
- 現金給与総額
  - きまって支給する現金給与額
    - 所定内給与額
    - 超過労働給与額
  - 年間賞与その他特別給与額

(資料) 厚生労働省『毎月勤労統計年報』,『賃金構造基本統計調査報告』。

給与分類の特徴

　次に賃金統計で対象となる賃金（正確には給与）の分類をみてみましょう。賃金は，企業ごとにさまざまな項目によって構成されているため，賃金を把握することはなかなか困難ですが，基本的にはいずれの企業でも基本給と諸手当に分けることができます。

　基本給は，職務の遂行状況にかかわりなく支給される部分であり，退職金の算定基準として採用される部分です。他方，諸手当は，基本給を補完する役割をもつ付加的な給与部分であり，企業によって極めて多様な名称がつけられてきました。大別すると職務，生活費用，労働意欲，勤務時間に関連したグループに分類できます。各企業の賃金体系は，一般的には基本給とともにこれら複数の諸手当によって構成されています。

以上のような多様な賃金体系を集計するため，毎勤・賃構ではほとんど同一の給与分類が採用されています。すなわち両統計は，図7.4のようにいずれも所得税・社会保険料等を控除する以前の現金給与総額を対象として，必ず支給される部分（「きまって支給する給与」，または「きまって支給する現金給与額」）と月によっては必ずしも支給されない夏・冬の賞与等の部分（「特別に支払われた給与」，または「年間賞与その他特別給与額」）に分類しています。さらに前者の必ず支給される部分を，金額が固定的な部分（「所定内給与」，または「所定内給与額」）と，時間外手当・休日出勤手当等の部分（「所定外給与」，または「超過労働給与額」）に分類しています。

もっとも両統計では，調査対象が現金給与のみであり，現物給与が除外されています。この現物給与とは，通勤定期券や社内食堂用の食券などのように，現物の形で入手したり，消費したりする給与相当部分のことです。このため両統計における給与は，経済学上では厳密な意味での賃金とはいえません。

○ 賃金指数の作成方法

毎勤の大きな特徴は，賃金実数にもとづいて賃金（総合）指数も作成されていることです。すなわち毎勤では，現金給与総額指数，きまって支給する給与指数，所定内給与指数の３つの賃金指数が公表されています。ただし各指数とも，さまざまな職種の人々によって構成されているため，これらの職種構成を考慮して総合指数を作成しなければなりません。そこで各指数とも，以下のように職種別人数で加重した式で算出されています。

$$\text{名目賃金指数} = \left(\frac{\sum w_{it} \cdot n_{it}}{\sum n_{it}}\right) \div \left(\frac{\sum w_{i0} \cdot n_{i0}}{\sum n_{i0}}\right) \times 100 \quad (7.8)$$

$$\text{実質賃金指数} = \frac{\text{名目賃金指数}}{\text{消費者物価指数}} \times 100 \quad (7.9)$$

ここでwは労働者の職種別賃金，nは労働者の職種別人数，添字iは労

働者の職種，添字 0 は基準時点，添字 t は比較時点を示しています。

ただし毎勤の賃金指数には，（1）調査が事業所単位で実施されること，（2）指数の作成にあたり労働構成の変化を考慮していないこと，の2つの問題点があります。（1）のように事業所単位で調査が行われる理由は，調査の迅速性を追及するためですが，賃金は企業単位で決定されるのが一般的であるため，実態を正確に反映しない危険性があります。また（2）の点は，(7.8) 式を以下のように変形すると理解しやすいでしょう。

$$名目賃金指数 = \left(\frac{\sum w_{it} \cdot n_{it}}{\sum w_{i0} \cdot n_{i0}}\right) \div \left(\frac{\sum n_{i0}}{\sum n_{it}}\right) \times 100 \quad (7.10)$$

(7.10) 式の右辺第1項は賃金総額の変化，同第2項は労働者数の変化ですから，賃金指数の変化にはこれら2つの変化が混在しているわけです。この問題点を解決する一つの方法として，労働者の構成を固定したラスパイレス型賃金指数が考えられます。ラスパイレス型賃金指数は，日本労働研究機構がその推計結果をホームページ上で公表していますので，参考にしてください。

7.4　労働時間統計

○ 毎勤を中心とした労働時間統計

わが国は，他の先進国と比較して労働時間が長いとしばしば指摘されています。このような労働時間数を表す代表的な統計として，毎勤，労調，就調の3つがあげられます。このうち毎勤と労調は毎月，就調は5年ごとに関連データを発表しています。

もっとも労調では週間就業時間数を，就調では（年間200日以上就業している人に限定した）週間就業時間数別の雇用者数を公表しているにすぎず，

毎勤のみが労働時間数を総実労働時間数，所定内労働時間数，所定外労働時間数の３つに分類して，それらの月間労働時間数を細かく公表しています。ここで所定内労働時間数とは「事業所の就業規則で定められた正規の始業時刻と終業時刻との間の労働時間数」，所定外労働時間数とは「早出，残業，臨時の呼出，休日出勤等の労働時間数」，総実労働時間数とは「所定内労働時間数と所定外労働時間数の合計」です。特に所定外労働時間数は，好不況に敏感に反応するため，景気動向指数の一致系列に加えられているなど，しばしば利用される重要なデータです。

◯ 労働時間指数の作成方法

毎勤では，労働時間の実数に加えて総実労働時間指数，所定内労働時間指数，所定外労働時間指数の３つの労働時間指数を公表しています。その作成方法は，基本的には (7.8) 式の労働者の職種別賃金（w）を労働者の職種別労働時間数に代えればよいだけです。

◯ 大きく異なる労働時間数

ところで労調と毎勤に関して，2003 年における製造業の労働時間数（男女計）を比較してみましょう。そうすると労調では平均週間就業時間が 43.1 時間であるのに対して，毎勤では５人以上事業所における月間総実労働時間数が 164.5 時間（週間に直すと 37.9 時間）となっており，労調が毎勤を 14% も上回っています。

２統計間で大きな乖離が生じる背景には，もちろん毎勤で４人以下事業所における長時間労働分が除外されていることが想定されますが，問題はそれだけではありません。労調は労働者自らが記入しているため，いわゆるサービス残業等が計上されやすいのに対して，毎勤は事業所が記入しているため，過小申告される可能性が強いことが考えられます。毎勤は，きめ細かなデー

タを公表していますが、そのデータ（特に実数）の信頼性について注意すべき場合もあります。

さらに経済社会のサービス化等によって、1日当たりの労働時間数を確定しづらくなっていることもあげられます。このため現在、労働基準法では外勤の営業などの「みなし労働時間」やフレックスタイム制などの「変形労働時間」を導入することがみとめられています。このような形態の労働時間を導入する企業が増えていることも、労働時間の把握を困難にさせています。

わが国の労働者が長時間労働を強いられているとしばしば主張されているにもかかわらず、正確な労働時間統計が作成されていない点は、国際比較上からも大きな問題といわざるをえません。

練習問題

7.1 近年、フリーターと称して定職につかない若年就業者が増加していますが、このフリーターは統計上ではいかに定義されていますか。また人数はどの程度ですか。

7.2 長いこと、わが国の企業は、過剰雇用を削減するためにリストラクチュアリングを継続してきましたが、このような過剰雇用の推計方法を説明しなさい。

7.3 均衡失業率に相当する完全失業率の推計方法を述べなさい。ただし雇用失業率（u）、欠員率（v）とします。

7.4 企業経営において、労働者を雇うことによって発生する費用として、いかなるものが考えられるでしょうか。またこれらの情報を入手するには、どの統計を参照すれば良いでしょうか。

参考文献

日本労働研究機構編『ユースフル労働統計』2003年版，2003年。
厚生労働省編『労働経済の分析（労働経済白書）』ぎょうせい，各年。

第 8 章

世帯統計

　所得や資産は租税等の政策対象となるために，それらを対象とした世帯統計は早くから作成が試みられてきた統計の一つです。しかし個人のプライバシーと深く係わるため，現在でも常に正確な統計が作成されているわけではありません。本章ではまず，代表的な所得・消費統計である家計調査について，その作成方法と問題点などを説明します。次に景気動向の把握のために注目される消費統計を検討し，さらに世帯にとってもっとも重要な資産である住宅に絞って，代表的な統計を解説します。最後にこれらの統計の癖を正確に理解するために必要な，理論上からみた所得，消費の定義を紹介します。

○ KEY WORDS ○

ローテーション・サンプリング，総世帯と全世帯，
家計簿方式，現金主義，黒字率，
供給・需要側統計，サイモンズ流の所得定義，
帰属価値，評価損益

8.1 所得・資産統計の体系

◯ 整備されてきた収支統計

　現在実施されている代表的な世帯統計（ただし消費統計は除く）は，表8.1のとおりです。このうち所得・資産両方を把握したもっとも詳細な統計として，全国消費実態調査（略称：全消）があげられます。この統計は，総務省統計局が5年に1度しか調査しませんが，全国5.8万世帯を対象として所得・資産に関する詳細な項目を調べる大規模統計です。また厚生労働省の国民生活基礎調査は，保険，医療，福祉等を把握する目的の一環として，所得は毎年，貯蓄額（金融資産のこと）と借入金残高は3年に1度の周期で調査しています。調査項目は，全消ほど詳細ではありませんが，全産業の全世帯を調査対象としており，貴重な情報が得られます。

　全消や国民生活基礎調査は5年に1度しか調査されないため，景気動向の分析には役立ちません。このため景気判断にあたっては，総務省統計局によって毎月実施されている家計調査(同：家計調)が利用されています。またこの統計は，市町村ごとに個別品目の購入金額と数量が公表されるなど，極めて詳細な家計行動が把握できる，世界的にも非常に緻密な統計として有名です。

　なお，この統計の調査対象は従来，非農林漁家の2人以上の一般世帯に限定されていましたが，2000年1月分より農林漁家世帯と単身世帯を含む約8,821世帯に拡充されました。さらに2002年1月分からは，貯蓄・負債額も併せて調査されています。このような目まぐるしい調査の統廃合によって，家計調査では現在，『家計収支編（二人以上の世帯)』，『家計収支編（単身・総世帯)』，『貯蓄・負債編』の3種類の年報が公表されています。

　これらの整備によって，農林漁家世帯を含めた国内全世帯の収支が把握できるようになったほか，従来は貯蓄動向調査によって1年に1度しか調査さ

表8.1 代表的な所得・資産統計の概要

	家計調査	全国消費実態調査	国民生活基礎調査
調査機関	総務省統計局	同　左	厚生労働省統計情報部
統計の種類	指定統計（第56号）	指定統計（第97号）	指定統計（第116号）
調査周期	収支明細：毎　日 年間収入：6ヵ月ごと 貯蓄・負債：同　上	年間収入・収支・資産関連：5年ごと（西暦末尾が4と9の年）	年間収入：毎　年 金融資産・負債関連：3年ごと（最近は2001年）
調査実施日 （または期間）	収支明細：毎　日 年間収入：調査開始1ヵ月目 貯蓄・負債：調査開始3ヵ月目	収入・資産関連：当年9〜11月 収支：上記期間の毎日	収入・資産関連とも：当年7月
集計対象期間 （または期日）	収支明細：1ヵ月間，1ヵ月平均（当年1〜12月） 年間収入：過去1年間	年間収入：前年12月〜当年11月 収支明細：1ヵ月平均（当年9〜10月） 資産関連：当年11月末日 個人収支：1ヵ月平均（当年9〜11月）	収入：前年1〜12月 金融資産・負債関連：当年6月末日
調査客体	・農林漁家世帯を含む2人以上の一般世帯 ・単身世帯	全産業の世帯のうち ・2人以上の一般世帯 ・単身世帯	全産業の全世帯
調査数	8,821世帯 ・2人以上の世帯（8,076世帯） ・単身世帯（745世帯）	57,557世帯 ・2人以上の一般世帯（52,757世帯） ・単身世帯（4,800世帯）	30,386世帯 ・2人以上の世帯（未公表） ・単独世帯（未公表）
抽出率	0.03%	0.15%	0.02%

(注)　1．家計調査では，調査項目によって対象世帯が異なる．この点は，図8.1も参照．
　　　2．国民生活基礎調査では，所得・資産関連のほか保険，医療，福祉，年金等に関する各種の調査が同時に実施されている．
　　　3．全消の2人以上の一般世帯はさらに，勤労者世帯と勤労者以外の世帯に分けられる．

れなかった貯蓄・負債額が，現在は年に4回調査されています。ただしこれらの報告書の貯蓄額とは，金融資産（預貯金，生命保険掛金総額，株式等の有価証券）のことであり，負債額とは借入金と月賦・年賦の未払残高を指していますので注意してください。

　家計の資産に限定すると，表8.1 のほかに総務省が5年ごとに住宅とその敷地に関して，住宅・土地統計調査（同：住調）を実施していますし，さらに国土交通省は住調の土地に関するデータを再集計した『世帯に係る土地基本統計』を公表しています。なお，マクロ統計であるSNA統計でも，家計部門を1年に1度，もっとも包括的な概念に従って，資産を期末貸借対照表勘定で，所得・消費を所得支出勘定で公表していることを付け加えておきましょう。

8.2　家計調査

○ 家計調査の抽出方法

　まず家計調査についてみてみましょう。家計調査における調査世帯の抽出法は，層別抽出法と多段抽出法を組み合わせた層化3段抽出法を採用しています。すなわち第1段階では層化抽出法によって全自治体から調査市町村（168ヵ所）を選定して，第2段階では調査市町村のなかから調査単位区を選び出し，第3段階で調査単位区から調査世帯を選定します。ただし調査世帯の選定にあたって拒否世帯が出た場合には，これら調査拒否世帯（これを準調査世帯と呼ぶ）を除外した残りの世帯に対して再度，乱数表を利用して調査世帯を抽出する方法が採用されています。

　また調査期間についてみますと，調査市町村のうち市はほぼ固定していますが，町村では2～6年で交替しています。調査世帯では毎月6分の1ずつ

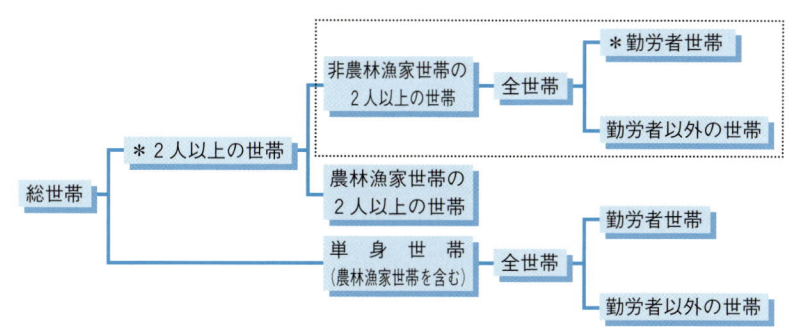

```
                              ┌─ ＊勤労者世帯
          ┌─ 非農林漁家世帯の ─ 全世帯 ─┤
          │   ２人以上の世帯          └─ 勤労者以外の世帯
  ┌＊２人以上の世帯─┤
総世帯─┤       └─ 農林漁家世帯の
  │          ２人以上の世帯
  │                              ┌─ 勤労者世帯
  └─ 単 身 世 帯 ─ 全世帯 ─┤
     （農林漁家世帯を含む）        └─ 勤労者以外の世帯
```

(注) 1. 点線内は，従来の家計調査で採用されていた世帯分類である。
2. 家計収支の調査対象世帯は上記のすべての世帯であるが，貯蓄・負債の調査対象世帯は２人以上の世帯（ただしデータの公表されている世帯は＊印の世帯）に限定されている。

(資料) 総務省統計局編『家計調査年報（単身・総世帯編）』より作成。

図 8.1　家計調査の世帯分類

（言い換えると１世帯の調査期間は６ヵ月），交替させています。このような変則的な抽出方法を，ローテーション・サンプリングと呼んでいますが，これは，あくまで煩雑な調査を１年間委託することが難しいなかでデータの精度を保つために採用されている方法です。

○ わかりづらい世帯分類

家計調で採用されている世帯分類は，近年における農林漁家世帯や単身世帯を含む調査対象世帯の拡大にともなって，複雑な名称となっています。図8.1のように，従来の２人以上の非農林漁家世帯に限定されていた世帯分類（点線で囲まれた部分）を基本としつつ，新たに２人以上の農林漁家世帯と単身世帯を追加しているため，それらすべての世帯を含めた分類名を総世帯と呼ぶことにしています。

さらに総世帯の一部として，全世帯があるわけです。一般常識からみても，

奇妙な分類体系ができあがっています。英語表記でも，総世帯を total households，全世帯を all households としており，実に不思議な名称といわざるをえません。また新聞等でサラリーマン世帯と呼んでいる集団は，実は勤労者世帯のことを指していますが，これも不適切な言葉です。なぜならサラリーマン世帯とは雇用者世帯を意味しているはずですが，家計調の勤労者世帯には雇用者世帯のほかに自営業世帯が含まれているからです。つまり家計調のみならず，マスコミでも用語の使用方法が混乱しています。

繰り返しますが，一般常識から外れる名称は，データ理解の混乱を引き起こすだけであり，百害あって一利なしです（同様のことは後述する「貯蓄」「黒字」という名称にも当てはまります）。世帯調査への協力が得づらくなっている状況も加味すれば，けっして無視できない問題ではないでしょうか。

○ 家計簿方式・現金主義の採用

一般的にみて所得調査における所得・消費額の調査方法は，集計対象期間中に現金収支の内訳（特に支出では，購入品目ごとに数量と金額）を毎日記帳させて収支を把握する方法（家計簿方式）と，記憶をたよりに過去の集計対象期間の収支を把握する方法（記憶方式）の2つがあります。家計調では，家計簿方式で収支明細を，記憶方式で年間収入を調査しています[1]。このように家計簿方式を採用して詳細に収支を記入させる世帯調査は，世界的にみてもわが国ぐらいしかありません。

さらに家計簿を記入しやすいようにするため，現金を入手したり支出した時点で家計簿に記帳する方式を採っています。このような収支の把握方法を現金主義と呼んでおり，企業会計のように経済的事実が発生した段階で把握する発生主義と大きく異なっています。この考えにもとづき，家計調査の支出項目では住宅を保有することにともない発生する修繕・維持費は消費支出の「住居」に計上されますが，実際の現金支出をともなわない減価償却費

1）総務省統計局 HP（http://www.stat.go.jp/data/kakei/10.htm）に調査票見本が掲載されています。

(185 頁を参照）は，計上されません。さらに修繕・維持費のうち明らかに居住面積が増える支出は，発生主義にもとづくと資本的支出（つまり資産の取得）とみなして支出項目に分類されませんが，反対に家計調査では「実支出以外の支出」という支出項目に分類されています。このように現金主義と発生主義では，考え方が異なるので，注意してください。

○ 収支分類の基本的考え方

次に具体的な収支分類の考え方を説明します。まず日々の現金収支は，以下のような考え方で 1 ヵ月単位に集計されます。

前月末の現金＋今月中の収入−今月中の支出＝今月末の現金　　(8.1)

ここで左辺の今月中の支出を右辺に移動すれば，

前月末の現金＋今月中の収入＝今月中の支出＋今月末の現金　　(8.2)

となります。

家計調では，表 8.2 のように (8.2) 式左辺の総額を収入総額，右辺の総額を支出総額，左辺の前月末の現金を繰入金，右辺の今月末の現金を繰越金と呼んでいます。これらの集計作業をともなう家計簿方式は，現金収支をバランスさせて記入間違いを事前にチェックできるため，総じて正確な数値を得られる，優れた方法です。しかし，調査世帯にとって毎日の収支を記入することにともなう負担が大きいこと，記憶方式と比較して調査拒否が高くなり，調査拒否にともなう歪みが生じやすいといった短所があります。

次に収支別の内訳を説明します[2]。まず収入側では，(8.2) 式左辺の前月末の現金を繰入金，今月中の現金収入を実収入と実収入以外の収入に分けています。ここで実収入は，主として勤労や事業の対価として新たに家計へ入る収入のことであり，経常収入と特別収入から構成されています。経常収入とは，定期性または再現性のある現金収入であり，さらに勤め先収入，事

---

2) 収支分類の具体的な内容については，総務省統計局編『家計調査，収支分類の解説（平成 12 年 1 月改訂）』日本統計協会，2001 年を参照のこと。

表 8.2　勤労者世帯における月平均収支（2004年）

収入項目	金額（円）	支出項目	金額（円）
実収入	530,028	実支出	415,899
経常収入	520,079	消費支出	330,836
勤め先収入	501,122	食　料	72,025
事業・内職収入	2,902	住　居	20,804
他の経常収入	16,725	光熱・水道	20,909
財産収入	607	被服及び履物	14,893
社会保障給付	15,542	その他	202,205
仕送り金	575	（うち，こづかい）	24,405
特別収入	9,279	非消費支出	85,063
実収入以外の収入	403,957	実支出以外の支出	521,571
預貯金引出	362,364	預貯金	405,830
保険取金	4,144	保険掛金	35,318
有価証券売却	301	有価証券購入	1,338
土地家屋借入金	8,268	土地家屋借金返済	36,246
一括払購入借入金	20,795	一括払購入借入金返済	17,695
その他	8,085	その他	25,144
繰入金	74,133	繰越金	70,649
収入総額	1,008,118	支出総額	1,008,118
（参考）現物総額	8,498	現物総額	8,498
うち勤め先収入	322	うち食　料	6,370

(注)　1．収支分類は一部省略している．
　　　2．現物総額は，収入総額・支出総額に含まれていない．
(資料)　総務省編『家計調査年報，平成16年《家計収支編（二人以上の世帯）》』2005年．

業・内職収入，他の経常収入（財産収入・社会保障給付など）の3つに分けられます．また特別収入とは，受贈金（見舞金，祝金，香典等）などです．これに対して実収入以外の収入は，預貯金引出，有価証券の売却，借入金などのように資産の減少や負債の増加をともなう現金収入のことです．

一方，支出側では，(8.2)式右辺の今月末の現金が繰越金，今月中の現金支出が実支出と実支出以外の支出に分かれています．さらに実支出は，日常の経常的な支出である消費支出と，税・社会保険料等の自由にならない支出

である非消費支出から構成されます．実支出以外の支出は，資産の増加や負債の減少を生じるような現金支出であり，預貯金（の預け入れ），有価証券・財産購入，借金返済などから構成されています．

以上のように「実…」という項目が資産や負債の増減をともなわない収支項目であるのに対して，「実…以外の…」という項目が資産や負債の増減をともなう収支項目です．もっとも自動車の購入費用は，消費支出の「交通・通信」に分類されており，資産の増加とみなしていませんから注意してください．いずれにしても独自の分類名が家計調査や全消で採用されていますので，その意味を正確に理解してください．

なお支出に関しては，次のような特殊分類も行われています．① 消費支出を，経常消費支出（原則として，1世帯当たり年に1回は購入している品目）とその他に分類．② 消費支出を，支出弾力性（消費支出総額の変化率に対する費目支出の変化率の比）の大きさから，A（0.75未満），B（0.75以上1.00未満），C（1.00以上1.25未満），D（1.25以上）に分類[3]．さらに③ A+Bを基礎的支出，C+Dを選択的支出に分類．④「こづかい」と「交際費」を除く消費支出を，耐久財，半耐久財，非耐久財，サービスに4分類．これらの消費支出に関連した特殊分類は，分析にあたって便利な概念です．

◯ 家計調査の主要指標

この統計を利用して世帯収支の動向を検討する際には，以下のような指標をよく利用します．なお定義式左辺のカッコ内は，単位を示しています．

[平均消費性向]

$$\text{平均消費性向}(\%) = \frac{\text{消費支出}}{\text{可処分所得}} \times 100 \quad (8.3)$$

ここで可処分所得＝実収入－非消費支出であり，実際に利用可能な金額の

3）弾力性については，第6章の6.3節を参照．

うち消費に回すことができる所得部分のことです。

[エンゲル係数]

$$\text{エンゲル係数}(\%) = \frac{\text{食料費}}{\text{消費支出}} \times 100 \quad (8.4)$$

なおこの指標を利用した，「所得が増加するにつれてエンゲル係数が低下する」というエンゲル法則が知られています。また食料費を住宅費に代えたシュワーベの法則（つまり所得が減少するにつれて，住宅費の割合が上昇すること）も有名です。

[黒字率]

$$\text{黒字率}(\%) = \frac{\text{黒字}}{\text{可処分所得}} \times 100 = 100 - \text{平均消費性向} \quad (8.5)$$

ここで黒字＝可処分所得－消費支出＝実収入－実支出＝(実支出以外の支出－実収入以外の収入)＋(繰越金－繰入金) であり，通常は貯蓄額と呼ばれています。つまりこの指標は経済学でいう貯蓄率のことであり，「黒字率」は家計調査でのみ使用される特殊な用語です。

[平均貯蓄率]

$$\text{平均貯蓄率}(\%) = \frac{\text{貯蓄純額}}{\text{可処分所得}} \times 100 \quad (8.6)$$

ここで貯蓄純増＝(預貯金－預貯金引出)＋(保険掛け金－保険取金) であり，預貯金と保険の純増額のみを対象としています。この指標は，経済学でいう貯蓄率とは異なるので注意しなければなりません。

○ 構造上の大きな問題点

家計調査は，世界的にも稀にみる詳細な項目を有した世帯統計ですが，以下のように構造上からみて重大な問題点が指摘されています。

第一に，調査拒否世帯が発生していることです。家計簿による記帳は，かなり煩雑さをともなうため[4]，どうしても記入拒否率が高くなってしまいま

す。また慣習として家計簿を記帳する世帯の割合が低下しているほか，プライバシー意識の高まりや主婦の就業の増大も拒否率を高めています。このためかつて行われた調査によると，世帯人員別では共稼ぎ世帯が多い2人世帯や，複合世帯など家庭内が複雑で記入が厄介な8人以上世帯で，職業別には低所得階層に属する世帯で，拒否率が高くなっていました。

　第二は，第一の点とも関連することですが，所得・支出の把握が困難であることです。実際に家計簿を記帳する者は主婦であることが多いため，世帯主以外の世帯員（例えば両親と同居している成人有業者）の所得・支出が把握しきれていません。さらに近年は，家族がそれぞれ個別に収支を実行する，いわゆる個計化が進んでいるため，非世帯主の収支を把握することがさらに難しくなっていることも，しばしば指摘される点です。

　最後に，「こづかい」の把握が困難であることです。家計調査では，使途不明金が発生した場合にこれを「こづかい」に分類しているため，実際の「こづかい」と異なった金額となる可能性があります。ときどきこの「こづかい」金額を都道府県別に比較して，A県のこづかいが一番多いといった調査を公表している調査機関がありますが，このような利用方法は間違いです。同様に，家計簿の支出欄には品目名，数量，単位しか記入しないため，近年の食生活上で注目されるようになった，中食(なかしょく)の大きさを把握することも困難です[5]。

　特に第一の点について，総務省ではどの程度の歪みが生じているのか，正確な情報を公表していません。しかしもしこれが無視できないほど大きいならば，少なくとも収入・消費等の実額をそのまま採用することにはよほど慎重にならなければならないはずです。

---

4) 小売物価統計調査では，調査員に携帯用端末を配布しているため，将来的にはこれを調査世帯に配布することも検討すべきかもしれません。

5) 中食とは，コンビニエンスストアの弁当，スーパーの総菜など，テイクアウト料理全般を家庭・職場内で食べることを指す。従来の内食（家庭料理）と外食との中間に位置する新たな食習慣のことを指します。

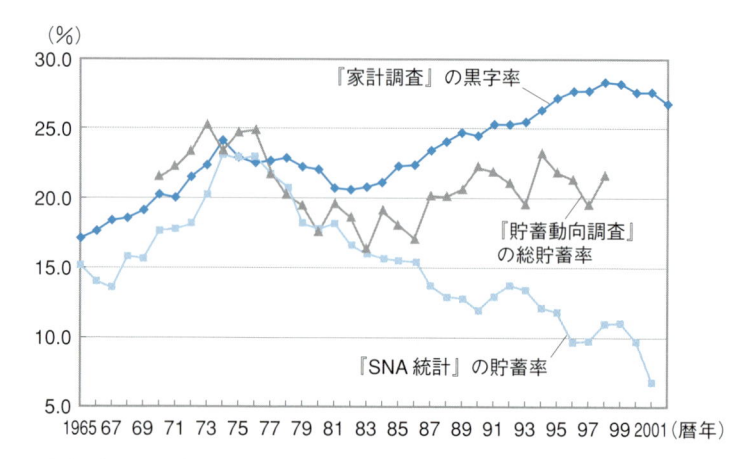

(注) 1. 家計調査と貯蓄動向調査は勤労者世帯，SNA 統計は家計部門(個人企業を含む)の数値である。
2. 総貯蓄率は 1999 年以降は調査の廃止にともない公表されていない。
3. SNA 統計は，論争当時の状況を勘案して 68SNA の数値とした。

図 8.2　各種統計による家計貯蓄率の推移

○ 家計貯蓄率論争の含意

　家計調査の問題点がいっきに噴出した論争として，家計貯蓄率論争をあげなければなりません。図 8.2 のように，わが国では 1980 年代以降に家計部門の貯蓄率を示す家計調査の黒字率と SNA 統計の貯蓄率が乖離しており，どちらのデータが実態を正確に反映しているのかに関して，激しい論争（家計貯蓄率論争）が引き起こされました。家計部門の貯蓄率が注目された理由は，第一に大きな経済問題となっていた貿易黒字が事後的には家計部門の貯蓄率の水準に依存していること（IS バランス論），第二に今後の高齢化社会の進行のなかで，貯蓄率が低下していくという主張（ライフサイクル仮説）が適用可能であるかどうかの基礎データとして注目されたためです。

　この論争の詳細は，谷沢『経済統計論争の潮流』第 7 章を参照してくださ

い。ここではもっとも詳細な分析である岩本康志教授グループの結論を紹介します。同グループは，乖離の原因を① 家計調査とSNA統計の貯蓄率概念に差がある，② 家計調査の標本特性に何らかの問題がある，③ 家計調査に何らかの回収上の誤差がある，④ SNA統計の推計に何らかの問題がある，と4つに分類してそれぞれを定量的に検証しました。

①については，SNA統計の概念を家計調査ベースに修正して両統計を比較しました。SNA統計を家計調査に修正したのは，家計調査に新たに推計した帰属家賃などを加えると誤差が発生することが避けられないためです。②は，家計調査の調査対象世帯（非農林業漁家の勤労者世帯（2人以上））以外の世帯の行動に乖離の説明を「しわよせ」させようとする，いわば家計調査の標本抽出上の問題点を検討するものです。さらに③，④は，（a）SNA統計の所得が過小である，（b）家計調査の所得が過大である，（c）SNA統計の消費支出が過大である，（d）家計調査の消費支出が過小である，の4点に分けて検討されました。

これらの作業を経て，家計貯蓄率の乖離は定義の差で説明される部分が約4割，調査対象の差で説明される部分が約2割強，家計調査の回答誤差で説明される部分が約4割であると結論付けました。回答誤差といった制度疲労が4割にすぎない点は，かならずしも緊急の修正を必要としないといった擁護論もおこるでしょうが，だからといって同種のデータで大幅な乖離が生じている事実を認めるわけにもいきません。

このような状況に対して統計局では，2002年より家計消費状況調査を新たに実施することによって，消費支出の実態が把握しづらい点を改善しています。ただし家計調査自体は，対象世帯の拡大等の整備もあり，依然として抜本的な改革を行っていないのも事実です。また利用者側では，かつてのような都市別の詳細な消費分析を行わなくなっており，利用者側が統計の利用を抑制している点もみられます。

8.3 消費関連統計

○ 百花繚乱の消費関連統計

　ところで消費支出は，家計貯蓄率論争を引き合いに出すまでもなく，最終需要の約6割を占めているため，景気の現状を判断するにあたりもっとも重視されるデータの一つです。このため先に紹介した家計調査以外にも，多様な統計が作成されてきました。これらの統計は，家計の支出額から捕らえた統計（需要側統計）と，企業による消費財・サービスの販売額から捕らえた統計（供給側統計）の2つのグループに大別されます。

　まず需要側統計では，総務省統計局が毎月，家計消費状況調査を，内閣府経済社会総合研究所が消費動向調査（月別・四半期別の2種類）を，それぞれ調査しています。このうち家計消費状況調査は，購入頻度が少ない高額な商品・サービスや，近年増加が著しいIT（情報技術）関連の商品・サービスなどの支出を把握するため，全国約3万世帯に対して実施しています。また消費動向調査は，全国5,040世帯に対して今後半年間に暮らし向き，収入の増え方等がどのように変化するかを確認した，アンケート調査です。

　このほか家計調査では消費水準指数を，消費動向調査では消費者態度指数を公表するなど，指数化した経済指標も公表しています。このうち消費水準指数は家計調査のデータをもとに4人世帯の30.4日（365日÷12ヵ月）に調整した実質値指数であり，消費者態度指数はアンケート調査から作成された一種のDIです（DIについては，第2章の2.3節を参照）。

　他方，供給側統計は，経済産業省の商業販売統計といった政府統計のほか，日本百貨店協会編の全国百貨店売上高統計，日本チェーンストア協会編のチェーンストア販売統計，日本フランチャイズチェーン協会編のコンビニエンスストア販売統計，日本自動車販売協会連合会（自販連）編の新車販売台数，

全国軽自動車協会連合会編の軽自動車販売台数等の業界統計があげられます。

このように景気動向を左右する消費支出を多数の統計で調べられるのは便利なことですが，これほど多数のデータがあると，どのデータを信用すれば良いのか判断に迷うのが実情です。いたずらに統計を増やすことは，かえって統計に対する信頼感を弱めるのではないでしょうか。

○ 需要側・供給側統計の長短

上記の家計貯蓄率論争で明らかになったように，家計調査の消費データが実態を正確に反映していないなかで，供給側統計によって景気動向を判断すべきであるといった発言が多く表れています。しかし一概に供給側統計が需要側統計より優れているとはいえません。それぞれ一長一短がありますので，それを以下に整理しておきましょう。

まず需要側統計は，家計調査のように収入と支出が統計表として整合的に作成することが可能です。また消費支出の分類が細かいため，個別支出ごとの分析に便利ですし，その時系列動向を追跡することも容易です。その反面，世帯単位で調査されているため，子供世代のこづかいやアルバイト収入の捕捉が不十分であるなど，個計化の動きに対応することが難しいです。また現物消費や高額消費の捕捉が不十分なことも，しばしば指摘されています。

一方，供給側統計は，たしかに業界団体等がその会員企業から情報を収集しているため，データの取りまとめと公表が早く行うことができるほか，団体からのヒアリングでその変動理由を聞くことができるなど，需要側統計では難しい情報を入手することができます。しかし百貨店売上高などでは，販売先が家計部門のほかに企業部門も含まれているため，盆暮れの時期には法人需要（専門用語では家計外消費）の影響が大きく現れます。また食料品では，最終需要部門である家計部門以外に飲食店向けの販売が含まれるなど，いわゆる中間需要も含まれてしまいます。さらにスーパー業界のように，特定企業が特定時期に営業成績を上げるために，販売個数を大幅に増加させる

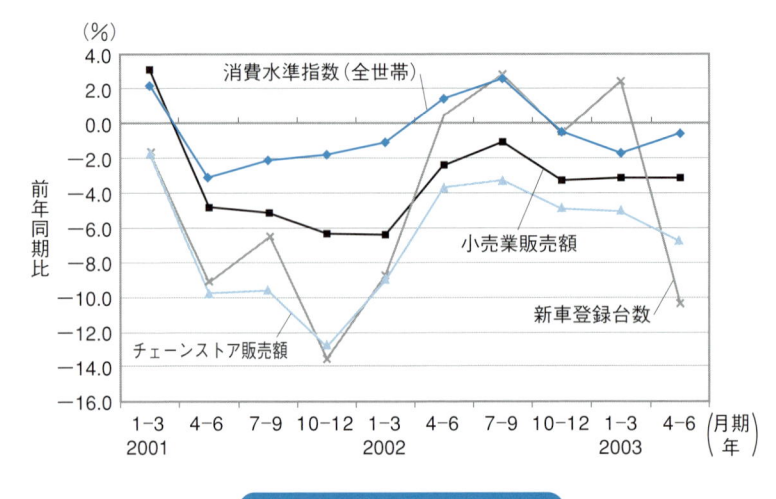

図8.3 消費関連指標の動向

こともあります。またデータを入手できる分野が，業界団体や少数の大企業が相応の販売シェアを占めている場合に限られるため，あらゆる分野の消費データを入手できるわけではありません。外食・旅行などのように，供給側統計（例えば商業販売統計）で捕捉されていない支出もあります。

このように供給側統計でも家計部門の消費総額を把握しづらい面があります。家計調査の調査拒否率が高まるなかで，供給側統計の重要性が増していることは事実ですが，供給側統計が万能ではないことに十分留意しましょう。

○ 各データの比較

ちなみに図8.3で消費関連の動向をみると，大きく食い違っています。まず代表的な需要側統計である消費水準指数は，総じて他の供給側統計よりも前年比の落ち込みが小さくなっています。また落ち込みのボトムが2001年4～6月期であるのに対して，供給側統計では2002年1～3月期となっ

ています。ボトムの水準に関して、供給側統計であるチェーンストア販売額と新車登録台数はほぼ一致した水準であり、前年比12％以上という非常に低い水準となっています。

これに対してピークについては、消費水準指数と新車登録台数ではほぼ一致した水準にあります。しかし小売額販売額やチェーンストア販売額は依然としてマイナス水準のままであり、回復感は確認できません。新車登録台数が2003年4～6月期に急落しているのも気にかかるところです。このように代表的な統計でさえも、その変動傾向や水準に大きな乖離が生じています。消費水準の景気判断がいかに難しいか、理解できたと思います。

8.4 住宅関連統計

○ 金額情報の少ない住宅関連統計

実物資産のうち住宅に限ると、表8.3のように特定時点における住宅の構造や住宅の所有形態を調べる静態統計と、ある一定期間における着工戸数などを調べる動態統計に分けられます。

まず静態統計としては、住宅・土地統計調査と国勢調査があげられます。住調は、総務省が5年に1度、10月1日現在における住宅の実態を調査するもっとも代表的な構造統計です。住調は、抽出調査であるにもかかわらず、そのデータを抽出率の逆数で拡大するなど、珍しい作成方法をしています。また国勢調査でも、住宅の所有関係別、居住室数別、建て方別などのデータを世帯数によって公表しています。もっとも両統計とも、住宅構造の把握に主眼が置かれており、住宅の資産価値の側面は調査していません。

動態統計としては、国土交通省によって住宅着工統計が毎月公表されています。この統計は、建築基準法第15条によって義務付けられる届出書類を

表8.3 主要な住宅関連統計の概要

	静態統計		動態統計
	住宅・土地統計調査(注1)	国勢調査	住宅着工統計(注2)
調査機関	総務省統計局	同 左	国土交通省総合政策局
掲載資料名	住宅統計調査報告	国勢調査報告	建築統計年報
統計の種類	指定統計（第14号）	指定統計（第1号）	指定統計（第32号）
調査周期	5年ごと（西暦の末尾が3と8の年）	同 左（西暦の末尾が0と5の年）	月　別
集計対象期日	当年10月1日	同 左	月　別
調査客体	全世帯	同 左	延べ床面積10㎡以上の着工住宅（建築基準法の対象住宅）
調査客体数	約4,706万世帯	同 左	約119万戸
調査数	約400万世帯	約4,706万世帯	約119万戸
抽出率	9％	100％	100％

(注)　1．住宅・土地統計調査の報告書では，抽出調査の結果を抽出率の逆数によって膨らました数値を掲載している。
　　　2．住宅着工統計のほかに，建築物着工統計と補正調査をあわせて，建築着工統計調査と呼んでいる。類似した統計名称があることに注意されたい。

集計した業務統計であり，新築住宅の建築戸数や床面積のほか，工事別，新設住宅の資金，建築工法，利用関係などを公表しており，着工段階の動向を把握することができます。この統計は，翌月末に公表されるなど速報性に優れています。さらに受注段階では，大手建設業者50社に限定されていますが，建設工事受注動態統計調査が民間・公共機関別に月次の受注動向を調査しているため，景気動向の先行指標として利用することができます。

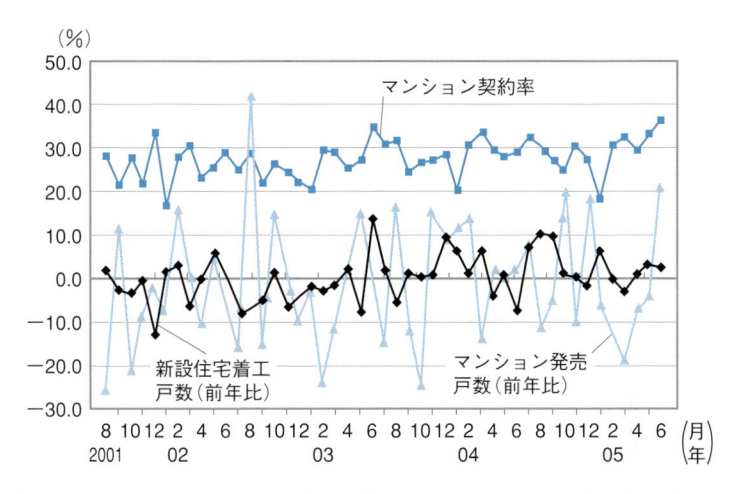

図8.4 新設住宅・マンションの販売動向

（資料）1．新設住宅着工戸数は国土交通省『住宅着工統計』，マンション契約率と発売戸数は不動産経済研究所調べ。
2．新設住宅着工戸数とマンション発売戸数は，前年比（％）である。

景気判断の難しい住宅投資

需要項目としての住宅投資額は，住宅着工統計で新設住宅に関する資金を把握することができますが，リフォーム（増改築）分や10平方メートル以下の新設分などが除外されています。このため家計部門全体で，住宅投資総額を正確に把握することは困難です。

さらに住宅投資を景気変動の視点からみる場合には，その動きの解釈が難しいという欠点があります。そこでマンション販売に限定すると，不動産経済研究所が関東圏と近畿圏に限定して，マンションの発売戸数と契約率（すなわち契約戸数÷新規販売戸数）を発表しています。これらの調査対象は，民間業者によって分譲された10戸以上の新設マンションであり，賃貸物件が除かれています。このため全マンションの販売動向を反映しているわけで

はありませんが，家計部門の投資動向の把握には問題ありません。

いま図8.4によって，新設住宅とマンションの販売動向をみると，毎月の変動が激しく，かならずしも明確なトレンドが読み取れるわけではありません。ただし新設住宅着工戸数が2001年12月期をボトムとして，その後は緩やかに上昇しているようにみえます。またマンション契約率は，一般に70%が好不況の目安となっているため，ここ数年は底堅い動きをしていることがわかります。もちろん変動の背景には，景気下支えを目的として政策上から住宅金利を低めに誘導するなど，住宅政策の実施に直接的に影響を受けます。また近年，都市圏の遊休未利用地に大規模な高層マンションがいっせいに建設されるなど，マンション供給側の事情も大きく影響しています。

このように変動が激しい住宅指標では，移動平均（詳しくは第6章の6.1節を参照）によって傾向値を抽出してみたり，月々の変動の背景にある個別要因をこまめに情報蒐集すること，他の景気指標の動きにも気を配ること等が必要となります。

8.5　理論上の所得・消費

各統計の所得・消費概念が，それぞれ理論的な定義と比較してどの程度カバーされているのかも，気にかかるところです。そこでこの目的のためにこれら理論上の定義を提示して，本章を終わりにしましょう。

○ 市場価格による再評価

まず家計では，一部の財・サービスが市場を経由せずに稼得・消費されているため，所得や消費を過小評価していることを指摘しておかなければなりません。この代表例として，帰属価値と評価損益があげられます。

帰属価値の代表的な事例として，所有形態の異なる同一規模の住宅をあげることができます。例えば民間の借家では，地代・家賃という形で使用サービスが全額評価されていますが，社宅や独身寮，官舎などの給与住宅では通常の地代・家賃より安い金額で使用するため一部しか評価されないほか，持家では支出が発生しないためサービスはまったく評価されません。いわば同一のサービスを享受しているにもかかわらず，住宅の所有形態によってサービスの評価額が異なっています。

そこで享受するサービスを適切に評価する基準として周辺地域における賃貸価格を採用すれば，この市場価格と実際の支出の差額分がサービスを享受しているにもかかわらず金額換算されていない部分となります。この差額部分を帰属価値（特に土地の帰属価値を帰属地代，建物の帰属価値を帰属家賃），差額部分のサービスを帰属サービス，帰属価値を算出する擬制的計算を帰属計算と呼んでいます。そして上記の問題点は，帰属価値を所得・消費の両方に加えることによって解決することができます。

同様の問題は，農家でも発生しています。農家では，自世帯で消費する野菜・米等（自家生産物）を市場に提供する分といっしょに生産しています。しかしこの自家生産物は本来，市場の金額で評価されるべきですが，それが行われないため，所得・消費を過小評価することとなります。さらに勤労者についてみると，会社から配付された食券や通勤定期券などの現物給与，社会保障給付のうちの雇主負担などが帰属価値に相当します。

他方，評価損益とは，金融資産と実物資産において資産価格の変動にともなって発生する所得のことです。すなわち上記の2つの所得定義では，金融資産や実物資産における資産価格の変動を考慮していませんが，金融資産（ただし現預金を除く）や実物資産は各流通市場においてその価格が日々変動しています。このような事例は，株式や土地がバブルの時期に急激に上昇し，その後下落したことでも理解できるはずです。

このように所有資産を市場価格で評価した場合に，今期末残高が前期末残高を上回る部分を評価益（またはキャピタル・ゲイン），反対に下回る部分

8.5 理論上の所得・消費

を評価損（またはキャピタル・ロス）と呼んでいます。そしてこれらの資産を保有している世帯では，この変動分を所得とみなしたうえで，所得概念にこの評価損益を加える必要があります。評価損益は，いわば資産の評価替えを毎期行う時価評価ベースの表示であるといえます。

◯ 理論上の所得

上記の市場価格による再評価基準を考慮したうえで，ここで一つの基準として包括的な所得概念を示しましょう。採用する定義は，サイモンズ（H. C. Simons）流の資産純増ベースによる所得定義です。すなわちサイモンズは，所得を「ある家計が期首に所有している資産の総額を期末においても維持するという制約条件のもとで，一定期間中に消費しうる価値額の最大値」，つまりこの「価値額の最大値」を資産の純増額と定義しました。

とはいえ，資産ごとにその純増額をいかに把握すべきかが大きな問題となります。まず金融資産のうち預貯金・貸付金は，前期末の資産残高と今期末の資産残高のあいだには以下の式が成立しています。

$$前期末の資産残高＋資産の純増額＝利子収入＋今期末の資産残高 \quad (8.7)$$

預貯金等では前期末の資産残高＝今期末の資産残高ですから，(8.7) 式は，

$$資産の純増額＝利子収入 \quad (8.8)$$

なお支払利子は，マイナスの利子収入と考えて (8.8) 式に加えることもできますが，通常は後述のように「非消費支出」と呼び消費に加えます。

次に有価証券の場合には，以下の関係が成立しているはずです。

$$前期末の資産残高＋資産の純増額＝配当収入＋今期末の資産残高 \quad (8.9)$$

(8.9) 式を資産の純増額で整理すれば，

$$資産の純増額＝配当収入＋今期末の資産残高－前期末の資産残高 \quad (8.10)$$

もちろん今期末の資産残高－前期末の資産残高が評価損益となります。

一方，実物資産では，土地・建物・耐久消費財等（ただしいずれも自己使用分のみ）によって異なった所得項目が発生します。まず土地の場合には，

$$\text{前期末の資産残高} + \text{資産の純増額} = \text{帰属地代} + \text{今期末の資産残高} \quad (8.11)$$

それゆえ資産の純増額は，

$$\text{資産の純増額} = \text{帰属地代} + \text{評価損益} \quad (8.12)$$

建物の場合には，以下の関係が成立しています。

$$\text{前期末の資産残高} - \text{減価償却費} + \text{修繕・維持費} + \text{資産の純増額}$$
$$= \text{帰属家賃} + \text{今期末の資産残高} \quad (8.13)$$

ここで修繕・維持費は資産の部分的な破損を補修して現状の価値を増すための費用であり，減価償却費は使用によって減耗する資産に対して将来も同一の資産を使用することを前提として積み立てる購入費用です。もちろん土地は減耗しないという性質から，(8.12) 式では減価償却費や修繕・維持費を考慮していません。(8.13) 式を資産の純増額で整理すれば，

$$\text{資産の純増額} = \text{帰属家賃} + \text{減価償却費} - \text{修繕・維持費} + \text{評価損益}$$
$$\quad (8.14)$$

耐久消費財（長期にわたって使用される自家用車，家庭用電気製品等）や半耐久消費財（数年間使用される衣料品等）については，

$$\text{前期末の資産残高} - \text{減価償却費} + \text{資産の純増額}$$
$$= \text{帰属価値} + \text{今期末の資産残高} \quad (8.15)$$

となりますから，(8.15) 式を資産の純増額で整理すれば，

$$\text{資産の純増額} = \text{帰属価値} + \text{減価償却費} + \text{評価損益} \quad (8.16)$$

最後に賃金・事業収入などの所得も，基本的には人的資産という仮想の資産から発生する所得と考えることが可能です。人的資産についての詳しい説明は省略しますが，要するに私達が日常使用する「身体が資本である」という表現から，漠然ながらもこの概念を理解することができるはずです。人的資産関連の所得を項目別にみると，勤労者の現金給与，退職一時金，事業・

内職収入，社会保障給付等の移転所得といった現金収入（いずれも課税前の金額）のほか，勤労者の現物給付，農家の自家生産物，社会保障給付等の雇主負担が加わります。

○ 理論上の消費

次に理論上の消費の定義についてです。サイモンズは残念ながら消費の定義を示していませんが，理論上の消費概念は通常の支出と一致しないことに注意しなければなりません。なぜなら通常の支出は，消費支出と非消費支出に大別されているからです。消費支出は財・サービスに対する経常的な支出であり，われわれの問題としている理論上の消費に相当するのに対して，非消費支出は税金・社会保険料等の支出額や支払利子など，義務的色彩の強い支出です。

消費支出は，土地・建物と消費財に分けて考える必要があります。さらに消費財は，消費者物価指数等の統計上では，その消費期間に着目して耐久消費財，半耐久消費財，非耐久消費財（1年以内に使用・磨耗される食料品・サービス等）の3つに分類されています。このように多様な消費期間をもつ財で構成される消費支出は，以下の式で書くことができます。

$$\text{消費支出} = \text{非耐久消費財の消費相当額} + \text{土地・償却資産の帰属価値} + \text{償却資産の減価償却費} \tag{8.17}$$

ここで非耐久消費財の消費相当額＝前期からの持ち越し分＋購入＋生産＋贈与受取－翌期への持ち越し分－他への贈与－消耗によって計算します。このうち贈与受取は勤労者の現物給付や貰い物，他への贈与は「お裾分け」等，生産は農家の自家生産物等であり，いずれも帰属価値分です。また償却資産は建物・耐久消費財・半耐久消費財を指しますから，土地・償却資産の帰属価値には帰属家賃・帰属地代・社会保障給付の雇主負担など，実に多様な項目が含まれています。

練 習 問 題

8.1 表 8.2 を使用して，以下の主要指標を計算しなさい。
可処分所得，平均消費性向，エンゲル係数，黒字率，平均貯蓄率

8.2 家計調と全消の同一年次における収入・支出の内訳を比較しなさい。また差が発生した理由について検討しなさい。

8.3 家計で発生した貯蓄は，実収入−実支出といった方法以外に把握することはできないのでしょうか。その把握方法を説明しなさい。

8.4 新車の販売（登録）台数によっても家計消費の動向を判断することができます。この際にいかなる点に留意すべきでしょうか。

8.5 家計調，全消，SNA 統計では，資産・所得・消費支出について理論上の概念をどの程度までカバーしているのでしょうか。

参 考 文 献

総務省統計局編『家計調査のしくみと見方』（総務省統計局のホームページで公開），2003 年 12 月。
谷沢弘毅『経済統計論争の潮流』多賀出版，1999 年。
辻山栄子『所得概念と会計測定』森山書店，1991 年。

第 9 章

企業活動統計

　日常の経済活動のうちもっとも活発なものは，企業部門の行う生産・販売・投資活動です。ただし実際の企業活動は極めて広範な分野に及びますが，残念ながら統計データの入手できる範囲（非1次産業に限る）は，第2次産業（鉱工業）の大半と第3次産業の一部（卸小売業・サービス業など）に限られています。本章では，景気動向の観点から常に注目される鉱工業の生産・出荷統計，設備投資・資本ストック統計と，商業・サービス業関連の統計について紹介します。最後に，近年ますます重要性を増している企業内の財務状況や倒産等を示す，企業単位の統計を説明します。

○ KEY WORDS ○
鉱工業指数，大口電力サイクル，
進捗ベースと取付ベース，ベンチマーク法，
減耗と除却，比推計，セルフ店，
第3次産業活動指数，P/L と B/S，
倒産の定義

9.1 生産・出荷統計

○ もっとも充実した第2次産業統計

　サービス経済化が急速に進んでいるとはいえ，わが国経済を支える基盤産業として第2次産業の重要性を否定することはできません。企業活動統計でも，第2次産業の生産・出荷を中心とした統計類がもっとも充実しており，代表的な統計として表9.1のような統計があげられます。データの集計単位より，事業所と企業の2つに大別されますが，ここでは主に事業所単位の統計を説明します（企業単位の統計は，9.4節の企業統計を参照）。

　まず工業統計調査は毎年1回，事業所単位で製品出荷額，出荷数，従業者数等を調査した大規模調査です。このため工業センサスと呼ばれることもありますが，厳密にいうと年次別に調査対象事業所が異なっておりセンサス統計ではありません。1980年以降，全数調査は10年に4回（西暦の末尾が0，3，5，8の年）しか実施されず，他の年は従業員3人以下の事業所が除外される裾切り（足切り）調査です。

　ただし工業統計調査は，年1回しか調査されないため毎月の生産量の変動（つまり景気変動）を把握することはできません。このような毎月，製造業の主要品目の生産・出荷量等を事業所単位で調査した統計が経済産業省生産動態統計調査（略称：生産動態統計）です。そのデータは，鉱工業生産・出荷指数の基礎データとなるため，景気判断の材料として重要な情報を提供しています。なお生産動態統計という名称は，対象となる12業種の統計の総称であり，実際には『機械統計月報』といった個別統計名で公表されています。

表9.1 主要な第2次産業統計の概要

	事業所単位		企業単位	
	工業統計調査(注1)	経済産業省 生産動態統計調査	経済産業省 企業活動基本調査	中小企業実態 基本調査
調査機関	経済産業省調査統計部	同左	同左	中小企業庁事業環境部
統計の種類	指定統計（第10号）	指定統計（第11号）	指定統計（第118号）	承認統計
調査周期	毎年	毎月	毎年	同左
調査実施日	当年12月～翌年1月	毎月末	当年6月1日	当年9月25日
集計対象期間	資産関連：当年12月末日 出荷額等：1年間（暦年）	1ヵ月間，1年間（暦年）	従業者数：当年3月末 出荷額等：1年間（前年度）	同左 同左
調査客体	製造業に属するすべての事業所：約59万事業所 ただし，従業員規模により以下のように分類 甲調査：30人以上 乙調査：29人以下	鉱工業のうち以下の12業種に属する事業所：鉄鋼，化学工業，窯業・建材，ゴム製品，プラスチック製品，機械，繊維，紙・パルプ，紙流通，雑貨，資源，エネルギー生産需給	鉱工業，卸小売業と電力・ガス業，情報通信業，金融保険業，飲食店・宿泊業，サービス業の一部に属する事業所をもつ企業のうち，従業員50人以上で資本金が3,000万円以上の法人企業	鉱工業，建設業，情報通信業，卸小売業，不動産業，飲食店・宿泊業，サービス業の一部に属する事業所をもつ企業のうち，資本金3億円以下または従業者300人以下の企業（個人企業を含む）(注2)
抽出方法	全数調査：西暦の末尾が0,3,5,8の年 裾切調査：その他の年は4人以上事業所のみ	抽出調査	抽出調査	抽出調査
調査数	全数調査：約59万事業所 裾切調査：約32万事業所	約3.6万事業所における約3,100品目	約2.7万社	約4.6万社
抽出率	全数・裾切調査とも：100％	概ね調査対象の生産額が全生産額の約85％	不明（母集団未公表のため）	約1.2％

(注) 1. 工業統計調査は，報告書名が『工業統計表』となっているので注意のこと。なお同統計は，基本的には事業所単位の数値が公表されているが，一部では企業単位の数値も公表されている。
2. ただし卸売業では資本金1億円以下または従業者100人以下，小売業・飲食店では資本金5,000万円以下または従業者50人以下であるなど，業種によって対象規模が異なる。

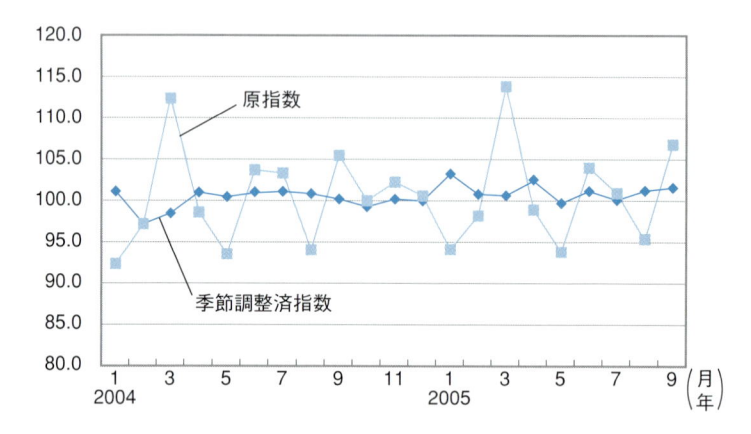

(注) 付加価値ウェイトで，2000年＝100とした指数である。
(資料) 経済産業省のHPより入手。

図 9.1　鉱工業生産指数における原指数と季節調整済指数の比較

○ 鉱工業指数の作成方法

　鉱工業の活動状況を月次ベースで把握するには，生産・出荷・在庫等の指数（以下，鉱工業指数という）を利用することが便利です。各指数とも，基準時ウェイトは西暦の末尾が0と5の年（すなわち5年ごと）に改訂されています。また季節ごと（すなわち毎月）の変動要因を除外せず原データをそのまま利用した原指数のほか，これらの要因を除外した季節調整済み指数（以下，季調済指数という。なお第2章2.1節も参照）の2種類が作成・公表されています。図9.1をみると，季調済指数のほうが，季節変動要因を除去しているため，原指数よりも平準化されていることが確認できます。

　以下では，代表的な鉱工業指数の作成方法を説明しましょう[1]。なおこれらの指数は，いずれも鉱工業（総合）のような複数の品目を集約化した総合

---

1) ここで挙げている指数以外に，近年は鉱工業国内向け出荷指数，同輸出向け出荷指数，同総供給指数が作成されています。

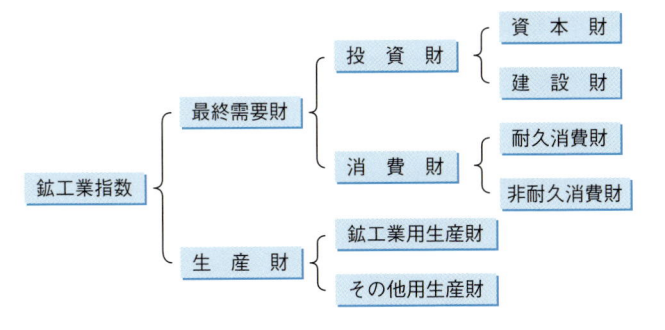

```
鉱工業指数 ─┬─ 最終需要財 ─┬─ 投資財 ─┬─ 資本財
           │             │         └─ 建設財
           │             └─ 消費財 ─┬─ 耐久消費財
           │                       └─ 非耐久消費財
           └─ 生産財 ─┬─ 鉱工業用生産財
                    └─ その他用生産財
```

（注）財分類の定義は以下のとおり

分類	定義
最終需要財	鉱工業又は他の産業に原材料等として投入されない製品。ただし，建設財を含み，企業消費財を除く。
投資財	資本財と建設財の合計。
資本財	家計以外から購入される製品で，原則として想定耐用年数が1年以上で比較的購入価格が高いもの。
建設財	建築用と土木用の合計。
消費財	家計で購入される製品（耐久消費財と非耐久消費財の合計）。
耐久消費財	原則として想定耐用年数が1年以上で比較的購入価格が高いもの。
非耐久消費財	原則として想定耐用年数が1年未満又は比較的購入価格が低いもの。
生産財	鉱工業及び他の産業に原材料等として投入される製品。ただし，企業消費財を含み，建設財を除く。

図9.2 鉱工業指数の財別分類

指数の作成方法ですから，単独の品目指数の場合には単に基準時数量に対する比較時数量の比であると考えてください。

[生産指数，生産者出荷指数，生産者製品在庫指数]

　生産指数，生産者出荷指数のうちの生産財出荷指数・投資財出荷指数はDI一致系列に，生産者出荷指数のうちの耐久消費財出荷指数がDI先行系列に，生産者製品在庫指数として最終需要財在庫指数がDI遅行系列に採用されています（第2章の表2.2を参照）。ちなみに以上の各名称は，図9.2の

ような分類となっています。

いずれも物価指数の場合と同様に，ラスパイレス型指数が採用されています（第4章の4.2節を参照）。すなわち以下のように，基準時に固定されたウェイト（基準時ウェイト）で加重平均して算出されています。

$$各指数 = \frac{\sum\left\{\left(\frac{比較時数量}{基準時数量}\right) \times 基準時ウェイト\right\}}{\sum 基準時ウェイト} \times 100 \quad (9.1)$$

ここでΣは採用品目に関する和を示しています。基準時ウェイトは，生産指数では基準時における各採用品目の付加価値額のシェア及び生産額のシェア，出荷指数では同出荷額のシェア，在庫指数では同在庫額のシェアを採用しています。

[生産者製品在庫率指数]

この指数として，最終需要財在庫率指数と生産財在庫率指数がDI先行系列に採用されています。その作成方法は以下のとおりです。

$$在庫率指数 = \frac{製品在庫指数}{出荷指数} \times 100 \quad (9.2)$$

右辺の在庫指数・出荷指数とも季節調整済指数です。またウェイトは在庫額のシェアを採用しています。

[稼働率指数]

この指数は，DI一致系列に採用されています。あくまで特定年次の稼働率＝100とした指数であり，稼動率の水準そのものではない点に注意してください。その作成方法は以下のとおりです。

$$稼働率指数 = \frac{生産能力生産指数}{生産能力指数} \times 100 \quad (9.3)$$

ここで生産能力生産指数のもとになる生産能力生産量とは，生産能力採用品目の生産量のみから算出された生産指数，生産能力指数は(9.1)式右辺の数量を生産能力量に置き換えて計測しています。なお生産能力量は，機械等の生産能力以外に操業時間・原材料品質等を総合的に判断して決定しています。

[労働生産性指数]

$$労働生産性指数 = \frac{産出量指数}{労働投入量指数} \times 100 \qquad (9.4)$$

いままでの指標はいずれも経済産業省が作成していたのに対して，この指数は(財)社会経済生産性本部が四半期ごとに作成しています。ここで産出量指数は，経済産業省による鉱工業生産指数を採用しており，労働投入量指数は月間就業延人員（人・日）を指数化したものです。このためこの労働生産性は，あくまで物的労働生産性を示しています。

○ 鉱工業指数の問題点

鉱工業指数には，いくつかの問題点があります。第一に，集約化された総合指数は，いずれもラスパイレス型指数で作成されているため，基準年次から離れるほど実勢から乖離する傾向があります。このためウェイト改訂にまたがる5年以上の期間，特に超長期の時系列の比較を行う場合は，常に改訂後の新しいデータかどうかを確認しながら使用すべきです。

第二に，生産数量の把握にあたっては，台数・個数などが一般的に採用されています。しかし製造期間が数ヵ月以上にわたる生産物（いわゆる長期生産物）では，生産数量を計測する基準に月間進捗率を採用して，その進捗率を分割計上することによって仮想的な生産数量を把握しています。具体的には，橋梁（2,000トン以上），水管ボイラ（800トン/時間以上），一般用蒸気タービン（25万KW以上），圧延機械（1,000トン以上），非標準変圧器（50万KVA以上），鋼船で，この方法が採用されています。これらの長期生産物の出荷指数は，引き渡し量で一括計上するため，生産指数と出荷指数を比較してみる場合にはかならずしも整合的な動きとならないことに注意してください。

第三に，生産指数と実質GDPの乖離があげられます。生産指数は速報性にすぐれているため，しばしば景気判断に利用されます。しかし景気の善し

悪しは，最終的にSNA統計における実質GDPの変化率によって結論付けられるため，両データの動きを比較しておくことも重要でしょう。両者を比較すると，生産指数のほうが実質GDPより大きく変動します。この事実を検討するために，まず両者の統計作成上の相違点を確認しておくと，① 生産指数は，中間財（例えば特殊分類における生産財など）が加えられているのに実質GDPでは含まないこと，② 生産指数は，あくまで経済産業省の行政と何らかの関連のある鉱工業に限定されているため第3次産業部門が除外されているが，実質GDPでは含んでいること，などがあげられます。また②に関連して，生産指数のカバーしている品目はSNA統計の約3割にすぎません。

　これに対して景気変動の一般的な特徴として，鉱工業では不況期に在庫調整が実施されるなど景気変動が明確に現れるのに対して，第3次産業は好不況の影響をあまり受けません。このため経済産業省では，農林水産業生産指数，建設業活動指数，鉱工業生産指数，第3次産業活動指数，公務等活動指数を合成した全産業活動指数を作成しています。いずれにしても生産指数が実質GDP以上に大きな変動を示すと考えられますので，生産指数を景気判断に利用する際にはその癖を十分に留意すべきです。

○ 景気に敏感な電力使用量

　鉱工業指数と同様に電力使用量のデータも，生産関連の指標として利用できます。なぜなら電力使用量は，生産活動が活発になるにしたがって増加しますし，反対に生産活動が停滞してくると減少するからです。

　電力使用量に関するデータは，電気事業連合会統計委員会の『電灯・電力需要実績』で公表されています。この統計では，電力使用量を用途別に，電灯，業務用電力，小口電力，大口電力，その他電力の5つに分類しています。この分類は，大別すると電灯が一般家庭での使用電力，業務用電力がビル，病院，公共施設などの使用電力，小口電力が商店や中小企業での使用電力，

9.1 生産・出荷統計

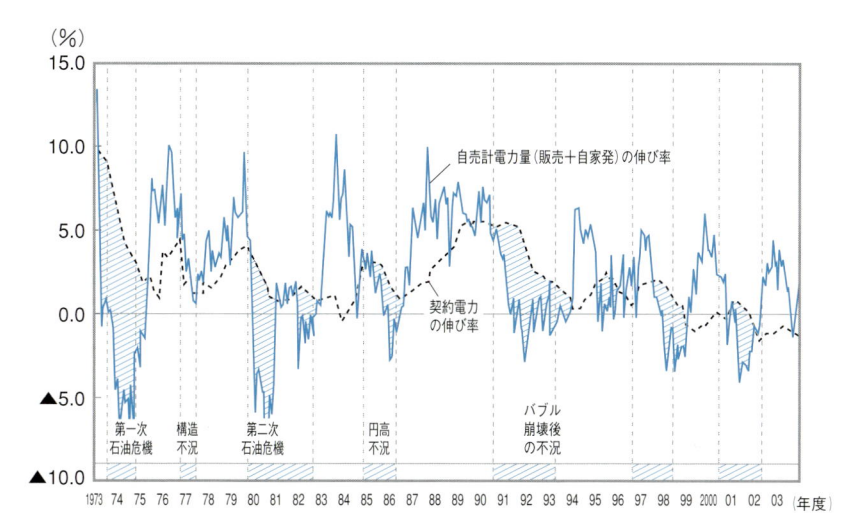

(注) 1. 大口電力カーブとは電力需要面からの景気の現状を判断する指標の一つ。大口電力量（自家発含み）と大口契約電力の対前年増加率の推移を示したもの。
2. 実量制による影響補正後（旧規定ベース）
(資料) 東京電力編『数表でみる東京電力（平成16年度）』2004年, 12頁。

図9.3　大口電力カーブの推移

　大口電力が大規模工場を中心とした産業用の使用電力，その他電力が深夜電気用水器用などでの使用電力となっています。

　特に大口電力使用量は，当月の販売額が翌月に公表されるなど速報性に優れたデータです。このような特性から，全国9電力会社計のデータが景気動向指数の一致系列としても採用されています（第2章の表2.2を参照）。また『電灯・電力需要実績』では，契約電力量というデータも掲載されていますので，これを利用して大口電力カーブや大口電力サイクルといった，景気循環に関する独自の分析をすることができます。ここで契約電力量とは，生産にあわせた電力の契約量のことです。

　まず大口電力カーブとは，図9.3のように契約電力量と電力使用量（自

売計）の各前年同月比を比較した図で示されます。この図において，電力使用量の伸率が契約電力量の伸率を上回っているときは景気拡大期，反対に電力使用量の伸率が契約電力量の伸率を下回っている斜線の時期は景気後退期であると考えられます。また大口電力サイクルとは，横軸に契約電力量，縦軸に電力使用量の各前年同期比をとってその点を結んでいきます。そうすると在庫循環（図 2.2 を参照）のように景気循環を反映したサイクルを描きますから，この動きから景気を判断できるのです。

　もちろん大口電力量は，前年同期比で使用されることが多いため，データの変動幅が大きいといった欠点もありますが，大半の産業を網羅していること，速報性に優れていること，データの改訂がほとんどないこと，指標の癖が少ないこと等から，景気変動の一致指標として非常に魅力的なものです。

9.2　設備関連統計

○ 把握時期の異なる設備投資統計

　第 2 章で説明したように設備投資は，個人消費とともに主要な需要項目として景気のリード役となるほか，いったん投資が実現されると，今度は生産活動に使用されて供給面から影響を与えるなど，二面性を備えています。このため各種の統計が作成・公表されてきましたが，統計が多数あるがゆえに，実態を見失うおそれがあります。いま，これらの統計を設備投資の施行段階別に整理すると，表 9.2 のようになります。

　すなわち設備投資には，計画→発注・受注→生産・着工→出荷・販売→貸借対照表への記載（建設仮勘定）→完工（据付・引渡し）→本格稼動→貸借対照表での科目変更（建設仮勘定から建物・機械等への科目変更），といった一連の流れがあります。ここで建設仮勘定とは，企業が有形固定資産を取得し，

表 9.2 主要な設備投資統計の概要[注1]

統計名	調査段階	調査機関	調査周期	調査対象
設備投資調査	計画段階	経済産業省	年別（3月末）	資本金1億円以上
機械受注統計	発注段階	内閣府	月別	主要機械製造業者280社
建設工事受注動態統計	発注段階	国土交通省	月別	1万2000業者と大手50社
建築着工統計	生産段階	国土交通省	月別	全建築工事
資本財出荷指数	出荷段階	経済産業省	月別	（加工統計）
法人企業統計（うち投資額）	完工段階	財務省	四半期別	法人企業約2万社
民間企業資本ストック（うち新設投資額）	完工段階	内閣府	四半期別 年度別	民間法人・個人企業[注2]

（注） 1．上表のほかに，本書の表2.1の設備投資アンケートも参照のこと。
　　　 2．SNA統計や法人企業統計等のデータを利用した加工統計である。

その用に供するまでに相当の期間を要する場合，本勘定に計上するまでその取得に要した費用を一時的に処理する，暫定的な勘定項目のことです。

この流れに沿って統計の把握時点をみると，計画段階では各種アンケート調査，発注段階では機械受注統計，建設工事受注動態統計，生産・出荷段階では建築着工統計，資本財出荷指数，完工・稼動段階では法人企業統計，SNA統計（特に設備投資額），産業連関表（固定資本マトリックス）と，大まかに分類することができます。

もっともこれらの統計は，名称からわかるように設備投資としてカバーしている対象が異なります。建設・建築関連の統計は，当然ながら建築物・構築物に限定されており，機械受注統計では船舶・電力を除いた民需向けの機械受注のみを対象としていますから，設備投資全体の動きを正確に反映しているわけではありません。それゆえ全業種および全投資額を把握しているという点では，SNA統計における設備投資が，もっとも適切なデータである

はずです。しかしこのデータは，加工統計であるがゆえに速報性に欠けるという短所があります。結局のところ，各種統計を比較しつつ個別統計の癖を修正しながら全体的な設備投資動向を判断していくしかありません。

○ 設備投資の定義問題

　設備投資全体を正確に把握した統計がない理由は，設備投資の定義や把握方法に関連した問題があるためです。そもそも設備投資とは，経済学上からは生産能力の増強，つまり資本形成とみなすことができます。昔は，このような設備投資として工場建設を想定すればすみましたので，『国富調査』など多くの統計では，「土地の新規取得を含む有形固定資産への新規計上額」と規定していました。しかし現在は，リース物件の活用，海外での投資行動の活発化等のほかに，ソフトウェア・工業所有権等の無形固定資産の取得が行われるなど，設備投資の範囲が拡大しつつあります。

　まず土地の取得については，法人企業統計や民間企業資本ストック（うち新設投資額）では，土地取得が除外（ただし土地造成は含む）されています。リース物件は，近年急速に普及しているほか，明らかに生産活動に直接関与する資産です。それにもかかわらず，会計規則上ではその賃貸料を毎期の費用として処理しており，有形固定資産に計上されていないため，統計上でも圧倒的に設備投資として把握されていません（設備投資アンケートについては，第2章の表2.1を参照のこと）。

　一方，無形固定資産については，90年代に急速に活発化してきたにもかかわらず，統計上はいまだその取扱いが確定されていません。本来，取得されたソフトウェアは，会計規則上では無形固定資産に分類されています。また自社開発型のソフトウェアの場合は，その開発費用を繰延資産に計上しているため，やはり有形固定資産では計上できません。このような状況のなかで，法人企業統計や民間企業資本ストックでは，無形固定資産は受注型ソフトウェアのみが設備投資に追加されており，その他のソフトウェアは加えら

れていません。また SNA 統計でも，最近ようやく企業部門における受注型のソフトウェアのみが，設備投資に含められるようになったにすぎません（第3章の3.2節を参照）。

このように現在の統計では，設備投資額を正確に把握しておりませんし，概して統計の定義が実態よりも狭くなっています。使用にあたっては，注意してください。

○ 先行指標である機械受注

設備投資のうち機械に限定すると，機械受注統計が作成されています。この統計は，内閣府経済社会総合研究所が毎月末日における機械製造業者の受注した設備用機械類の受注実績を調査したものです。調査対象は280社ですが，船舶・電力を除いた民需向けの機械受注の動向を反映した動きを把握できます。船舶と電力を除外するのは，これら2つの規模が大きく，かつ景気循環とは必ずしも連動しないためです。そしてこの機械受注を図9.4でみると，設備投資に半年ほど先行するといわれていますから，景気の代表的な先行指標と考えられます。

ただしこのデータには，以下のような問題があります。第一に，データの振れが大きいためそのまま使用しても，なかなか景気の実態を判断することができません。このため内閣府では「季節調整済み3ヵ月反復移動平均」を算出していますが，それでも不規則変動を完全に除去することはできません。また達成率（実績値÷受注見通し額の単純集計値）を算出して，この指標が高いほど投資意欲が強いとみなしています。通常は，この水準が90％を超えている間は投資意欲が根強いと判断しています。

第二の問題として，3月や9月は決算月にあたるため，決算対策として駆け込みでの受注が増加する反面，2月や8月の閑散期には低迷するなど，季節ごとの要因が強く現れます。このため上記のような季節調整値を公表していますが，それでも変動がはげしく傾向値を把握することが難しくなってい

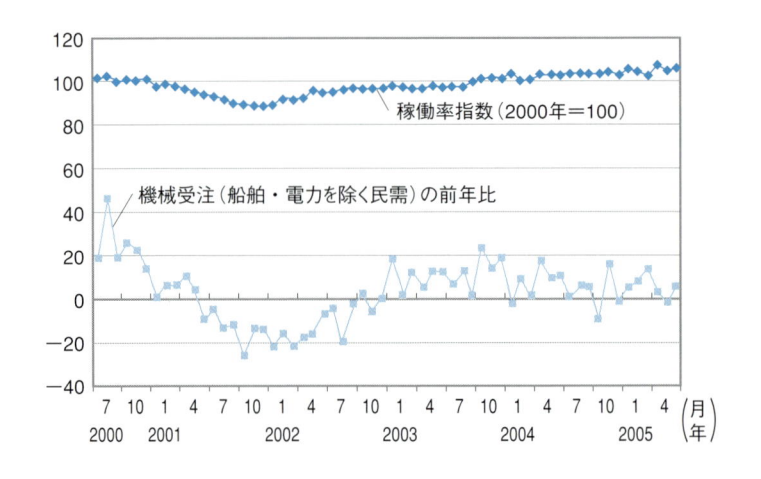

図 9.4 機械受注（前年比）と稼働率指数の推移

ます。さらに，そもそも受注分のみの統計ですから，見込み生産分が対象外となっていることも問題点として加えておくべきでしょう。

○ 未整備の資本ストック統計

毎期の設備投資が蓄積されていくと，企業内には資本ストックといわれる資産が形成されます。資本ストックは，企業活動にとって労働力，土地とともに重要な生産要素として位置付けられるほか，現実と適正な資本ストック水準との差が設備投資として実行される，「資本ストック調整原理」が知られているなど，設備投資理論の上からも注目されています。特に前者の代表例として，「GDP ギャップ」における潜在 GDP を計測する際の生産関数があげられます（詳しくは第 2 章の 2.1 節を参照）。

以上のような重要性にもかかわらず，資本ストック統計は設備投資統計以上に整備されていません。現在，代表的な資本ストック統計は，表 9.3 の

表9.3 資本ストック統計の概要

	民間企業資本ストック	純固定資産（SNA統計：参考表）	国富調査
推計方法	ベンチマーク法	ベンチマーク法	直接法
調査周期	四半期別	暦年別	1955～70年は5年ごと[注3]
データ期間	1955年～	1970年～	1955～70年
価格表示	実質	実質・名目[注1]	実質
産業分類	産業大分類別	全産業計	産業大分類別
調査対象	粗資本ストック	純資本ストック[注2]	粗資本ストック 純資本ストック
考慮される資本減価分	除却	除却＋減耗	除却＋減耗

（注）1. 名目値は，実質値とデフレーターより計算する必要がある。
2. 資本ストックという分類はなく，該当する資産項目を合計しなければならない。
3. ただし1970年以降は実施されていない。

ように純固定資産（SNA統計内），民間企業資本ストック，国富調査の3つがあげられます。いずれも内閣府（または旧経済企画庁）によって作成されていますが，日常の経済分析では四半期別データを公表している民間企業資本ストックがたびたび使用されており，SNA統計の純固定資本は年次データであるため，さほど使用されてはいません。国富調査は，各経済主体の有形固定資産・棚卸資産・対外純資産すべてを対象とする非常に大仕掛けの調査で，1970年調査を最後に30年以上実施されていません。

なお民間企業資本ストックでは，進捗ベースと取付ベースという2種類の推計値が公表されています。まず進捗ベースとは「完成した設備のほかに，建設中・取付中の設備を含めた資本ストック概念」であり，取付ベースとは

「生産能力として稼動する状態にある資本ストック概念」です。このため進捗ベースには，いわゆる建設仮勘定の資産額が含まれていると考えることができます。生産関数を計測する場合には，もちろん取付ベースの数字を使用する必要があります。

○ 資本ストックの推計方法

資本ストック統計の整備が遅れている理由は，もちろん資本ストックの推計が困難なためです。とはいえ現在，資本ストックの推計方法として，直接法，ベンチマーク法，パーペチュアル・インベントリー法の3つが考案されています。

まず直接法とは対象となる資本ストックを直接計測するものであり，棚卸のような全数調査の方法です。この方法は国富調査で採用されており，当然ながら詳細な情報が得られる反面，大変な手間を要する方法です。またベンチマーク法とは，最初にベンチマーク（基準）となる資本ストックを直接法で計測し，これに各期の投資額を加え，さらに何らかの方法で計算された資本の減価分を差し引いて資本ストックを間接的に推計する方法です。民間企業資本ストックと純固定資産は，1970年国富調査の資産額をベンチマークとしてこの方法が採用されています。

さらにパーペチュアル・インベントリー法とは，恒久棚卸法と訳されるように，過去の投資額のうち耐用年数以内のものを累積し，何らかの方法で計算された資本の減価分を差し引いて間接的に資本ストックを推計する方法です。このためベンチマーク法でも，ベンチマーク時点から遠ざかるほどパーペチュアル・インベントリー法に近づくことになります。先進国では，おもにこの方法によって資本ストックを推計しています[2]。

---

2) 他国における資本ストックの推計方法については，柳沼寿・野中章雄「主要国における資本ストックの測定法」経済企画庁経済研究所編『経済分析』第146号，1996年が詳しい。

◯ 推計上の問題点

　上記のいずれかの推計方法を適用したとしても，資本ストックの推計にはさまざまな問題が指摘されています[3]。その代表例として，過去に取得した機械類の生産能力の減少分をいかに適切に把握するかという問題があります[4]。

　企業はこの減少分を通常，会計上から減耗と除却という2つの概念に分けて考えています。減耗とは「生産過程で，企業が所有する設備が磨耗，老朽化したりすることで，資本（つまり生産能力）が劣化すること」であり，除却とは「企業が所有する設備を中古市場に売却したり，スクラップしたりすることで，資本が消滅すること」です。統計作成上では，これらの企業情報にもとづいて除却のみを実施している資本ストック概念を粗資本ストック，除却と減耗を実施している資本ストック概念を純資本ストックと呼んで区分しています。民間企業資本ストックは粗資本ストックのみ，純固定資産と国富調査は粗資本ストックと純資本ストックの両方を推計しています。それゆえ従来は，生産能力の指標として粗資本ストックを使用してきました。

　しかし除却しない限り，まったく生産能力が低下しないと考えることは現実的ではありません。また減耗を計算する際には，企業会計原則で指定された耐用年数で毎年，定率または定額で減価させますが，この法定耐用年数は税法上の優遇を目的として設定されているため，実際の使用可能年数よりも短くなっています。しかも新しい生産方式の導入によってその機械を使用しなくなったり，その機械で生産されていた製品が出荷停止となるなど，機械の破損まで継続的に能力が減少していくとは限りません。反対に，機械自体のなかに新たな技術進歩が入り込む（つまり体化された技術進歩）事例も，

　3）資本ストック統計の問題点については，野村浩二『資本の測定』慶應義塾大学出版会，2004年（特に第2章）が詳しい。なお資本ストックでも，設備投資の場合と同様に定義の問題がありますが，それは設備投資の項目を参照のこと。

　4）この問題に関連して，保有する設備の平均的な経過年数をいかに計測するかという問題もあります。このような経過年数をビンテージと呼んで設備投資の分析等で重視していますが，現在の統計ではこれをまったく調査しておらず，「民間企業資本ストック」をもとに推計するほかありません。これはさらに難しい問題といえましょう。

資本ストック作成上で考慮する必要があります。

　以上のような事情を考慮すると，現状の粗資本ストックをそのまま生産能力の指標として使うことはかならずしも適してはおりません。

9.3　第3次産業統計

○ 不満の残る第3次産業統計

　第3次産業の関連統計は，表9.4（208～209頁）からわかるように商業（すなわち卸売・小売業）とサービス業に関連した統計が中心であり，第3次産業全体をカバーした包括的な調査は実施されていません。また商業とサービス業に限っても，製造業ほど充実はしていないなど，サービス経済化が進むなかでは不満の残る，不十分な体系のままです。

　まず商業関連では，商業統計調査が卸・小売業の従業者数，商品別販売状況等を商店ベースで3年に1度実施される全数調査です。このため他の統計調査の事業所台帳としても利用されるなど，商業関連では基礎的な位置を占める重要な統計です。なお対象商店のうち飲食店は，料亭・キャバレー・酒場等を除く飲食店が丙調査として卸・小売業の翌年に別途実施されていましたが，個人企業が大半であり事業所の把握も困難であるため廃止されました。

　もっとも商業統計調査は，3年に1度しか実施されないため，日頃の販売額の変動を把握することはできません。このため商業統計調査を母集団として，大型小売店及びコンビニエンス・ストアを中心に卸売・小売商店の商品販売額，商品手持額等を把握した商業動態統計調査が毎月実施されています。この統計では，消費動向を販売活動の面からとらえており，家計消費動向を把握できるとともに，商業統計調査の補完的役割を担っています。

　サービス業関連では，サービス業基本調査がサービス業の実態を把握する

ことを目的として1989年に開始されました．比較的新しい統計ですが，サービス業センサスともいえる大規模調査であり，1996年以後は5年ごとに実施されています．またサービス経済化の中心的な役割を担う26業種については，特定サービス産業実態統計調査として財務内容も含めた個別調査が数年おきに実施されているほか，そのうち19業種は月次で販売金額・数量等が調査されていますので，サービス経済の側面から景気動向を把握できます．

○ 販売額と販売額指数の推計方法

商業動態統計では，販売額の推計方法として比推計という特殊な方法が採用されています．比推計とは，当該月に回収された調査票と前月に回収した調査票を照合して，両月とも報告されている商店のみの販売額をセルごとに合計して前月比を求めます．さらにこの比率を前月の販売総推定額に乗じて，今月の販売額を求める方法です．このため同統計における販売額は実際に販売した金額ではないことに注意してください．

もっとも商業動態統計の対象商店は，商業統計調査の調査店舗を調査客体としているため，商業統計調査が3年に1度実施された段階で過去に遡って業種別販売額などを商業統計調査の結果に一致させる必要が生じます．このように商業販売統計の数値を商業統計調査の数値に一致させるように修正することを，水準修正と呼んでいます．

商業動態統計では，月次ベースの業種別・商品別販売額を指数化した商業販売額指数も公表しています．この指数は，鉱工業生産指数とともに景気動向指数（DI）の採用指標ともなっています（第2章の表2.2を参照）．具体的な作成方法は以下のとおりです．

$$商業販売額指数 = \frac{比較時販売額}{基準時販売額} \times 100 \qquad (9.5)$$

表9.4 主要な第3次産業統計の概要

	商　業[注1]	
	商業統計調査	商業動態統計調査[注2]
調査機関	経済産業省調査統計部	同　左
統計の種類	指定統計（第23号）	指定統計（第64号）
調査客体	産業大分類の「卸売・小売業，飲食店」のうち飲食店を除いた全民営商店	産業大分類の「卸売・小売業，飲食店」のうち代理商・仲立業・飲食店を除く商店
調査周期	5年ごと（最近年次は2002年）ただし調査2年後に簡易調査を実施	毎　月
抽出方法	全数調査	抽出調査
調査項目	販売額，仕入額，従業者数，事業所数など	業種別販売額，商品別販売額
集計対象期日（または期間）	従業者数：6月1日時点 年間出荷額等：1年間（前年4月～当年3月）	1ヵ月間，1年間（暦年）

（注）1．商業では，上表のほかに商工業実態基本調査があったが，平成16年調査以降は中
　　　2．商業動態統計調査は，業種別販売統計，大規模卸売店舗販売統計，大型小売店販
　　　3．広告，エンジニアリング，デザイン，環境計量証明，ディスプレイ，機械設計，
　　　4．映画館，ゴルフ場，テニス場，ボウリング場，遊園地・テーマパーク，ゴルフ練
　　　5．クレジットカード，葬儀，フィットネスクラブ，カルチャーセンター，結婚式場，
　　　6．リース，レンタル，情報サービス，広告，クレジットカード，エンジニアリング
　　　7．映画館，劇場・興行場・興業団，ゴルフ場，ボウリング場，遊園地・テーマパー
　　　8．葬儀，結婚式場，外国語会話教室，カルチャーセンター，フィットネスクラブ，

9　企業活動統計

サービス業		
サービス業基本調査	特定サービス産業実態統計調査	特定サービス産業動態統計調査
総務省統計局	経済産業省調査統計部	同 左
指定統計（第117号）	指定統計（第113号）	承認統計
産業大分類の「サービス業」のうち，一部の業種を除いた民営事業所	物品賃貸，情報サービス業ビジネス支援産業：8種(注3) 娯楽関連産業：9種(注4) 教養・生活関連産業：7種(注5)	対事業所サービス業：6種(注6) 趣味・娯楽関連サービス業：7種(注7) 教養・生活関連サービス業：6種(注8)
5年ごと （最近年次は2004年）	毎　年：物品賃貸，情報サービス業 3年ごと：その他	毎　月
従業者30人以上：全数 同29人以下：抽出調査	抽出調査	同 左
資本金，従業者数，年間収入・同内訳，費用総額・設備投資額など	売上高，営業費用，従業者数など	売上高，利用者数，従業員数など
従業者数：7月1日 年間収入等：1年間 （前年11月～当年10月）	従業者数：11月1日時点 年間売上高等：1年間 （前年11月～当年10月）	毎　月

止（事実上の廃止）となり，その一部が新たに開始された中小企業実態基本調査に引き継がれた。
売統計，コンビニエンスストア販売統計に分割されている。
研究開発支援検査分析，テレマーケティング業である。
習場，劇場，映画製作・配給業，ビデオ発売業。
外国語会話教室，エステティック業。
業。
ク，パチンコホール。
学習塾業。

○ 注目すべき第3次産業活動指数

　第3次産業においても，鉱工業生産指数と同様に経済活動の繁閑を表した第3次産業活動指数が作成されています。この指数は，経済産業省が日本標準産業分類における農林漁業，鉱業，建設業，製造業を除く大分類コードG〜Qを対象として，ラスパイレス型指数で作成しています。第3次産業の活動状況を把握できる経済指標が少ないことから便利な指数であり，最近しばしば新聞等で取り上げられるようになりました。

　もっとも第3次産業の活動指数を厳密に作成するには限界があります。なぜなら第3次産業では，第1次・第2次産業における生産額＝単価×生産量といった概念が存在しないことが多いからです。つまり「金融・保険業や不動産業では，活動の繁寡を総合的に示す生産データとして何を採用すべきか」といった疑問を解決しなければなりません。このため現状では，生産量を表す数量データ（電気業では受発電電力量，ガス業ではガス生産量など），生産を表す金額データ（金融・保険業，旅行業，卸小売業，広告業など），生産の動きを代用しうる数量データ（冠婚葬祭業では婚姻件数や死亡者数，医療では雇用・労働時間など），生産の動きを代用しうる金額データ（洗濯業では洗濯代，理美容業では理髪・美容料など）の4種類に分類するなど，すべてが生産量ベースで把握できるわけではありません。名称が第3次産業生産指数でなく活動指数であるのも，この理由によります。

9.4　企業統計

○ 整備不十分な企業統計

　工業統計調査に代表される事業所単位の統計は，集計が容易である点で優

れた統計ですが，従来より以下のような問題点が指摘されています。

第一に，大企業でも中小規模の事業所を設置することがあるため，このような場合には，当該事業所の従業員の賃金水準は他の中小規模事業所と異なり，かなり高い水準になる場合があります。賃金関連の情報は，やはり企業単位で把握すべきものです。

第二に，事業活動の多角化，国際化，ソフト化といった，企業活動の新たな広がりの実態を一元的かつ定量的に明らかにすることも困難です。例えば多角化は，企業単位で主業を確定したうえで把握することができる現象です。

第三に，工業統計調査では同一企業内の工場間で実施される取引が，仕切価格を設定したうえで各工場の出荷額として計上されていますが，企業単位でみるとこれらの取引は単なる内部移動にすぎません。つまり工業統計調査では，企業内取引が二重計上されているのです。

このため経済産業省では近年，積極的に企業単位の統計整備を行っています。代表的な統計として，企業活動基本調査，海外事業活動基本調査，海外現地法人調査，外資系企業動向調査などがあげられます。このうち企業活動基本調査は，表9.1のように毎年6月1日を調査時点として従業者50人以上かつ資本金3,000万円以上の会社を対象として実施されています。また海外事業活動基本調査と外資系企業動向調査は毎年，海外現地法人調査は四半期ごとに実施されています。資本金3億円または従業者300人以下の製造業などの中小企業（個人企業を含む）に限定すると，中小企業実態基本調査が2004年から，毎年実施されるようになりました。

もっとも表9.1で企業活動基本調査と中小企業実態基本調査を比較するとわかるように，調査対象業種が一致しない（つまりいずれかの調査が実施されない業種がある）こと，同一業種内でも従業者と資本金による企業規模の分類が重複する場合があること，調査時期が一致しないこと，などの問題点があります。このため政府は，2009年度から同一フォームによる事業所・企業調査（仮称：経済センサス）を実施する予定としています。今後とも企業統計の改編には目が離せません。

9.4 企業統計

表 9.5　兼業比率とその事業展開分野の変化（1995～2000 年）

(単位：％)

		兼業比率	製造業分野	卸売・小売業分野	その他分野
製造業	1995年	18.2	8.5	8.1	1.7
	2000	15.5	8.3	5.3	1.9
繊維工業	1995	20.3	8.0	9.5	2.7
	2000	23.5	13.5	7.4	2.6
化学工業	1995	29.6	10.1	18.8	0.8
	2000	25.3	10.3	14.4	0.6
鉄鋼業	1995	21.5	9.6	3.7	8.2
	2000	21.7	12.7	1.6	7.4
輸送用機械	1995	11.3	8.3	2.3	0.7
	2000	7.4	5.5	1.6	0.3

（資料）　経済産業省編『企業活動基本調査』1997 年・2002 年の各第 1 巻。

○ 多角化とリストラの動向

　いま企業活動基本調査によって，企業における多角化とリストラの進行状況をみてみましょう。まず多角化，つまり本業以外に副業あるいは兼業を行っている程度を兼業率と定義します。本業とは企業内で売上高第 1 位の業種，兼業とは同 2 位以下の業種，兼業率は売上高全体に占める第 2 位以下の売上高の比率とします。製造業の兼業比率を表 9.5 でみると，1995 年では 18.2％ でしたが，2000 年には 15.5％ であり，かならずしもバブル経済崩壊後に多角化が進行しているとはいえません。業種別にみると，化学，輸送用機械で低下しました。繊維や鉄鋼では上昇しました。兼業比率低下の背景には，もっとも大きな兼業（つまり売上高第 2 位）である製造業が不振であること，次の兼業である卸小売業がデフレの影響を受けていることが影響して

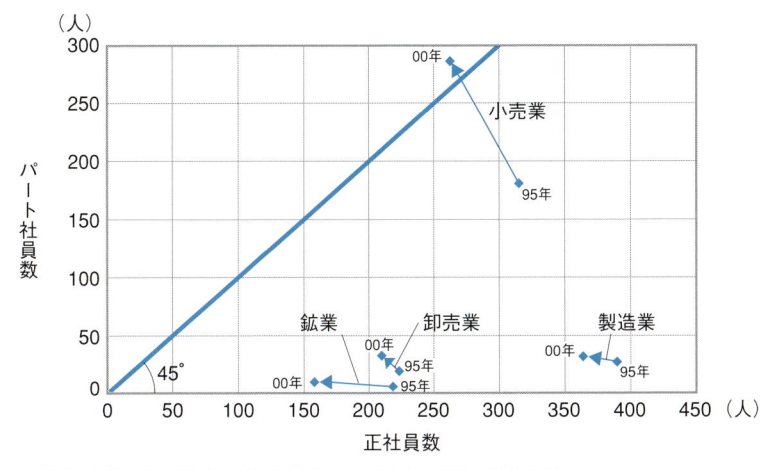

(資料) 経済産業省編『企業活動基本調査』1997年・2002年の各第1巻。

図9.5　1社当たりのリストラ進行状況（1995〜2000年）

いるように思われます。このような影響は，化学と輸送用機械で明確に現れています。

　一方，リストラの程度を企業内の雇用形態別の常時従業者数でみると，図9.5のようになります。この図では，横軸に正社員数，縦軸にパート社員数をとっているため，縦軸と横軸の数値を合計すると常時従業員総数となるほか，45度線が正社員＝パート社員となる等従業員数を示しています。1社当たり従業者数のもっとも多い小売業は，正社員数を減らし，反面ではパート社員数を増やして従業員数を増加させたほか，2000年にはパートが正社員を上回るようになりました。その他の業種は，いずれもパート社員数をほとんど増やさないで正社員数を減らして，従業員総数を減少させていたことがわかります。全体としてみると，リストラの実施とパート社員の増加が同時に進行していることが確認されます。

◯ 大企業に偏った財務関連統計

　企業統計の整備が遅れているため，財務内容等の企業活動に関する情報が入手できないかというと，そうとも限りません。なぜなら企業によっては，有価証券報告書や営業報告書などの決算資料が入手できるからです。すなわち有価証券報告書では，複式簿記の原理にしたがって，損益計算書（Profit and Loss Account：P/L）と貸借対照表（Balance Sheet：B/S）の2種類の表のほか[4]，主要製品や工場・設備投資状況，連結決算（つまり企業集団）データなど多様な情報が公表されています。このような有価証券報告書等の情報を集計した財務関連統計として，財務省の法人企業統計や三菱総合研究所による企業経営の分析などがあげられます。

　このうち法人企業統計は，その名のとおり法人企業を対象とした代表的な財務関連統計であり，年報と季報の2種類が作られています。年報は，金融・保険業を除く法人全企業を対象として，その営業報告書など確定決算の計数を利用して作成した指定統計であり，企業統計のうちもっとも広範囲の財務データを提供しています。これに対して季報は，年報と異なり資本金1,000万円以上の法人大企業に限定されています。また季報では，仮決算の計数を調査しているため，確定決算の計数を調査している年報と厳密には接続できません。ただし四半期別のデータが入手できるため，景気動向の把握に適しています。

　いま，法人企業統計を利用してROA（Return On Assets：総資産利益率）を規模別に計測すると，図9.6のようになります。ここでROAとは，企業の税引き後利益（当期利益）を総資産で割った数値であり，経営資源である総資産を効率的に活用して利益に結びつける力の程度を示す指標です。この図によると，80年代後半から90年代初頭にかけて6％台であったROAが，その後急激に低下しましたが，2000年代に入って規模間格差をと

　4）P/L，B/Sの基本的考え方や，そのデータを使用した分析方法は，谷沢『現代日本の経済データ』の142〜145頁を参照してください。

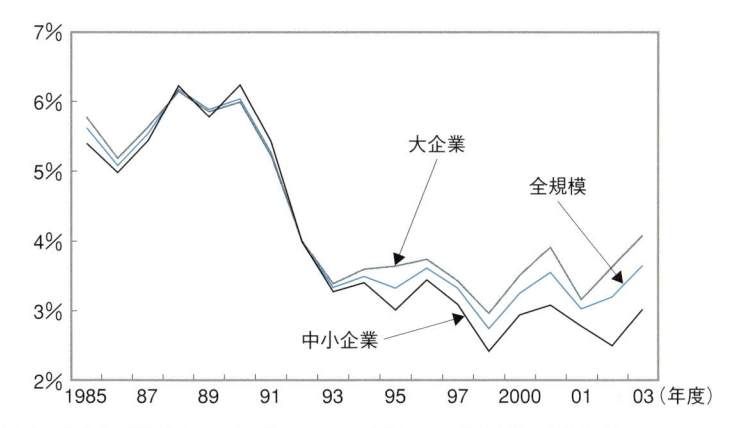

(注) 大企業は資本金1億円以上，中小企業は同1000万円以上，1億円未満の企業を示す。
(資料) 『平成16年版 経済財政白書』21頁の第1-2-6図

図9.6 規模別ROAの推移

もないながら，徐々に上昇していることが確認できます。

もっとも法人企業統計は，資本金階層ごとの抽出率が極端に異なっている問題点を抱えています。ちなみに2005年1～3月期では，1,000万円以上1億円未満階層の回答企業数の抽出率が0.6％しかないため，全数調査である10億円以上との間で回答データの信頼性に大きな差が発生している可能性があります。そもそもこの統計は，SNA統計の資本ストック等の推計にあたって利用されるなど，数少ない企業部門の1次データであるため，今後は中小企業レベルの精度を上げる必要性が求められています。

○ 倒産定義と倒産統計

企業は事業を拡大・発展するばかりでなく，最悪の場合には経済的破綻に至ることもあります。このような倒産の定義に関して，現在のところ統一的な法律は存在しませんが，慣例上から① 銀行取引停止処分，② 会社更生法

の適用，③ 民事再生法の適用，④ 破産法上の破産申請，⑤ 特別清算，⑥ 内整理，のいずれかに該当する事例を倒産とみなしています。つまり倒産とは，多様な破綻現象の寄せ集めなのです。

このうち銀行取引停止処分とは，6ヵ月以内に2回目の不渡手形を出した会社が，銀行による資金の供給を停止されたことです。主に銀行や手形交換所の不渡り情報等から判断しており，いずれの場合も各銀行によって独自に作成された銀行取引約定書の契約内容にもとづく任意の措置です。倒産の9割以上がこのケースです。また民事再生法は，和議法の見直しを求めて2000年4月より施行された法律です。このため①と⑥が「任意整理」，②〜⑤が「法的整理」であると分類することができます。

このような企業倒産に関する統計は，公的統計では作成されておらず，民間信用調査機関（東京商工リサーチ，帝国データバンク）によって毎月公表されています。ここで集計されている倒産件数は，負債総額1,000万円以上に限定されていますが，この基準は1950年代より変更されていません。

○ 倒産関連の主要指標

負債総額1,000万円以上という基準は，経済の成長にともなって法人企業数や物価が変動することを考慮すると，かならずしも適切な基準ではありません。このため東京商工リサーチでは，倒産の状況を経時的に把握するために以下の2つの指標を補足的に公表しています。なお定義式左辺のカッコ内は，単位を示しています。

[1件当たり実質負債額]

$$1件当たり実質負債額(円) = \frac{1件当たり負債総額}{GDEデフレーター} \quad (9.6)$$

ここでGDEデフレーターのGDEとは，Gross Domestic Expenditure（国内総支出）の略です。詳しくは，第3章の3.6節を参照してください。

[倒産発生率]

$$倒産発生率(\%) = \frac{倒産件数}{法人企業数} \times 100 \tag{9.7}$$

倒産件数は個人企業を除いた数字，法人企業数は『国税庁統計年報書』に掲載されている普通法人数を採用しています。

*

本来，企業倒産は，景気変動との間に逆相関（つまり景気が悪くなると倒産が増え，良くなると倒産が減少するという関係）があると想定されますが，現在は上記の各指標を使用したとしても，この関係が抽出できるとは限らないようです。このためかつては景気動向指数の先行系列に含まれていましたが，現在は採用されていません。みなさんも動きを検討してみてください。

練 習 問 題

9.1 ある工場は，多角化やリストラによってその所属産業が変更されたといいます。このような変更はいかなる理由からおこったのでしょうか。

9.2 企業活動の結果表れる付加価値は，統計によっていかに定義されているのでしょうか。またそれを使用する際に留意すべき点は何でしょうか。

9.3 最近は企業の開業意欲が低下していると指摘されていますが，このような開業率はいかなる方法で推計できますか。

9.4 倒産の定義が近年変更されましたが，それはいかなる理由によるのでしょうか。

参 考 文 献

通商産業大臣官房調査統計部編『指数の作成と利用―鉱工業指数読本』(第三版) 通産統計協会,1994 年。

同編『平成 7 年 (1995 年) 基準第 3 次産業活動指数の解説 (全産業活動指数を含む)』(第 2 版),2000 年。

野村浩二『資本の測定』慶應義塾大学出版会,2004 年。

第 10 章

財政統計

　家計・企業部門とともに政府部門についても，関連統計を説明しましょう。ただし同部門は，中央政府と地方政府の2つに大別されるほか，その活動の基礎となる財政制度が一般会計・特別会計など細かく分割され，これらが複雑に関連しています。このため財政統計が統計データのなかでもっとも整備の遅れている分野の一つであり，政府部門を統一的に把握することは困難ですが，いま同分野では財政再建下で統計の整備が急速に進められています。以下では中央政府に限って，歳入・歳出別制度を統計と関連させて紹介したうえ，比較的利用されることの多い主要指標や公共投資統計を解説します。

○ KEY WORDS ○
中央・地方政府と一般政府，
一般会計と一般歳出，赤字国債，財投債，
特別会計，国民負担率，潜在的国民負担率，
プライマリーバランス，
公共投資の把握方法，真水

10.1　中央財政の範囲

○ 異なる中央財政の範囲

　現代の政府部門は巨大化・複雑化しており，かならずしも統計上で実態を明確に把握されているわけではありません。

　とりあえず中央財政（あるいは国家財政）を財政制度上から分類すれば，一般会計，特別会計，政府関係機関の3部門となります。一般会計とは，税金などを基本的収入として，社会保障・教育などの国の基本的経費を賄う会計です。これに対して特別会計とは，国が特定の事業を営む場合や特定の資金を保有してその運用を行う場合に設定された会計です。特別会計は特定の歳出にあてるため，一般の歳入・歳出と区別しつつ経理を行う必要がある場合に設けることが，財政法によって決められています。

　さらに政府関係機関は，財政投融資計画（以下，財投計画という）と関連させて説明する必要があります。財投計画とは，市中金融機関と特別会計からの資金を原資として，この原資を政府関係機関等（いわゆる財投機関）へ投融資する資金の調達・運用計画のことです。ただしこの計画は，国会の予算審議（あるいは財政法）の対象外であり，単に予算審議の参考資料として提出されているにすぎません。それゆえ財投を第二の予算と呼ぶことがありますが，財投が予算の実行を伴っているわけではありません。ただし財投機関のうち個別の法律によって設立された全額政府出資の法人（政府系金融機関など）は，その予算が国会の議決を必要とするため，財投計画は国会審議を間接的に受けていると考えられます。

　ところで以上のような財政制度上の分類に対して，SNA統計では統計制度上から「一般政府」という分類が採用されています。この分類は，表10.1のように中央政府と地方政府のみならず，社会保障基金までも含め

表 10.1　93SNA における政府部門の範囲

SNA 統計上の分類	中項目	小項目	代表的組織
一般政府	中央政府	一般会計	（公務員賃貸住宅を除く）
		特別会計	造幣局，国有林野，国債整理基金，電源開発促進対策等
		公団	石油（石油備蓄勘定）
		事業団	科学技術振興，宇宙開発，国際協力，金属鉱業，中小企業等
		独立行政法人	（日本貿易振興会を除く）
		その他	北方領土問題対策協議会，国民生活センター，国際交流基金等
	地方政府	普通会計	（住宅，造林等を除く）
		事業会計	下水道，公益質屋
		その他	財産区，地方開発事業団，港湾局
	社会保障基金	特別会計・事業会計	＜中央＞厚生保険，船員保険，国民年金，労働保険
			＜地方＞国民健康保険（事業勘定），老人保険事業，介護保険事業（事業勘定）
		事業団	日本私立学校振興・共済
		共済組合等	農林漁業団体職員，国家公務員，地方公務員，地方議会議員，国民健康保険等
		基金	社会保険診療報酬支払，農業者年金，地方公務員災害補償等
公的企業	中央	一般会計	公務員賃貸住宅
		特別会計	一般政府以外の特別会計
		公団	石油（石油備蓄勘定を除く），公庫，特殊銀行，営団
		事業団	社会福祉・医療，農畜産業振興，中小企業総合，運輸施設整備，簡易保険福祉等
		その他	日本原子力研究所，理化学研究所，日本貿易振興会，日本育英会等
	地方	普通会計	住宅，造林等
		事業会計	公営企業会計等
		公社	地方住宅供給，土地開発，地方道路

（注）　93SNA における厳密な政府部門の分類は，内閣府『国民経済計算年報』（平成 17 年版）2005 年の「国民経済計算における政府諸機関の分類」を参照のこと。
（資料）　財務省主計局編『財政統計（平成 16 年度）』2004 年，10 頁をもとに作成。

た部門として定義されています。また財政投融資制度のもとで事業を行っている政府系金融機関は，その予算額が国会の承認を必要としますから，財政法上は政府部門とみなされていますが，SNA統計上では公的企業として企業部門に分類されます。

このように財政統計で対象となっている中央政府とSNA統計における「一般政府」では，その定義が一致していないことに注意してください。政府の経済活動を検討する際には，常に確認を迫られるやっかいな問題です。この場合には，『国民経済計算年報』に「国民経済計算における政府諸機関の分類」（平成17年版では（20）〜（28）頁）が掲載されていますので，この表で個別会計や個別機関ごとの経済活動別分野（第3章の3.3節を参照）を確認することが便利です。

○ 国は903億円の債務超過

以上のように政府部門は，各種の会計によって複雑に分割されているため，それを統一的に把握する必要があります。それにもかかわらず政府・自治体で使用される公会計では，企業会計の複式簿記が採用されておらず，現金主義で記帳されるなど，つい最近までそのような努力はなされていませんでした。ただしそのような試みの重要性は，徐々に政府部内でも認識されています。そのきっかけとなったのは，1999年5月に「構想日本」という民間シンクタンク（代表者：加藤秀樹慶大教授）が，アメリカ等で実施されている政府部門の貸借対照表（B/S）に準拠して，わが国でも一般会計と特別会計を併せたB/Sを作成するという試みでした[1]。

同機関の作成した1997年3月31日現在のB/Sによると，わが国中央政府は903億円の債務超過（つまり事業を清算しても負債が残る状況）であったといいます。そしてこのような最悪の状況となった理由として，厚生年金

---

1) 詳しくは，加藤秀樹「初試算，債務超過九百億円，日本国のバランスシート」『月刊文藝春秋』1999年5月号を参照のこと。

に関わる債務が 780 兆円という巨額の金額になったことをあげています。また国債と借入金の合計（負債）がインフラ資産の総計を 100 兆円以上も上回っているとしています。加藤教授は，行政においてコスト意識をもたせるためにも，単年度主義にもとづく均衡予算を採用するのではなく，B/S を作成することが必要であると指摘しています。

このような民間の動きに対応して，旧大蔵省でも「財政事情の説明手法に関する勉強会」を立ち上げて，1999 年 3 月末の B/S を作成しました[2]。作成にあたって，公的年金の負債に関する考え方がかならずしも一本化されておらず，同時点における債務超過額を 132 兆円，270 兆円，776 兆円と，3 種類発表していました。このため構想日本の推計とかならずしも整合的ではありませんが，やはり大幅な債務超過であることには変わりありません。

その後政府は毎年，B/S を作成しており，2000 年度版から特殊法人等を含めた連結 B/S も作成しています。さらに 2003 年 6 月に取りまとめられた「公会計に関する基本的考え方」にもとづいて，省庁別の B S と P L（損益計算書）がまとめられるようになりました。いまのところ政府部門の P/L は作成されていませんが，将来的には連結ベースの P/L・B/S が整備されるべきでしょう。

ただしこのような動きは非常に重要なことではありますが，もともと利益を拡大させることを組織の命題としていない公的部門にとって，作成された B/S をいかに活用するか，その分析方法についてはかならずしもコンセンサスが得られているとは思われません。これも併せて検討しなければならない課題でしょう。

2）詳しくは，財政事情の説明手法に関する勉強会編『国の貸借対照表（試案）』2000 年 10 月。また財務省の B/S に関するホームページ（http：//www.mof.go.jp/jouhou/syukei/bstop.htm）も参照のこと。

10.2　個別会計の概要

◯ 一般会計の歳入分類

　一般会計の資金調達（歳入）は通常，① 租税及び印紙収入，② 官業益金及び官業収入，③ 政府資産整理収入，④ 雑収入，⑤ 公債金，⑥ 前年度剰余金受入に分けられます。ここで，②は官業益金として印刷局特別会計受入金，官業収入として一般会計の病院収入，③は国有財産処分収入及び回収金等収入，④は国有財産利用収入と日銀及び中央競馬会等からの納付金等です。

　以上の各歳入項目のうち，租税（すなわち国税）収入と公債金（同，国債の発行額）が大きな割合を占めています。ちなみに 2004 年度一般会計歳入予算 82 兆 1109 億円（当初予算）では，租税収入（50.8％），公債金（44.6％）となり，租税収入で一般会計が十分に運用できない深刻な状況となっています。

　なお予算額は，それぞれの省庁ごとに資料としてまとめられていますが，その膨大な金額の内容が理解しやすく，しかも執行が容易で責任の所在も明確にされるように，歳入予算では「主管別」，「部」，「款」，「項」，「目」といった名称で分類されています。例えば，（主管別）財務省，（部）租税及印紙収入，（款）租税，（項）所得税，（目）源泉所得税といった具合です。このうち項までは，国会の議決が必要な部分とされています。これらは，民間企業の決算資料等と比較して大きく異なる点ですので，利用にあたって一つの目安にしてください。

◯ 国債の多様化

　国債は租税に次ぐ財源となっており，その発行残高が常に注目されていま

表 10.2　国債の分類

分　類	概　要
＜発行根拠法別分類＞	
新規財源債　建設国債	投資的経費を賄う国債（財政法 4 条）
特例国債	経常的経費を賄うために緊急避難的に発行された国債（特例公債法）
借換債	国債償還資金の借り換えのための国債（国債整理基金特別会計法 5 条 1 項，5 条 2 項）
財政融資資金特別会計国債（いわゆる財投債）	財政融資資金特別会計の資金調達のために発行（財政融資資金特別会計法第 11 条）
＜償還期間別分類＞	
超長期国債	償還期限 15 年，20 年，30 年の国債
長期国債	同　10 年の国債
中期国債	同　 2 年，5 年の国債
短期国債	同　 6 カ月，1 年の国債（Treasury Bills：TB）
＜債券形態別分類＞	
利付国債	償還期限までに，定期的に利払いを約束した国債　変動利付と固定利付の 2 種類がある
割引国債	償還期限までの利子相当額があらかじめ額面金額から差し引かれて発行された国債
物価連動国債	元金や利払額が物価の動向に連動して増減する国債

（資料）　財務省編『日本国債ガイドブック 2005』2005 年より作成。

す。例えば 2006 年度の予算編成にあたって，小泉純一郎首相は新規国債発行額を 30 兆円に抑える方針を打ち出しています。このような状況下で国債も多様な種類が発行されていますが，通常は発行根拠法別，償還期限別，債券形態別などに分類されています[3]。各分類別の概要は表 10.2 を参照してください。ここでは，発行根拠別分類について若干説明しておきます。

そもそも国の歳出は，財政法第 4 条において原則として公債や借入金以外の歳入をもって財源としなければならないとされています。この条文は，戦前期に経常的支出の不足を日銀引受による赤字公債の発行で調達したため，急激なインフレーションを引き起こした反省にもとづいてつくられました。

3）詳細は，財務省編『日本国債ガイドブック 2005』2005 年を参照。

ただし近年のように，財政収入が著しく不足している場合には，経常収入を補う目的で国債を発行せざるをえません。これがいわゆる赤字国債と呼ばれる特例国債です。

一方，道路，住宅，港湾などの投資的事業は，経常的収入でまかなうことは困難であるため国債に依存することが認められています。このような投資的事業の原資となる国債が建設国債です。また2001年度に実施された財政投融資制度の改革にともない，その機関（財投機関）の資金調達のために発行されるようになった国債が，いわゆる財投債（財政融資資金特別会計国債）です。この国債は，その返済財源が財投機関からの貸付回収金であるため，SNA統計上では政府の債務には分類されていませんが，国債残高の議論ではもちろん含めています。

なお，近年は国債の大量消化を円滑に行うために，国債の発行が多様化しています。すなわち1999年9月から30年もの超長期国債，2003年3月から個人向け国債（変動金利型），2004年3月から物価連動国債が，それぞれ発行を開始したほか，2006年1月からは個人向け国債（固定金利型）も発行される予定です。

○ 多岐にわたる歳入関連統計

一般会計の歳入関連データは本来，財務省の発行する予算・決算書から包括的に入手できればよいのですが，現状ではかならずしも入手しやすくはありません。また独特の用語が使用されているなど，データを解釈することも容易ではありません。このような状況のなかで，比較的容易に入手できる統計として，財務省主計局編『財政統計』や財務省財政金融研究所編『財政金融統計月報―予算特集』（毎年5月号）があげられます。これらの統計は，中央政府の歳入・歳出全般にわたるデータが収録されています。

租税関連に限定すると，表10.3のような統計があげられます。租税全般のデータは『国税庁統計年報書』によって入手できます。さらに個人所得税

表 10.3 主要な租税関連統計の概要

	租税全般	申告所得税標本調査	民間給与実態統計調査	会社標本調査
調査機関	国税庁官房企画課	同左	同左	同左
掲載資料名	国税庁統計年報書	税務統計から見た申告所得税の実態	税務統計から見た民間給与の実態	税務統計から見た法人企業の実態
統計の種類	業務統計（集）	業務統計	指定統計（第77号）	業務統計
根拠法	所得税法，法人税法，相続税法など	所得税法	―	法人税法
調査周期	毎年	同左	同左	同左
調査方法	―	標本調査	同左	同左
調査客体	―	申告納税者（約1489万7000人）	給与所得者（約4573万8000人）	活動中の法人企業（約240万7000社）
調査数	―	約5万8000人	約28万6000人	約6万5000社
抽出率	―	0.4%	0.6%	2.7%
調査項目	申告所得税・源泉所得税・法人税・相続税などに関する項目	給与収入階級・所得種類別の人員，同所得金額など	源泉所得税に関する性・業種・年齢・給与階級・企業規模・勤続年数別の給与所得者数，給与額，源泉徴収義務者数など	法人税に関する業種別・資本金規模別の法人数，資本金，利益計上法人数，欠損法人数，営業収入金，所得金額，交際費，寄付金など

のうち申告所得税関連は申告所得税標本調査，源泉所得税は民間給与実態統計調査，法人税は会社標本調査より，それぞれ入手できます。これらの租税関連データは，いずれも全国に分布する各税務署へ提出された課税申告書のデータを加工した業務統計です。このため他の統計と比較しても調査数が多いですが，納税者等しか対象とならないなど集計対象が限定されているため，利用にあたっては注意すべきです。国債全般に関しては，財務省の『国債統計年報』がもっとも体系的なデータを提供しています。

○ 一般会計の歳出分類

一般会計の歳出に限ると，表 10.4 のように主要経費別，目的別，使途別の３つの分類が採用されています。

[主要経費別分類]

一般会計の歳出分類のうち，その年度の政府に要請される諸施策にいかに配分されるかをもっとも端的に示す分類です。通常，公共事業費や防衛費などの金額が議論されるときには，この分類上の金額が使用されています。

ここで国債費は，一般会計の負担に属する国債及び借入金の償還並びに国債，借入金及び一時借入金の利子等の支払に必要な経費であって，国債整理基金特別会計へ繰り入れるものです。また産業投資特別会計への繰入は，「日本電信電話会社の株式の売却収入の活用による社会資本の整備の促進に関する特別措置法」（昭和62法86）に基づき，産業投資特別会計へ繰り入れるために必要な経費です。

以上の各項目のうち，国債費，地方交付税交付金などを除いた項目は，「一般歳出」と呼ばれて，予算の性格上から常に注目されています。なぜなら一般歳出以外の項目は，いずれも年度当初に自動的に決められる経費であるのに対して，一般歳出は経済政策に応じて規模や内容を変えることができるからです。

[目的別分類]

この分類は，国土保全及び開発費，産業経済費，社会保障関係費というように，政策の基本目標に従った分類です。なお国家機関費とは，国家の基本的機能である司法，警察及び徴税等の諸経費と各行政官庁の本省経費を主体とした経費であり，主要経費別分類ではその他の事項経費に含まれています。

[使途別分類]

これは，人件費，物件費，施設費，補助費，委託費というように，経費の使途別に分類したものです。これらの分類は，予算書の「目」という分類を集計することによって作成されています。ただしこのなかには，予算使用上

表10.4 一般会計予算の歳出分類（2004年度）

(単位：％)

主要経費別分類		目的別分類		使途別分類	
項目	構成比	項目	構成比	項目	構成比
・社会保障関係費*	24.1	・国家機関費	5.3	・人件費	5.1
・文教及び科学振興費*	7.5	・地方財政費	20.1	・旅費	0.1
・国債費	21.4	・防衛関係費	6.0	・物件費	3.4
・恩給関係費*	1.4	・国土保全及び開発費	8.6	・施設費	1.3
・地方財政関係費	20.1	・産業経済費	3.7	・補助費・委託費	30.2
・防衛関係費*	6.0	・教育文化費	7.1	・他会計へ繰入	57.4
・公共事業関係費*	9.5	・社会保障関係費	25.8	・その他	2.7
・経済協力費*	0.9	・恩給費	1.4		
・中小企業対策費*	0.2	・国債費	21.4		
・エネルギー対策費*	0.6	・予備費	0.4		
・食料安定供給関係費*	0.8	・その他	0.2		
・産業投資特別会計への繰入	0.1				
・改革推進公共投資事業償還時補助	0.5				
・その他の事項経費	6.4				
・予備費	0.4				

(注) 主要経費別分類のうち＊印の項目は，一般歳出を示す。
(資料) 財務省編『財政統計（平成16年度版）』2004年，23-37頁より作成。

の便宜から厳密には使途による分類でない「目」（例えば庁費，他会計への繰入れなど）があるため，諸経費の最終的支出形態を十分に反映しているとはいえません。さらに他会計への繰入が6割弱に達していることは，予算管理を複雑化しているため，健全な予算管理を行っているとはいえません。

○ 31の特別会計

次に特別会計は2005年4月現在31会計（事業特別会計25，資金運用特別会計2，その他4）あり，各歳入・歳出は個別の特別会計法にもとづいて実行されています。その事業内容や経理手法等は極めて多様ですが，

表 10.5　特別会計の概要

企業特別会計	保険事業特別会計	公共事業特別会計	行政的事業特別会計
・国有林野事業	・地震再保険 ・厚生保険 ・船員保険 ・国民年金 ・労働保険 ・農業共済再保険 ・森林保険 ・漁船再保険及漁業共済保険 ・貿易再保険	・国営土地改良事業 ・道路整備 ・治　水 ・港湾整備 ・空港整備	・登　記 ・特定国有財産整理 ・国立高度専門医療センター ・食糧管理 ・農業経営基盤強化措置 ・特　許 ・自動車損害賠償保障事業 ・自動車検査登録
融資事業特別会計	資金運用特別会計	整理区分特別会計	その他
・産業投資 ・都市開発資金融通	・財政融資資金 ・外国為替資金	・交付税及び譲与税配付金 ・国債整理基金	・電源開発促進対策 ・石油及びエネルギー需給構造高度化対策

(注)　各会計の正式名称は，上記名称の後に「特別会計」という用語が付く。
(資料)　財務省主計局編『財政統計（平成16年度）』2004年，4～6頁より作成。一部修正。

表 10.5 のように 8 つのグループに大別できます。

[企業特別会計]

　公共性の強い継続的な事業をできるだけ効率的に運営し，その収支を明確にするための会計であり，現在は国有林野事業の 1 会計だけです。

[保険事業特別会計]

　民間の保険事業にのりにくい特殊な保険，再保険，社会保険的なもの（厚生保険，国民年金など）と，自然条件に左右されやすい産業の安定を確保するための農業共済再保険や輸出に伴うリスクをカバーするための貿易再保険に分けられます。現在，9 会計あります。

[公共事業特別会計]

　企業特別会計と同じく，公共性の強い継続的な事業をできるだけ能率的に運営し，その収支を明確にするための会計ですが，一般会計における公共事

業と同じ性格を融資，公共性をもちません。現在，道路・港湾・空港など5会計あります。

[行政的事業特別会計]

行政的性格の強い事業の経理を明確にするための会計であり，登記，食糧管理など8会計があります。

[融資事業特別会計]

産業の開発及び貿易振興のため，または都市施設等の用地であらかじめ確保しておく必要があるものなど，公的資金を振り向けるものです。産業投資と都市開発資金融通の2会計あります。

[資金運用特別会計]

国民経済の各分野の安定的発展を確保するため，資金の運用をもって公共の利益の増進や取引の円滑化をはかることを目的とした会計です。財政融資資金と外国為替資金の2会計があります。

[整理区分特別会計]

一定の資金の出入りを整理してその経理状況を明確にする会計です。交付税及び譲与税配付金，国債整理基金の2会計があります。このうち交付税は，実質的に国から地方自治体への財源の再分配を行っているにすぎないため，財政再建のなかで自治体への税源移譲問題を引き起こしています。

[その他]

以上のいずれにも属さない特別会計のことです。

*

これら特別会計のうち，毎年のように損失が計上されているもの（国有林野，食糧管理，漁船再保険及び漁業共済保険など），借入残高や一般会計からの繰入が多額であるもの（空港整備，国営土地改良事業，特定国有財産整備など），民間に移管すべき福祉施設を有しているもの（厚生保険，国民年金，労働保険など），財政審議会で見直しを提起されている保険事業（森林保険，地震再保険，船員保険など）などのさまざまな問題を抱えています。このため現在，経済財政諮問会議や財政制度等審議会などで，特別会計の見

直しが行われています（詳細は，これらのホームページを参照のこと）。

◯ HPで公開し始めた財投機関情報

　財投計画は，政府が国の信用にもとづいて調達した資金等にもとづいて，民間では困難な大規模・超長期のプロジェクトを実施する計画です。2004年度の財投計画（当初計画）額は20兆4,894億円であり，同年度の一般会計歳出（82兆1,109億円）の25％にも達しています。当制度は2001年度から抜本的に改正され，財政融資資金特別会計がその資金を財投債という名称の国債で市場より調達し，その資金を繰り入れることとなりました。そしてこの資金は，日本道路公団などの事業資金や日本政策投資銀行など政府系金融機関の融資額となるほか，一部は地方公共団体へ貸付けられています。

　財投計画は，その資金量や事業分野などからみて極めて大きな公的部門であるにもかかわらず，従来はこれらの財政投融資を実行する機関（いわゆる財投機関）の事業内容を詳細に公表した統計はほとんど作成されていませんでした。わずかに財務省で編集している『財政金融統計月報―財政投融資特集』（毎年7月号）や『財政金融統計月報―政府関係金融機関特集』（2年に1度，10月号）などが，部外者が入手できる貴重な統計でした。

　ただし最近では，財投機関のホームページにおいて，その業務関連資料を公開するようになりましたので，これを参考にしてください。例えば政府系金融機関では，特殊法人会計基準が採用されており，民間金融機関における貸付金の独自査定（つまり金融庁の検査マニュアルと異なる査定），退職給付引当金制度や金融商品の時価評価が行われていませんでした[4]。しかし最近のホームページでは，企業会計規則に準拠しつつ，上記の情報も含めた資料を公表しています。また財務省では，政策の重要性，償還確実性，民業補完性，一般会計の政策との整合性などを十分に吟味して，「政策コスト分析」を実施するなど，民間企業にはない資料の情報公開も進んでいます。

　4）この点は，日本政策投資銀行編『特殊法人等会計処理基準準拠決算』2005年, 16頁による。

10.3 主要な財政指標

○ 中央財政関連の主要指標

中央財政関連の指標として，以下のような指標が比較的よく使用されています。なお定義式左辺のカッコ内は，単位を示します。

[一般会計歳出額対 GDE 比]

$$一般会計歳出額対\ GDE\ 比(\%) = \frac{一般会計歳出額}{名目\ GDE} \times 100 \quad (10.1)$$

[国債依存度]

$$国債依存度(\%) = \frac{国債発行額}{一般会計歳入額} \times 100 \quad (10.2)$$

なおここでの国債とは，赤字国債（つまり特例国債）のことです。

[租税負担率]

社会全体で1年間に発生させた付加価値総額のうち，租税として徴収された金額の割合のことです。ここで租税収納額は，国税と地方税の合計額です。

$$租税負担率(\%) = \frac{租税収納額}{名目国民所得} \times 100 \quad (10.3)$$

[国民負担率]

国民の負担は，租税のほか社会保険負担も考えられますから，これを加えた負担の程度が国民負担率です。この指標は，財務省が財政改革にあたって常に利用する統計です。

$$国民負担率(\%) = \frac{租税収納額 + 社会保険負担額}{名目国民所得} \times 100 \quad (10.4)$$

[潜在的国民負担率]

財政赤字は，将来世代への負担の先送りと考えることができます。そこで

租税・社会保険負担にこの財政赤字を加えた国民負担率を，潜在的国民負担率と呼んでいます。政府は，この比率が今後とも50％を超えないようにしようと想定しています。

$$潜在的国民負担率(\%) = \frac{租税収納額+社会保険負担額+財政赤字額}{名目国民所得} \times 100 \quad (10.5)$$

[実効税率]

税負担の程度を負担者別にみた場合の指標です。代表的なものとして法人の実効税率をみると，以下のとおりです。

$$法人の実効税率(\%) = \frac{法人税額+法人事業税額+法人住民税額}{法人所得} \times 100 \quad (10.6)$$

[直間比率]

租税総額のうち直接税がどの程度の割合で徴収されたかを示す指標です。ちなみに直接税とは，納税義務者と担税者が一致する税目であり，所得税，法人税，相続税，贈与税が該当します。わが国では，この比率が他国と比べて高いことが知られています。

$$直間比率(\%) = \frac{直接税}{国税収入} \times 100 \quad (10.7)$$

○ 注目されるプライマリーバランス

以上の指標のほかに，財政再建の議論でしばしば利用されるようになった概念として，プライマリーバランスがあげられます。これは，「借入を除く税収等の歳入－過去の借入に対する元利払いを除いた歳出」と定義される金額であり，基礎的財政収支とも訳されています。

例えば，この金額が均衡している状態では，公債金収入（新たな借金）が債務償還費（借金の返済）と利払費のみに充当されるため，債務残高は利払

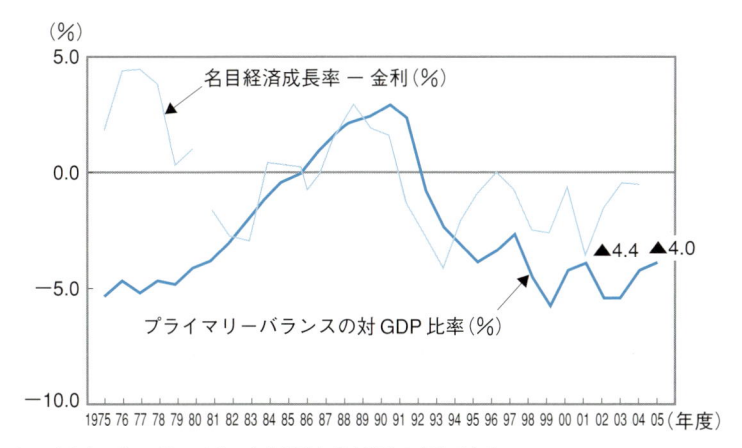

(注) 1．プライマリーバランスは，中央財政と地方財政の合計である。
    2．プライマリーバランスは，財政赤字－ネット利払費（93SNAベース）により算出。
(資料) 木下康司編『図説 日本の財政』東洋経済新報社，2005年，54頁，第Ⅰ.3.13図を一部修正。

図10.1 プライマリーバランスの推移（対GDP比率）

費分だけ増大します。そしてこの場合，仮に名目GDPの成長率が名目利子率に等しければ，債務残高は名目GDPと同率で増大しますから，結果として債務残高の対GDP比率は一定に保たれます。もしプライマリーバランスが赤字ならば，債務残高の対GDP比率は増大し，反対に黒字ならば対GDP比率は縮小します。このようにプライマリーバランス（またはプライマリーバランスの対GDP比率）の均衡は，持続可能な財政運営にとって重要な指標となっています。

ちなみにわが国（中央財政＋地方財政）のプライマリーバランスの対GDP比率は，図10.1のようにバブル崩壊後の93年度より大きくマイナス水準が続いており，この比率は2005年度に4.0％の赤字になっています。この背景には，もちろん税収等が伸び悩んでいることがありますが，図より名目経済成長率が名目金利を下回っていることも影響していることがわかります。そしてこの赤字を補填するために，特例公債（赤字国債）の発行額が

急激に増大しているのです。

政府は財政健全化のため，プライマリーバランスの黒字化を目指しています。例えば経済財政諮問会議が2002年1月にまとめた「構造改革と経済財政の中期展望」では，2010年代初頭に黒字化を達成することを目標に掲げていますが，その達成は非常に困難なものです。

10.4 公共投資統計

◯ 多数ある公共投資統計

最後に，公共投資統計について紹介します。そもそも公共投資統計は，景気浮揚の観点から常に注目されるほか，社会資本ストックを作成する基礎資料としても利用される，極めて重要な統計です（ちなみに社会資本ストックは，民間の資本ストックと同様に生産活動に関与する，重要な生産要素です）。そこで数ヵ月単位でデータを公表している統計に限ると，表10.6のような統計があります。

まず公共投資の把握方法は，公共投資を発注した側（政府，地方自治体，公社公団など）から把握する方法と，受注した建設業者側から把握する方法の2つが考えられます。表10.6では公的固定資本形成が受注側と発注側の両方のデータを使用した統計ですが，これ以外の統計はいずれも受注側データにもとづいて作成されています。ただしこれらのデータは，速報性を重視した月次データであるがゆえに，もっともカバレッジの高い公的固定資本形成と比較して低くなっています。すなわち建設工事受注は，大手50社のみ集計しているため14.2%ともっとも低いのに対して，公共工事請負額は前払保証契約を締結した工事のみですが，67.7%までカバーしています。

次に計上時期についてみると，各統計が入札→請負契約→着工→完成→工

表 10.6 公共投資統計の概要

指標名	掲載統計名	調査方法	調査範囲	計上時期	公表時期	カバレッジ
建設工事受注額（官公庁）	建設工事受注動態統計	大手50社に対する調査票を集計（A調査）	大手50社。	工事契約締結時。	翌月末	14.20%
公共工事着工評価額	建設工事受注動態統計	建設業許可業者のうち，公共工事の施工高に応じ約1万2千業者を抽出して調査(56万業者分に復元し発表)。	1件100万円以上の工事。	同 上	翌々月10日	42.50%
公共工事請負額	公共工事前払金保証統計	前払金保証契約の締結工事から集計。	前払保証を適用する大規模工事。	保証契約締結時。	翌月15日	67.70%
公共工事出来高	建設総合統計	建設工事受注動態統計等をもとにして推計。	着工ベースから進捗ベースに加工して工事高を推計。	（進捗状況を推計）	翌々月15日	80.30%
公的固定資本形成	国民経済計算統計	地方公共団体消費状況等調査，建設総合統計（出来高）から推計。	公的部門の固定資本への支出を進捗ベースで推計。	（進捗状況を推計）	当該四半期終了後概ね2ヵ月半後	—

(注) 1. 上記の統計のほかに，『行政投資』の行政投資額があるが，年データであるため除外した。
    2. カバレッジとは，各統計の公的固定資本形成（名目ベース）に対する割合（1998年度）。
(資料) 経済企画庁編『平成12年版，経済白書』2000年，326頁を一部修正。

10.4 公共投資統計

事代金の支払→決算書への記入といった建設工事の一連の流れのなかで，どの時点のデータを調査しているのかによって異なっています。この流れに沿ってみると，建設工事受注・公共工事着工評価額（契約時）→公共工事請負額（契約時より半月遅れ）→公共工事出来高・公的固定資本形成（出来高）となります。ちなみに公共工事着工評価額と公共工事出来高との間では，ほぼ1ヵ月のラグがあることが確認されています。

◯ 公共投資データの問題点

多数の公共投資データがあるものの，実際にそれを利用する際には，以下のような問題点に注意すべきです。まず，もっとも包括的な数値である公的総固定資本形成が，どのように作成されているかかならずしも明確でないことです。とくに公的固定資本形成の四半期別データは，年間データに過去の標準的な進捗率を乗じて推計されているため，実態を正確に把握しているとは限りません。この点は今後，推計方法の明確化等に関して公表されることが望まれます。

次に，公共工事請負額は，季節要因を除外するために前年同期比に加工してよく利用されますが，その変化率の動きが大きいことがあります。このため3ヵ月移動平均（移動平均については第6章の6.1節を参照）で利用することが多いですが，これでも景気判断が容易になるとはいえません。またこの数字はあくまで請負額ですから，その動きから実際の進捗率を推測するなど，利用にあたって統計の癖を考慮しなければなりません。最近は，内閣府によって進捗ベースの公共投資総合指数（月次）が作成されていますが，かならずしも積極的に利用されているとはいえません。

このような問題点が発生する理由の一つは，繰り返し指摘したように，そもそも財政支出の把握が企業会計なみに厳密に行われていないことがあげられます。その代表例として，景気浮揚策の実施にあたり政府が公表する，公共事業予算額があります。この金額には，住宅金融公庫の貸出枠等，公共事業用地の先行取得費，前倒し契約分など，景気と直接関係ない部分も含まれて水増しされて，景気対策としての効果を把握しずらくさせています。このため財政政策を巡る景気論争では，最終需要に結びつかないこれらの費用を除外した金額を「真水（まみず）」と称して，この金額が名目GDP比率でどの程度あるのかによって，景気対策の強弱を評価するのが一般化しています。

例えば1995年9月に決定した経済対策費では，事業規模総額14兆2,200億円のうち公共事業費が12兆8,100億円に達しましたが，このうち真水部

分について旧日本債券信用銀行は約7兆2,000億円，日本総合研究所は約6兆6,380億円と推計しました。両機関で公共事業費とみなす項目が若干異なっていますが，両機関とも総事業費に占める用地費の割合を行政投資実績から算出した数字（23％）に準拠して，ほぼ20％と仮定しています（この問題点については，谷沢『経済統計論争の潮流』の第8章を参照）。

公会計の改革が道半ばであるため，以上のような問題点の解消は早急には進まないと考えるべきかもしれません。

練習問題

10.1 わが国の租税構造は，いかに変化してきたでしょうか。直間比率の推移を中心にその変化を検討しなさい。

10.2 わが国の国民負担率はいかに推移しているでしょうか。また先進国の水準と比較してどのような位置付けにありますか。

10.3 自治体の会計制度は，私企業の会計制度とどのように異なっているでしょうか。またそのためにどのような問題点が発生していますか。

10.4 社会性の高い資本ストックを社会資本ストックと呼ぶことがあります。統計における社会資本ストックの定義とその問題点について述べなさい。

参 考 文 献

木下康司編『図説　日本の財政』(平成 17 年度版), 2005 年。
財務省主計局編『財政統計』財務省印刷局, 各年。
財政制度等審議会の議事録（http://www.mof.go.jp/singikai/zaiseseido/top.htm）
経済財政諮問会議の議事録（http://www.keizai-shimon.go.jp/explain/progress/specialaccount/）。

第11章

金融統計

　これまでの章では，モノの流れを示す実体経済に関する統計を中心に説明してきましたが，経済にはマネーの動きを示す金融経済も存在しています。この金融経済は，1980年代以降の国際化のなかで金融制度の各種改革をともないながら大きく変化しています。本章では，まず金融市場の全般的な特徴を概観したうえで，預金・貸出金，株式等の個別市場の統計を紹介します。次に，市中で流通している貨幣残高（すなわち通貨）の動向を示す通貨統計や資金循環統計の基本的考え方や利用例を解説していきます。これを通して，いかに金融統計が激変しているか納得できるはずです。

○ KEY WORDS ○

インターバンク市場，国内銀行，預貸率，
コールマネー（オーバーナイト），TOPIX，
PER，PBR，マネーサプライ，
マネタリーベース，資金循環統計

11.1 金融市場

○ 金融市場の分類

　金融市場とは，経済活動を行うにあたり必要となる資金を調達したり，余剰資金を運用するための市場です。この市場は，扱う金融商品にもとづいて図11.1のように狭義の金融市場とその他の金融市場に大別されます。狭義の金融市場とは，多数の買い手と売り手によって構成された市場型取引の市場です。これに対してその他の金融市場とは，特定の金融機関との一対一の取引条件によって決定される相対型取引の金融市場であり，貸出市場と預貯金市場で構成されています。

　狭義の金融市場は，さらに短期金融市場と長期金融市場に分類されます。ここで短期とは金融資産・負債の満期までの期間が1年未満，長期とは同1年以上を示します。短期金融市場はマネーマーケットとも呼ばれており，市場参加者の範囲を基準としてインターバンク市場とオープン市場で構成されます。インターバンク市場とは，参加者が金融機関のみに限定されている市場であり，コール市場と手形市場があります。反対にオープン市場とは，参加者が金融機関のほか事業法人や官庁共済組合まで拡大した市場であり，債券現先市場，CD市場，FB市場，TB市場，CP市場，債券貸借（レポ）市場で構成されています。

　このうちCD市場とは，金融機関が短期資金の調達をするために発行する譲渡性定期預金証書（Negotiable Certificate of Deposit：CD）を売買する市場です。CP市場とは，企業が市場で直接，短期資金を調達するために振り出す無担保の約束手形（Commercial Paper：CP）を売買する市場，TB・FBはいずれも短期国債を売買する市場です。さらに債券現先市場とは，国債などの債券を一定期間後に一定の価格で売り戻す（買い戻す）ことを条件とし

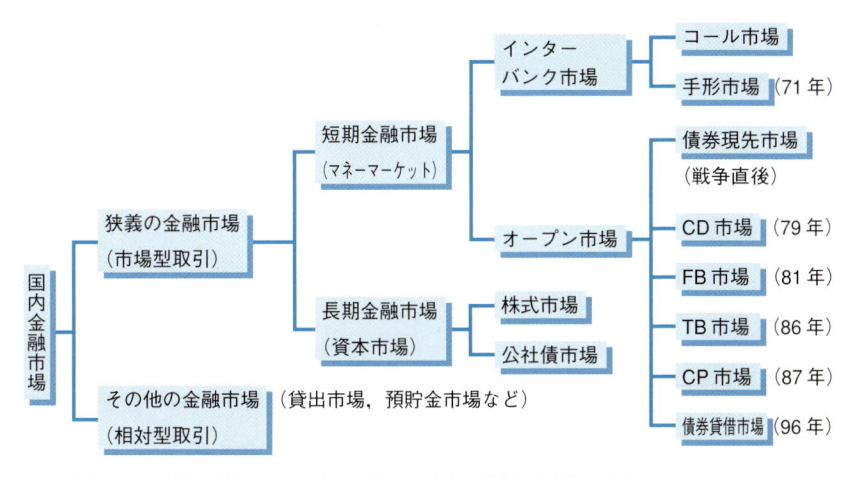

```
国内金融市場
├─ 狭義の金融市場（市場型取引）
│   ├─ 短期金融市場（マネーマーケット）
│   │   ├─ インターバンク市場
│   │   │   ├─ コール市場
│   │   │   └─ 手形市場（71年）
│   │   └─ オープン市場
│   │       ├─ 債券現先市場（戦争直後）
│   │       ├─ CD市場（79年）
│   │       ├─ FB市場（81年）
│   │       ├─ TB市場（86年）
│   │       ├─ CP市場（87年）
│   │       └─ 債券貸借市場（96年）
│   └─ 長期金融市場（資本市場）
│       ├─ 株式市場
│       └─ 公社債市場
└─ その他の金融市場（相対型取引）（貸出市場，預貯金市場など）
```

(注) 1. 先渡，先物，スワップ，オプションなどの派生商品市場は省略してある。
2. 手形市場とオープン市場の（　）内は，創設された年次を示す。またこれらの市場以外は，戦前から開設されていた市場である。

図11.1　わが国の国内金融市場の分類

て，購入（売却）して資金運用（調達）する債券市場です。このように債券現先市場は債券を担保に現金を貸し借りする市場ですが，これと反対に現金を担保にして債券を貸し借りする市場が債券貸借市場です。

次に長期金融市場は，資本市場とも呼ばれており，公社債市場と株式市場で構成されます（公社債については次節で説明します）。いずれの市場でも，おもに新たに証券が売り出される場合の発行市場と，すでに発行された証券の売買が行われる流通市場から構成されています。

なお上記の市場のほかに，最近は短期金融市場，公社債市場，外国為替市場などから派生した先渡，先物，スワップ，オプションなど派生商品（デリバティブ）市場があります。これらの商品市場は近年，急速に拡大していますが，その市場規模は未だ小さいため，この図では除外されています。

11.1 金融市場

11.2　個別の金融市場統計

○ 金融統計の基礎：預金・貸出金統計

　預金・貸出金統計は、いずれも日銀『金融経済統計月報』より入手できます。まず預金関連の統計としては、定期預金（ただし自由金利分のみ）の預入期間別平均金利と一般・公金預金預金者別残高が入手できます。いずれも国内銀行（都市銀行、地方銀行、第二地方銀行、長期信用銀行及び信託銀行）を対象とした統計であるため、かならずしも全金融機関をカバーしてはいませんが、金融市場の動向を把握するには問題ありません。

　一方、貸出金関連の統計として、貸出約定平均金利、長期プライムレートと業種別貸出残高などがあげられます。このうち貸出約定平均金利は、銀行が企業などにおカネを貸し出すときに約束する金利です。日銀金融機構局による国内銀行に対する「貸出金利率別残高調査」と全国信用金庫連合会による同様の調査にもとづいて、月末の約定金利を貸出残高で加重平均して算出しています。この統計は、貸出金利の実勢を判断する指標として重視されていますが、調査対象が国内支店の貸し出しだけであり、在外支店分が含まれていない点に注意してください。また長期プライムレートは、企業に貸し付けた長期資金に関する最優遇貸出金利のことであり、これも長期金利の動向を示す代表的指標として利用されています。

　なお、貸出残高の関連では、民間銀行計の残高（ただし不良債権処理等の特殊要因を除く）を対前年伸び率が長いことマイナスでしたが、つい最近になって景気回復などを背景とした企業の資金需要が徐々に回復してきたことから、ようやくプラスに転じてきたことが知られています。

○ 預金・貸出金関係の主要指標

この分野では，以下のような代表的な指標があります。なお定義式左辺のカッコ内は，単位を示しています（以下，同様）。

[預貸率]

資金の運用効率を代理する指標であり，この比率が高いほど銀行の収益力が強いことを示します。

$$預貸率(\%) = \frac{貸出残高}{預金残高} \times 100 \qquad (11.1)$$

[支払準備率]

短期的にみて預金の払い戻し請求があった場合，手持ち資金がどの程度潤沢であるかを示す指標です。

$$支払準備率(\%) = \frac{支払準備資産}{総預金} \times 100 \qquad (11.2)$$

ここで支払準備資産の定義は，（1）現金＋預け金，（2）現金＋預け金＋コールローン＋買入手形，の2つがあります。

○ 短期金利政策の要：オーバーナイト

インターバンク市場は，基本的には資金にゆとりのある金融機関と資金の不足した金融機関との間で支払準備を調節する市場であるために，日銀による金融調節の対象となる市場でもあります。

特にコール市場は，取引期間が超短期の資金（コール）を売買する市場であり，呼べば（call）答えるような市場であるため命名されたものです。供給者が出した資金をコールローン，需要者が取った資金をコールマネー，コール市場で成立する金利をコールレートと呼んでいます。ただし需要者と供給者の間には短資会社が介入しており，双方から一定比率の手数料を別途，徴収しています。複数あるコールレートのうち無担保コール翌日物（オーバ

ーナイト：O/N物）の金利は，1999年2月より開始された，いわゆるゼロ金利政策のバロメーターとなるなど，金融政策の代表的指標として利用されています。

短期金融市場に関する統計は，いずれも日銀『金融経済統計月報』に金利データと売買残高データに分けて掲載されています。

○ 日経平均株価とTOPIX

次に長期金融市場の一つである株式市場では，日経平均株価と東証株価指数（TOPIX：Tokyo Stock Price Index）といった，2つの株価指標が利用されています。このうち日経平均株価は，日本経済新聞社が東証市場第一部上場銘柄のうち比較的少数の大企業225に限定して，それを修正単純平均して作成した指標（株価平均型指標）です。

ここで修正とは，増資があったり銘柄の入替があった場合など，データの不連続性を調整しているためであり，たんなる単純平均ではありません。しかし権利落ちのつど「日経平均除数」が小さくなり，株価の騰落が過大評価されやすい，品薄株や値嵩(ねがさ)（株価の高い）株の価格変動に影響されやすい，対象銘柄数が少ない，重厚長大型企業に偏っているといった問題が指摘されてきました。

これらの問題を解決するために，1968年から新たに東京証券株式所によって，東証市場第一部全銘柄の動きを表す株価指数TOPIXが作成されました。この指標は，対象時点における時価総額（株価×上場株式総数）を特定時点（1968年1月4日）における時価総額で割ったものです。このような指標は時価総額加重型の指標と呼ばれており，世界の主要な株価指標（例えば，米国のS&P500やNASDAQ，ドイツのDAX，香港のハンセン指数など。ただしNYダウは株価平均型指標）で採用されています。

もっともその単位は，日経平均株価が円であるのに対してTOPIXが無名数であるため，依然として日経平均株価が親しみやすく，現在では両指標と

も利用されています。なお TOPIX は，景気に対して3〜6ヵ月先行することから，景気動向指数の先行系列に採用されています。またこれら2つの指標より作成された NT 倍率（日経平均株価÷TOPIX）といった指標も，投資家の間で利用されています。

さらに 2000 年 4 月には，日経平均株価において大幅な銘柄入替（除外銘柄・新規採用銘柄とも各 30）が実施されましたが，その際に当時の宮澤喜一大蔵大臣や堺屋太一経済企画庁長官によって，指数の連続性が損なわれているといった発言が相次ぎ，話題となったことも記憶に新しい話です[1]。株価指標では必然的に銘柄の見直しを行わざるをえませんが，それをいかに実施するか，内容とタイミングに十分配慮しなければならないことも，追加しておきましょう。

○ 株価以外の主要指標

株式関連では，株価以外に以下の3指標がしばしば利用されます。いずれも東証『証券統計年報』『日経新聞（朝刊）』等よりデータを入手できます。

[（配当）利回り]

$$利回り(\%) = \frac{配当金}{株価} \times 100 \tag{11.3}$$

[株価収益率]

株価収益率（Price Earning Ratio：PER）は，企業の収益力からみた株価の割高・割安感を示しており，いわば毎期の収益に着目した指標です。PER が高ければ割高，低ければ割安とみなしますから，景気の上昇局面で利用される指標です。

$$PER(倍) = \frac{株価}{1株当たり収益金} \tag{11.4}$$

1） 日経 225 の銘柄入替問題に関する，宮澤喜一元大蔵大臣の発言（2000 年 5 月 10 日，同 12 日）は，財務省のホームページ（http://www.mof.go.jp/kaiken/kaiken.htm）を参照。

ここで収益金とは，税引後当期純利益を利用します。ちなみに国際比較をすると，わが国の PER はバブル崩壊以降も長い間米英独3国よりかなり高い水準にありましたが，2001 年頃よりほぼ同水準になってきました。

[株価純資産倍率]

株価純資産倍率（Price Book-value Ratio：PBR）は，主に1株当たりの純資産が企業の解散価値とみなしうることに着目した指標です。景気（業績）下降局面において，株価の下値メドをさぐる場合に有用な指標です。

$$\text{PBR(倍)} = \frac{株価}{1 株当たり株主資本} \tag{11.5}$$

ここで株主資本とは，貸借対照表上の資本合計のことです。一般的に2倍までならその株価は割安であり，1を下回っていれば当該企業は解散したほうが有利な投資であるとみなしています。

○ 新発 10 年国債の利回り

株式とともに代表的な長期資金として公社債があげられます。公社債とは，公共・民間部門が多数の投資家から比較的長期かつ大量の資金を調達するために発行する債務証書（債券）です。社債に限れば，確定利付証券にして，かつ一定期間後に元本が償還される点が株式と異なっています。

ただし公社債は，多様な債券が流通しています。例えば社債では，普通社債，転換社債，新株引受権付社債（別名：ワラント債）などがあげられます。これら個別社債で長期資金の需給動向を分析することは煩雑ですから，長期資金の需給状況を代表する指標として，1998 年6月までは 10 年国債の指標銘柄（当時は 182 回債）の利回り，98 年7月以降は新発 10 年国債の利回りが採用されています。

長期金利の関連では，実質金利と長短金利差に注目する必要があります。まず実質金利とは，物価上昇分を割り引いた金利のことです。例えば，A銀行で 100 万円を3％で預金したとすれば，1年後の受け取り金額は 103 万円

になります。ただし1年間に物価が2％上昇したなら，どうなるでしょうか。預金によって3万円増加し，モノの値段が2万円増加するということは，実質的には1万円しか増えていないことになります。このように物価は預金金利などの実質的な価値にも影響を与えるため，その動きを「新発10年国債の利回り － GDPデフレーター」で計算しています。

また長短金利差とは，長期金利と短期金利の差のことであり，一般的には「新発10年国債の利回り － TIBORユーロ円金利」で計算されています。いま長短金利差が拡大するなら，長期の債券ほど利回りが高くなることを示しています。つまり将来，景気が良くなり借り入れ需要が増加したり，物価が上昇したりすることを意味します。このため長短金利差は，景気動向指数の先行系列に採用されるなど（第2章の表2.2を参照），近年は関心が高まっています。

11.3 通貨統計

○ 通貨の定義

通貨統計を説明する前に，まず通貨から説明しましょう。わが国において通貨（マネー）とは，通貨法（正式には「通貨の単位及び貨幣の発行等に関する法律」）によって日本銀行券（紙幣）と政府貨幣（硬貨）と規定されており，このうち政府貨幣は日本銀行券の補助通貨としての役割を担っています。しかし現実の経済では，これらのほかに銀行の預金なども決済手段として利用していますから，通貨の一種と考えなければなりません。そしてこのような広義の通貨が世の中でどの程度，流通しているかを把握することは，景気の良し悪しを判断する重要な材料となります。このように「経済全体に供給されている通貨の総量」をマネーサプライ（通貨供給量），マネーサプ

ライを集計した統計をマネーサプライ統計（より広義には通貨統計）と呼んでいます。

　ここで世の中で流通している通貨を把握するためには，通貨保有主体と通貨発行主体を決める必要があります。なぜなら「流通している」という表現からわかるように，通貨を保有している主体のみならず，その通貨を発行した主体も確定しないと，その大きさを把握することができないからです。そこでマネーサプライ統計では，通貨保有主体を一般法人・個人・地方公共団体などの非金融機関，通貨発行主体を金融機関と決めています。そして「通貨保有主体が保有する通貨量の残高」を，マネーサプライと定義しています。

○ マネーサプライの定義

　マネーサプライの基本的な性格はわかったとしても，統計作成にあたって具体的な定義をつくることはなかなか困難です。現状では，M_1 から広義流動性まで4種類の指標が公表されています。各指標の定義は，表11.1のような対象金融機関と通貨発行主体を限定することによって作成されています。ここで現金通貨＝銀行券発行高＋貨幣流通高，預金通貨＝要求払預金（当座，普通，貯蓄，通知，別段，納税準備預金）－金融機関の保有する小切手・手形，準通貨＝定期預金＋据置貯金＋定期積金＋非居住者円預金＋外貨預金を示しています。広義流動性は，債券現先や国債のような民間非金融機関の負債を含んでおり，金融機関の負債に限定されている M_3 までの指標とは異なりますが，現在は M_2+CD と同時に論じられることが多くなっています。

　ここで注意しなければならない点は，これらの金額はいずれも特定時点における残額，すなわちストック量である点です。しかしマネーサプライという名称は，あくまでフロー量のイメージがありますので，この問題点を解決するために，ある特定時点における通貨残高の対前年比を計測することによって，フロー概念に近似させた情報を入手しているのです。

　なお各指標は，はじめから同時に作成されたのではなく，その時々の経済

表11.1 マネーサプライの定義

			各指標の定義と対象金融商品(注1)	通貨発行主体
広義流動性	M_3+CD	M_2+CD	M_1 現金通貨	銀行券発行高＋貨幣流通高	日銀(注2)
			預金通貨	要求払預金（当座，普通，貯蓄，通知，別段，納税準備）－対象金融機関保有小切手・手形	国内銀行，在日外銀，信金，信金中央金庫，農中，商中
		準通貨		定期預金，据置貯金，定期積金，非居住者円預金，外貨預金	同上
		CD		CD（譲渡性預金）	同上
	郵便貯金			貯金（通常，積立，住宅積立，財形定額貯金，定額，定期），郵便振替	日本郵政公社
	その他金融機関預貯金			（要求払預金（当座，普通，貯蓄，通知，別段，納税準備）－対象金融機関保有小切手・手形），定期預金，定期積金，非居住者円預金，外貨預金，CD（譲渡性預金）	信用組合，全信組連，労働金庫，労金連，農協，信農連，漁協，信漁連
	金銭信託			金銭信託（投資信託，年金信託等を除く）	国内銀行の信託勘定
	金銭信託以外の金銭の信託			金銭信託以外の金銭の信託	同上
	投資信託			公社債投信，株式投信，不動産投信	同上
	金融債			金融債	金融債発行金融機関
	金融機関発行CP			金融機関発行CP	金融機関（国内銀行，農中，商中，保険会社等）
	債券現先・現金担保付債券貸借			債券現先（買現先），現金担保付債券貸借（債券借入＜現金担保放出＞）	資金調達主体
	国債・FB			国債（TB，財投債を含む），FB	中央政府
	外債			非居住者発行債（円建て，外貨建て）	外債発行機関

(注) 1．いずれも一般法人，個人，地方公共団体の保有分である。
　　 2．貨幣は，厳密には中央政府が発行しているが，マネーサプライ統計上は日銀の発行として分類。
(資料) 日銀調査統計局編『マネーサプライ統計の解説』2004年6月の第1章末の（資料1）

状況のなかで従来使用していた指標が実態を反映しなくなるたびに，新たな指標が作成されてきたというのが実情です。すなわち当初は現金通貨と預金通貨のみの M_1 しかありませんでしたが，その後普通預金から定期預金への

資金シフトが大きくなったため，1967年に定期預金を含めた M_2 が作成されました。そして1979年5月の CD 創設後は，M_2+CD が代表的指標として使用されています。将来，郵政民営化の実施や電子マネーの普及が進めば，マネーサプライの分類変更や対象の拡大がおこってくるはずです[2]。

　またいずれのデータも，日銀『金融経済統計月報』，『日本銀行統計（季刊）』で公表されています。ただし各指標は，期末残高（末残）か期中平均残高（平残）か，原データか季節調整済データかといった分類で公表されています。このうち末残と平残について1ヵ月を例として説明すれば，末残とは月末1日の残高，平残とは毎日の残高の加重平均値です。末残で議論すると，月末に発生する決済や月末が土日祝日になる場合の影響を大きく受けることとなるため，できるだけ平残のデータを利用すべきです。各指標のなかでは M_1，M_2+CD，がもっとも多くの種類のデータを公表しています。

○ マネーサプライの体系的理解

　以上の定義は，統計作成上からは極めて明快ですが，利用する側が体系的に理解するにはかならずしも適していません。そこでこの問題を解決するために，図11.2のような金融機関別に簡略化した貸借対照表（B/S）を使って，マネーサプライ（正確には M_2+CD）の体系的な説明をしましょう[3]。日銀はマネーサプライを作成するために，預金・現金・貸出金のようなB/Sに掲載する情報を金融機関が1カ月ごとに報告することを義務づけていますので，このようなB/Sにもとづく理解は，統計作成上からも理にかなっています。各B/Sとも，右側が資金の調達（入手）方法を示す負債，左側が資金の運用（使用）方法を示す資産となります。

2）電子マネーの普及が通貨流通に与える影響として，例えば「硬貨流通，初の減少」『日経新聞』2005年9月5日付け朝刊を参照のこと。

3）このような説明手法は通常，「通貨発行主体のバランスシートアプローチ」と呼ばれ，しかも作成された統計にはマネタリーサーベイ統計という名称が付けられています。もちろんこの方法では，通貨発行銀行以外の与信行動がマネーサプライの変動を引き起こす事例を無視している点に，注意してください。

日銀の B/S

資産	負債・資本金
(1) 対外純資産	(5) 現金通貨
	(6) 民間金融機関保有分
(2) 政府向け信用	(7) 民間非金融機関保有分
(3) 民間金融機関向け信用	(8) 民間金融機関預り金（当座預金）
(4) その他の資産	(9) 政府預金等
	資本金等

民間金融機関の B/S

資産	負債・資本金
(6) 現金	(14) 預金通貨
(8) 日銀預け金	(15) 準通貨＋CD
(10) 対外純資産	(16) 対外負債
(11) 政府向け信用	(3) 通貨当局からの信用
(12) 地方公共団体向け信用	(17) 金融債
(13) 民間非金融機関向け信用	(18) その他の負債
その他資産	資本金等

金融機関全体の B/S

資産	負債・資本金
(19) 対外純資産 ＝(1)＋(10)	(7) 現金通貨（民間非金融機関保有分）
(20) 政府向け信用（純）＝(2)＋(11)−(9)	(14) 預金通貨
(12) 地方公共団体向け信用	(15) 準通貨＋CD
(13) 民間非金融機関向け信用	(21) その他の負債（純）＝(16)＋(17)＋(18)−(4)
その他資産	資本金等

(注) 1. 同一番号は，名称が異なっていても同一金額を示す。
2. 民間金融機関の B/S では各銀行間の資産・負債金額が相殺されているほか，日銀・民間金融機関相互でも同様の計算が行われている。
　なおここで民間金融機関とは，正式には預金通貨銀行のことを指している（預金通貨銀行とは，表 11.1 の M_2 対象金融機関のことである）。
3. 政府向け信用とは，民間金融機関の保有する長期・短期国債，公社・公団・公庫債等政府に対する信用。
4. 地方公共団体向け信用とは，民間金融機関の地方公共団体向け貸出及び地方債（ただし地方公社分は除く）の保有額。
5. 民間非金融機関向け信用とは，民間金融機関の民間非金融機関，個人等に対する貸出（取立外国為替を含む）および事業債・株式の保有額。
6. 資本金等には，資本金のほか資本剰余金等が含まれる。
7. その他資産とは，おもに土地・建物等である。

図 11.2　各金融機関の貸借対照表（B/S）の基本構造

〈日銀のB/S〉

　日銀は，必要となる資金を自ら現金を発行することで調達できます。この発行額が現金通貨発行高です。また準備預金制度にもとづき民間金融機関に積み立てさせた当座預金や政府預金（政府の余剰資金）も，必要資金として利用できます。日銀は，これらの資金を原資として政府向け信用・民間金融機関向け信用といった政府や民間銀行に対する貸付を行っているほか，対外純資産やその他の資産に投資しています。なお（5）・（8）の合計は，いわば日銀が供給する通貨であるため，マネタリー・ベース，ハイパワードマネー，ベースマネーなどと呼ばれています。特に（8）の当座預金は，いわゆる量的緩和政策の対象として，その増加率が注目されています。

〈民間金融機関のB/S〉

　次に，民間金融機関（正確には預金通貨銀行）のB/Sでは，各金融機関相互の貸し借りが相殺された形で記述されています。まず負債側では，日銀・民間非金融機関から調達した金額が提示されます。すなわち日銀等の通貨当局から調達した金額が「通貨当局からの信用」であるのに対して，民間非金融機関から調達した金額が「預金通貨」などの項目です。一方，資金の運用側は，政府，地方公共団体（地公体），民間非金融機関に対する各貸付が，政府向け信用，地公体向け信用，民間非金融機関向け信用という名称で計上されます。さらに準備預金として日銀に強制的に預金しなければならない日銀預け金，預金解約等の支払準備としての現金，海外の有価証券に対する投資などの対外純資産も重要な資産項目です。

　なお民間金融機関のB/Sで，しばしば「自己資本比率」が話題になります。この自己資本比率とは，一般の法人企業の場合，総資産に占める自己資本（つまり資本の部の総額）ですが，金融機関では貸出金や保有有価証券等のリスクアセット（危険資産）に占める自己資本（資本金等のほかに有価証券の含み益等を含む）のことであり，両金額ともリスクに応じた係数を掛けて算出しています。両者の定義は一致していませんので，注意してください。

〈金融機関全体のB/S〉

最後に，日銀と民間金融機関を合わせた金融機関全体のB/Sも，基本的には民間金融機関のB/Sの場合と同様に，日銀・民間金融機関相互で負債・資産の一致している項目が相殺されます。当然のことながら，このB/Sの負債項目はいずれも日銀＋民間金融機関以外の分野（すなわち民間非金融機関）から調達された金額であり，資産項目は民間非金融機関・政府・海外に対して投資された金額を示しています。このため負債のうち（7）・(14)・(15)の合計が，マネーサプライ（M_2+CD）です。

○ マネーサプライとハイパワードマネーの関係

ところで図11.2の日銀のB/Sの負債にある現金通貨（5）と民間金融機関預り金（8）は，いずれも日銀自体が操作可能な項目です。これらの金額が変動すると，通常は銀行貸出を通じた信用創造を媒介にして，結果的に金融機関全体の負債項目にほぼ一致するマネーサプライの大きさに影響を与えることとなります。それゆえ図11.2を使用すれば，日銀の金融政策によってなぜマネーサプライが変動するのかを，直観的に理解することができるはずです[4]。

このような中央銀行→金融機関全体への影響を，フリードマン（M. Friedman; 1912-）は以下のように定式化しました。いまマネーサプライをM，ハイパワードマネーをH，民間非金融機関保有の現金通貨をC_n（図11.2の（7）），民間金融機関保有の現金通貨をC_b（図11.2の（6）），預金通貨（図11.2の（14）＋（15））をD，民間金融機関預り金をR（図11.2の（8））とすれば，$M = C_n + D$，$H = C_n + C_b + R$ですから，

---

4) ハイパワードマネーがマネーサプライを制御できるかどうかについては，長い間経済研究者と日本銀行の間で論争（いわゆるマネーサプライ論争）になっていますが，以下の説明はあくまで制御できると仮定した場合の議論です。なおハイパワードマネーのコントロールを通じた，マネーサプライの具体的な変動過程については，他の金融関連テキストを参照してください。

$$\frac{M}{H} = \frac{C_n + D}{C_n + C_b + R} \qquad (11.6)$$

となります。ここで $\frac{M}{H}$ を，信用乗数（あるいは貨幣乗数）と呼んでいます。この指標は，基本的には貸出を通じて預金が増加し，それがまた貸出に回るという信用創造のプロセスが活発であれば上昇します。しかし銀行や他の民間部門が当座預金や貨幣の保有を増加させると，それだけ信用創造プロセスから貨幣が漏れるので，この指標は低下します。いま (11.6) 式を M でまとめれば，

$$M = \left(\frac{C_n + D}{C_n + C_b + R}\right) \times H = \left(\frac{\frac{C_n}{D} + 1}{\frac{C_n}{D} + \frac{C_b}{D} + \frac{R}{D}}\right) \times H \qquad (11.7)$$

(11.7) 式の第3式において，$\frac{R}{D}$ を民間金融機関の預金準備率と呼んでいます。それゆえ日銀のコントロールする H，民間非金融機関の現金・預金比率 $\left(\frac{C_n}{D}\right)$，民間金融機関の現金・預金比率 $\left(\frac{C_b}{D}\right)$ と預金準備率 $\left(\frac{R}{D}\right)$ の水準が，それぞれマネーサプライの水準に影響を与えることがわかります。ちなみに最近の信用乗数の動きをみると，図 11.3(1) のように 1970 年以降低下傾向にあり，特に近年は 2001 年後半からは下降トレンドを下回る大幅な下落となっています。この理由については，みなさんも図 11.3(2) で考えてみてください（これは，本章末の練習問題 11.3 となっています）。

○ マネーサプライの分析例

ここで $M_2 + CD$ を利用した代表的な分析例として，$M_2 + CD$ が経済規模に対して適正水準か否かを判断する問題を紹介しましょう。

この問題に対する方法としては，前年同期比による方法とマーシャル K のによる方法の2つがあります。前年同期比による方法とは，前年同期と比べてどの程度増加しているかを計測してカネの動向を把握する方法です。具体的には，前年同期比が急速に上昇すれば，物価上昇懸念が増大するとみなす

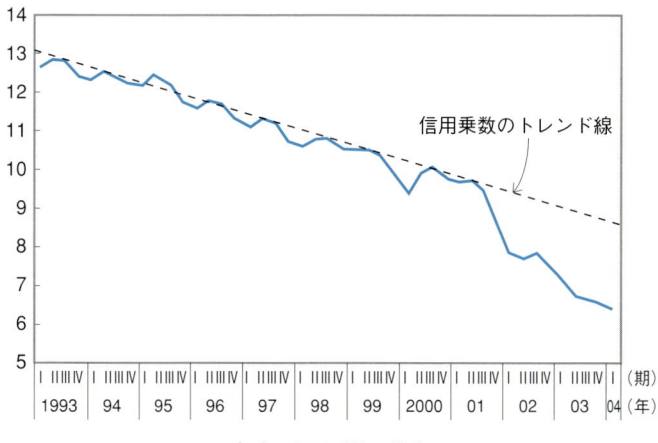

（1） 信用乗数の推移

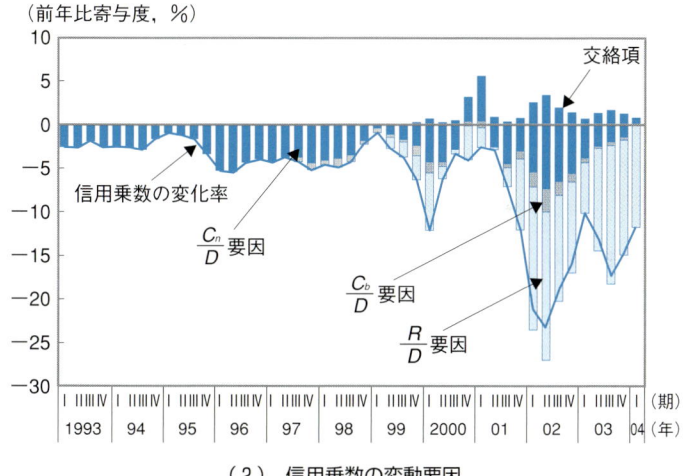

（2） 信用乗数の変動要因

（資料）　内閣府編『平成16年版経済財政白書』2004年，61頁，第1-4-12図を一部修正。

図11.3　信用乗数とその変動要因の推移

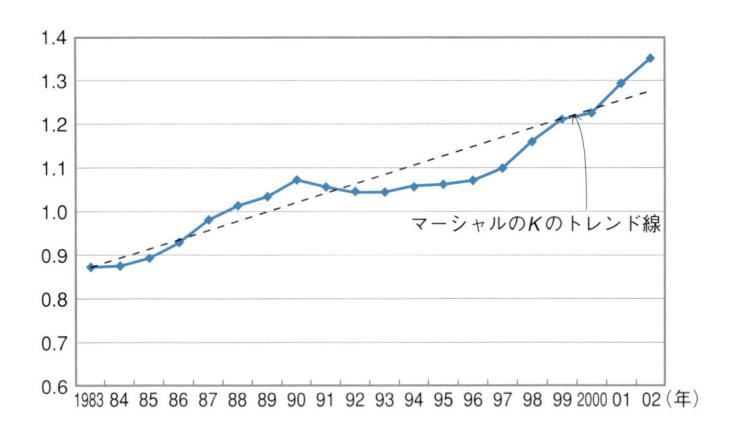

図11.4 マーシャルの K の推移

ものであり，物価の安定状況を把握するための比較的短期の分析に利用されています。近年は，景気低迷を反映して 92 年後半よりマネーサプライの前年同期比がマイナス成長という極めて異例の状態となりました。

一方，マーシャルの K とは，以下のように $M_2 + CD$（平残）と名目 GDP の間の関係式から得られる指標です。

$$\text{マーシャルの } K = \frac{M_2 + CD}{\text{名目 GDP}} = \frac{1}{\frac{\text{名目 GDP}}{M_2 + CD}} = \frac{1}{\text{流通速度}} \quad (11.8)$$

最後の式より，この指標は流通速度の逆数であることがわかります。流通速度は，経済活動の指標である GDP に対して，マネーサプライの残高が何回転したかを示すものです。このため回転数が多ければ（すなわち流通速度が早ければ），マネーサプライが不足ぎみでデフレーションが発生する可能性があり，回転数が少なければマネーサプライが潤沢でインフレーションがおこることが予想されます。

もっともマーシャルの K は，経済の成長にともなって上昇傾向を示すこ

とが経験的に知られています。このため比較的長期の分析を行う場合には，図11.4のようにトレンド線を引いてその線の上にあるか下にあるかによってマネーサプライが潤沢かどうかを判断しています。すなわち傾向線から上方に乖離する場合は金融引き締め政策が，下方に乖離する場合には金融緩和政策が，それぞれ求められます。この分析方法によると，バブル期にトレンド線を上回るマネーサプライが発生していたほか，2000年代に入ってからも再び上回っていることがわかります。ただしこの方法は，トレンド線の引き方によって判断が左右される欠点があることはいうまでもありません。

なお，かつてマネーサプライは，景気に対して先行性があるとみなされ，景気動向指数の先行系列に加えられるなど，景気が今後いかに変動するかを判断する重要な材料とされていました。しかし1990年代に入って，M_2+CDの前年同期比が名目GDPの前年同期比と乖離した動きを示すようになったため，現行の景気動向指数ではこの指標を除いています。

11.4　資金循環統計

○　3表で構成される資金循環統計

一国全体ではさまざまな経済活動が行われているため，それにともないどのような金融取引が行われているか，また各経済主体がいかなる金融資産・負債をもっているのかを知ることも，金融経済面では重要な課題です。このような経済主体別の金融取引や金融資産・負債の内訳を把握することを目的とした統計が資金循環統計です。わが国の代表的な資金循環統計として，日銀作成の資金循環統計（以下，たんに資金循環統計と呼ぶ）とSNA統計の一部である資本調達勘定があげられます。資本調達勘定についてはSNA統計のところで説明しますので，ここでは資金循環統計を解説します。

資金循環統計は，日銀が各金融機関から入手したB/S等のデータより作成した加工統計であり，1年に1度公表される年間表と四半期別の応用表の2種類があります。両表とも，6経済部門（金融機関，非金融法人企業，一般政府，家計，対家計民間非営利団体，海外）別に，金融資産・負債残高表（以下，残高表と略記），金融取引表（以下，取引表と略記），調整表の3つの統計表で構成されています。

このうち残高表は金融期末における金融資産と同負債の残高を示したストック表，取引表は特定期間に発生した各種の金融取引を表示したフロー表です。このため取引表が，一般にマネーフロー統計と呼ばれている表です。また通常の統計では，「今期末のストック＝前期末のストック＋今期中のフロー」という関係式が成立しますが，これら2つの統計の間では株式や債券のように期中に価格が変動する資産があるために，この関係が成立しません。これらの乖離分を記録（つまり上式の右辺に追加）するために作成された統計表が調整表です。

○ 資金循環統計の考え方

資金循環統計の基本的な考え方は，企業会計にもとづいて説明すると直観的に理解しやすいものです。以下では平均的な法人企業における資金の調達・運用が，いかなる形で資金循環統計の非金融法人企業部門のデータとして作成されるのかを，図11.5にもとづき説明しましょう。ここで非金融法人企業部門以外の他部門も，基本的には以下の説明が適応可能であり，資金循環統計はこれら各部門を合計した形で作成されています。話を簡単にするため，以下の説明では資産の価格変動がない（つまり調整表を考慮しない）こととします。

まず企業会計では，図11.5の左側上段には前期末（すなわち今期首）の貸借対照表，中段には今期末の貸借対照表，下段には今期中の損益計算書が示されています。ここで今期末の貸借対照表における上部の太枠部分が今期

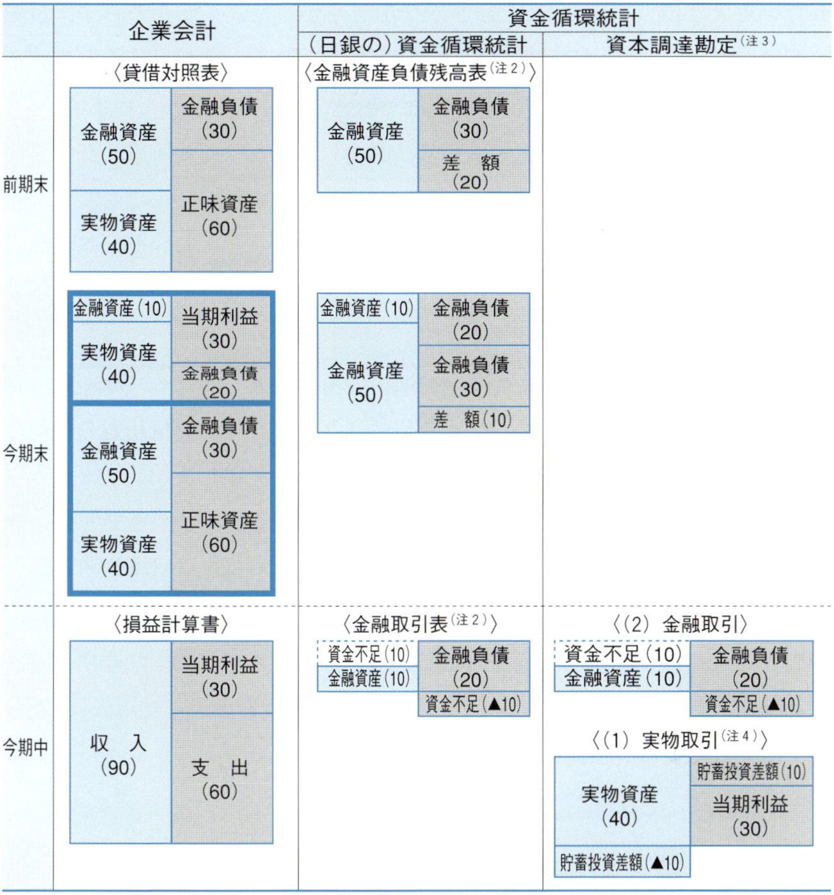

11.4 資金循環統計

	企業会計	資金循環統計	
		（日銀の）資金循環統計	資本調達勘定 (注3)
前期末	〈貸借対照表〉 金融資産(50) / 金融負債(30) 実物資産(40) / 正味資産(60)	〈金融資産負債残高表(注2)〉 金融資産(50) / 金融負債(30) 差額(20)	
今期末	金融資産(10) / 当期利益(30) 実物資産(40) / 金融負債(20) 金融資産(50) / 金融負債(30) 実物資産(40) / 正味資産(60)	金融資産(10) / 金融負債(20) 金融資産(50) / 金融負債(30) 差額(10)	
今期中	〈損益計算書〉 当期利益(30) 収入(90) / 支出(60)	〈金融取引表(注2)〉 資金不足(10) / 金融負債(20) 金融資産(10) 資金不足(▲10)	〈(2) 金融取引〉 資金不足(10) / 金融負債(20) 金融資産(10) 資金不足(▲10) 〈(1) 実物取引(注4)〉 実物資産(40) / 貯蓄投資差額(10) 当期利益(30) 貯蓄投資差額(▲10)

(注) 1．上記の図はいずれも，各統計データ間の関係をわかりやすく説明したものにすぎない。実際の統計では，推計方法が異なるため，かならずしも一致していない。
　　 2．資金循環統計では，金融取引表の資金過不足と金融残高表の金融資産・負債差額が，いずれも常に負債側（つまり右側）に表示されることに注意。
　　 3．資本調達勘定では，上表のような左右のバランスシートではなく，上下（上が借方，下が貸方）で表示される。
　　 4．資本調達勘定の（1）実物取引では，当期利益が今期中の貯蓄額，実物資産が今期中の投資額に相当する。

図 11.5 企業会計と資金循環統計の対応関係（非金融法人企業部門の場合）

中に実施された資金調達・運用部分です。すなわち下段の損益計算書で示されているように，当期利益が30しか発生しなかったにもかかわらず，金融資産の取得10と設備投資（すなわち実物資産の取得）40を行ったため，その資金不足20を借入金などの金融負債で調達したことを示しています。

上記のような企業活動を想定すれば，図11.5中央の資金循環統計の残高表では金融資産・同負債のみが計上されるため，前期末の残高表では「差額」（つまり金融資産－金融負債）が20となります。しかし今期末の残高表では，前期末の残高表に今期中に新たに発生した金融資産と同負債が追加されるため，「差額」は10に低下します。

取引表では，今期中に発生した金融取引のみを記入するため，今期は金融負債20に対して金融資産10という負債超過となります。負債超過の状況は，裏返して考えれば手持ち資金が不足していることを意味します。このような資金不足10は本来，資産側（取引表の左側）に記入されるべきですが，資金循環統計では常に資金過不足を負債側（取引表の右側）に計上する規則となっているので，資金不足は▲10と記録されます。ここで重要なことは，取引表の各項目の数値は，残高表の同一項目に関して，それぞれ今期末残高－前期末残高として計算できることです。それゆえ資金過不足も，「差額」が計上されている負債側に記入されるわけです。

○ 資金循環統計の利用例

資金循環統計を使用した分析例を，いくつか紹介しましょう。まず取引表では，横方向（部門別）にみると今期中の部門間の資金過不足（あるいは資金移動）がわかるのに対して，縦方向（項目別）にみると各部門の今期中の資金調達・運用の内訳が明らかとなります。横方向の資金過不足を，図11.6で，みてみましょう。高度成長期から90年代前半まで，基本的には家計部門が資金余剰，非金融法人企業部門が資金不足となり，家計から企業へと余剰資金が移動していました。しかし1994年に企業部門で設備投資

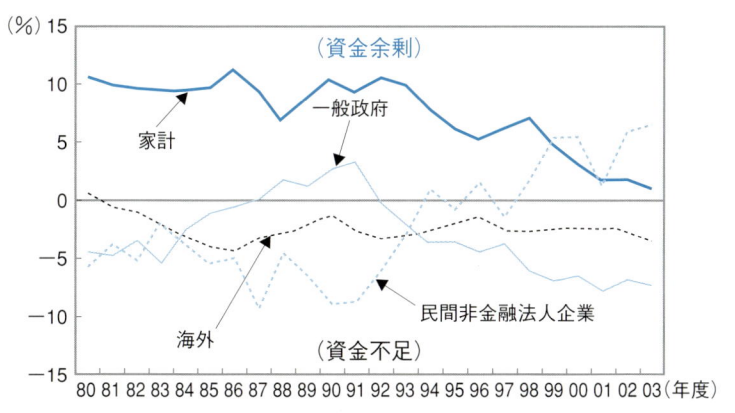

図11.6 部門別資金過不足（対GDP比）の推移

（注）1．家計は，個人企業を含む（以下同じ）。
2．国鉄清算事業団・国有林野事業特別会計の債務承継要因の調整を実施（98年度）。
（資料）日銀調査統計局編『資金循環統計からみた80年代以降のわが国の金融構造』2005年3月の図表1。

額が低迷して戦後初めて資金過剰に転じたほか，近年は家計の資金余剰額をも上回っています。

一方，縦方向（項目別）の利用例として，例えば2002年度の非金融法人企業部門をみてみましょう。そこでは，企業間・貿易信用の資産額8.8兆円の取り崩しや社債・株式等6兆円の調達などによって，金融機関からの借入金23.1兆円や企業間・貿易信用の負債額等11.4兆円を返済したため，結果的に29.1兆円の資金余剰が発生したことがわかります。近年の資金余剰傾向のなかで，企業が財務内容の改善にいかに注力しているかがわかります。

次に残高表を利用した分析例として，特定時点までに各部門が行った資金の調達と運用に関する内訳を知ることができます[5]。例えばしばしば，個人

---

[5] このような分析例として，「家計の金融資産・企業の負債残高」『日本経済新聞』2005年9月16日付け朝刊などがあげられる。

の金融資産が1,400兆円あるといわれますが,この数字は残高表の家計部門における金融資産残高（2004年3月末時点で1,411兆円）から得られるものです。ただしこの数字は,あくまで金融資産のなかに企業年金,国民年金基金等に関する年金準備金,預け金（ゴルフ場預託金等）,未収・未払金（預貯金の経過利子等）など,かならずしも個人の金融資産として認識していない金融商品が含まれているほか,純粋な個人の金融資産のみならず,個人事業主（個人企業）の事業性資金も含んでいます。このためこれらの定義に留意しつつ,上記の数字を使用する必要があります。

また非金融法人企業に限ると,負債側ではいままでに調達した金融資産の内訳,資産側では運用した金融資産の内訳が,それぞれわかります。つまりわが国企業の財務内容を,金融面に限定しつつもっとも包括的に把握できるわけです。例えば,2004年3月末における民間非金融法人企業の金融負債残高に占める借入残高の割合は3割強となっています（借入残高360.9兆円,負債残高総額1,086.7兆円）。

練習問題

11.1 経済統計を実体統計と金融統計に大別すると,総じて実体統計のほうが精度が高いといわれますが,その理由は何でしょうか。

11.2 国債の流通利回りは,いかに計算されるのでしょうか。具体例をあげて説明しなさい。

11.3 近年,信用乗数が下がりつづけている背景を,**図11.3(2)**にしたがって説明しなさい。

11.4 わが国のマネーフロー統計として,資金循環統計のほかにSNA統計の資本調達勘定があります。両統計を比較しつつその相違点を述べなさい。

参 考 文 献

日本銀行調査統計局編『マネーサプライ統計の解説』2004年6月，日本銀行ホームページで公開。

同編『資金循環統計の解説』2002年1月，日本銀行ホームページで公開。

日本銀行調査統計局『入門資金循環』東洋経済新報社，2001年。

石田和彦・白川浩道編著『マネーサプライと経済活動』東洋経済新報社，1996年。

第 12 章

対外バランス統計

　これまでの章は，いずれも国内経済に関する統計を扱ってきましたが，本章では対外バランスに関する統計（以下，対外バランス統計という）を説明します。ここで対外バランスとは，「居住者と非居住者の間での商品，サービス，資産，負債等の増減」と定義することができます。この定義にしたがうと，現行の対外バランス統計は貿易関連統計・対内外投資統計・国際収支統計などに分類されます。以下では，これらの各統計を順に解説するとともに，最後に対外バランス統計に大きな影響を与える外国為替統計も紹介します。

○ KEY WORDS ○

普通貿易統計，インコタームズ，FOB，CIF，
貿易指数，輸出入価格指数，貿易特化係数，
投資届出統計，複式計上方式，購買力平価

12.1 貿易関連統計

○ 業務書類を利用した普通貿易統計

　商品の国境を越えた取引を示す貿易関連統計として，普通貿易統計と企業活動基本調査があげられます。また両統計以外に，国際収支統計にも貿易関連のデータが含まれていますが，これは国際収支統計のところで説明しましょう。

　まず普通貿易統計は，関税法等にもとづき税関に提出された輸出申告書，輸入申告書，積戻し申告書などから作成された代表的な業務統計であり，通関統計とも呼ばれています[1]。これらの申請書にもとづいて，財務省ではホームページや『外国貿易概況』（月刊）で主要商品別・国別の輸出入額等を月別に公表しているほか，さらに『日本貿易月表』では品目ごとの詳細な輸出入数量と輸出入額を月別に公表しています。つまりこれらの統計類を総称して貿易統計と呼んでいるのであり，普通貿易統計（あるいは通関統計）という一つの統計書があるわけではありません。

　一方，企業活動基本調査は，貿易の実態を把握することを目的として経済産業省によって毎年実施される指定統計です。調査項目のうち，資産・負債額，収益・費用，商品別輸出入額，主要取扱商品額などが企業単位，従業員数，輸出入額などが事業所単位で調査されています。企業単位の貿易関連情報が入手できるため，今後とも大いに注目すべき統計でしょう。

---

1) 財務省では，「外国貿易等に関する統計基本通達」にしたがって，外国貿易に関する統計として普通貿易統計，特殊貿易統計，船舶・航空機統計を作成しています。このため同省では，これら3つの統計を総称して貿易統計と呼んでいますので，通常の解説書で貿易統計と呼んでいる統計は，正確には普通貿易統計のことです。本書では，このような理由に従って通常の名称と若干異なる使用法を採用している点に注意してください。

◯ 2つの計上価格

　貿易上の価格を収集するといっても，どの時点でどのような価格（あるいは費用構成）を採用するかは判断に迷うものです。そこで普通貿易統計では，輸出がFOB価格，輸入がCIF価格といった価格で計上されています。両価格はいずれも，表12.1のようなインコタームス（INCOTERMS）で定められた積地条件での価格といえます。ここでインコタームスとは，国際商業会議所の定めた貿易における売り主・買い主の義務・費用・危険負担に関する国際ルールです。あくまで法律や条約ではありませんが，円滑な取引を実行するための極めて重要な国際規則です。また積地条件とは，物品の引き渡しについて積出地を契約履行地とする基準です。普通貿易統計では，このルールにおける対象費用を計上価格に援用しています。

　FOB価格のFOBとは，Free on Boardの略称であり，on Board（本船上）で売り主の義務がFree（免除）になる価格を意味しています。具体的には，製品の生産原価のほか工場から積み出し港倉庫等までの費用（輸出梱包費，輸出検査費，国内輸送費），輸出者の利益・営業費等（利益，通信費・無償サンプル費，貿易保険料・原産地証明書，資金手当金利，外国為替費用等），船積み諸費用（通関料，船積み費用，保管料，検量・検数証明書

表12.1　代表的なインコタームス（積地条件）の対象費用

各種費用	FOB	CIF
製品の生産原価	◯	◯
工場から積み出し港倉庫等までの費用	◯	◯
輸出者の利益・営業費等	◯	◯
船積み諸費用	◯	◯
海上運賃		◯
海上保険料		◯

料金）が，買い主から売り主への支払価格となります。これに対して CIF 価格の CIF とは，Cost, Insurance, and Freight の略称です。ここで，Cost は FOB 価格，Insurance は保険料，Freight は運賃のことであり，これら 3 つの価格で構成された輸入港における価格を意味しています。

○ 4 種の貿易指数

ところで財務省では，普通貿易統計の対象品目の情報をもとに，金額指数，価格指数，数量指数，交易条件指数という 4 種類の貿易指数を作成・公表しています。いま各品目における輸出（入）価格を p，輸出（入）数量を q，基準時を添字 0，比較時を添字 t とすれば，各総合指数は以下のように作成されています。なお p が円表示であるため，金額指数，価格指数，交易条件指数はいずれも為替レートの変動の影響を受けることに注意してください。

[輸出（入）金額指数]

$$\text{輸出（入）金額指数} = \frac{\sum p_t \cdot q_t}{\sum p_0 \cdot q_0} \tag{12.1}$$

[輸出（入）価格指数]

この指数の作成にあたっては，以下のようなフィッシャー型指数が採用されています（フィッシャー型指数については，第 4 章の 4.2 節を参照）。

$$\text{輸出（入）価格指数} = \sqrt{\frac{\sum p_t \cdot q_0}{\sum p_0 \cdot q_0} \times \frac{\sum p_t \cdot q_t}{\sum p_0 \cdot q_t}} \tag{12.2}$$

[輸出（入）数量指数]

$$\text{輸出（入）数量指数} = \frac{\text{輸出（入）金額指数}}{\text{輸出（入）価格指数}} \tag{12.3}$$

[交易条件指数]

この指数は，輸出入価格指数を利用して一国における貿易の有利性を指数化したものです。

$$\text{交易条件指数} = \frac{\text{輸出価格指数}}{\text{輸入価格指数}} \tag{12.4}$$

この指数は一般的に，上昇すると貿易収支が改善，下降すると貿易収支が悪化するといわれています。

○ 輸出（入）価格指数と輸出（入）物価指数

輸出（入）価格指数と似た指数として，日銀から企業物価指数の一つとして公表されている輸出（入）物価指数があります。ここで両指数の相違を確認しておきましょう。

輸出（入）価格指数は，通関を経た各種商品の平均価格によって指数を作成しているのに対して，輸出（入）物価指数は対象銘柄を固定して，その価格を継続的に調査している指数です。このため商品の構成や品質が変化することによって価格が変化する場合には，その変化が輸出（入）価格指数では現れるのに対して，輸出（入）物価指数では現れません。このほかに，総合指数の作成方法として輸出（入）物価指数はラスパイレス型，輸出（入）価格指数はフィッシャー型であること，調査価格として輸出（入）価格指数は通関時の価格，輸出（入）物価指数は契約時の価格であること，などの相違点があげられます。

○ 貿易の構造面を示す指標

貿易指数以外では，以下のような構造面を示す指標がしばしば利用されています。なお定義式左辺のカッコ内は単位を示しています。

［貿易特化係数］

これは，輸出入のどちらかに偏っている程度を計測する指標です。0に近いほど輸出入がバランスしており，1に近いほど輸出に特化，−1に近いほど輸入に特化しているとみます。

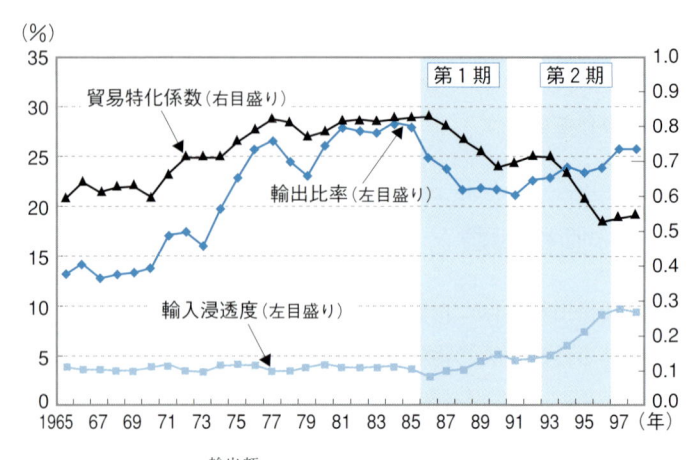

図 12.1　機械産業の貿易構造の推移

(注)　輸出比率 ＝ 輸出額／国内生産額，その他は本文を参照．
(資料)　経済産業省編『通商白書 2001』13 頁，第 1-1-15 図．

$$\text{貿易特化係数（無名数）} = \frac{\text{輸出額} - \text{輸入額}}{\text{輸出額} + \text{輸入額}} \quad (12.5)$$

いまこの指標を利用して，機械産業の貿易構造を図 12.1 でみてみましょう．貿易特化係数は，1985 年頃にピークを迎えた後，それ以降は低下傾向にありますが，反対に輸入浸透度は上昇傾向となっています．さらに詳しくみると，輸出比率の動向から 85〜89 年までの第 1 期と 92〜96 年までの第 2 期に分けることができます．このような傾向となった背景には，第 1 期には円高傾向のなかで機械産業の海外進出が行われたため，従来の輸出が海外（つまり現地）生産に切り替わったことがあげられます．また第 2 期では，海外との分業構造が深まり輸入額が増加したほか，輸出額も若干増大したことがあげられます．

[国内自給率]

$$国内自給率(\%) = \frac{国内生産額 - 輸出額}{国内生産額 + 輸入額 - 輸出額} \times 100 \quad (12.6)$$

ここで右辺の分子は自国生産物の国内総供給額，同分母は国内総需要額を示します。もちろんこの数字が高いほど国内調達率が高いことを示しています。また分子を輸入額に替えた指標を，輸入浸透度と呼んでいます。ちなみに図12.1をみると，80年代後半以降は輸入浸透度が上昇しており，輸入への依存度が高まっていることがわかります。

[顕示比較優位指数]

さらに近年の『通商白書』では，対各地域貿易においてどのような財に比較優位があるかを把握する指標として，顕示比較優位指数（Revealed Comparative Advantage：RCA）が使用されています。同指標は，以下のように世界への平均的な輸出比率と比較したときの，対各地域輸出の比率の大きさを財ごとに計測したものであり，1以上であると当該品目に比較優位があり，1以下であると比較劣位であるとみなしています。

$$日本のi財のj地域におけるRCA（無名数）\\ = \left(\frac{日本のi財のj地域への輸出額}{日本のj地域への総輸出額} \right) \div \left(\frac{日本のi財の対世界輸出額}{日本の対世界総輸出額} \right) \quad (12.7)$$

12.2 対内外投資統計

○ 把握の不十分な対内外投資

対内外投資は，表12.2のような投資届出統計と海外事業活動基本調査（略：海事調査）から把握することができます。これらの統計以外に国際

表12.2　主要な対内外投資統計の概要

	投資届出統計		海外事業活動基本調査 （略称：海事調査）
	直接投資関連(注1)	証券投資関連(注2)	
調査機関	財務省国際局	同　左	経済産業省経済産業政策局
掲載資料名	国際金融年報，財政金融統計月報（隔年12月号）	同　左	わが国企業の海外事業活動
統計の種類	業務統計（外為法）	同　左	承認統計
調査周期	毎　月	同　左	毎　年
集計対象期日	原則事後報告時，一部審査付事前届出時	事後報告時	前年4月〜当年3月（調査実施日は7月）
調査客体	不動産取得を除く直接投資	あらゆる形態の証券投資（株式，公社債等）	海外現地法人とその本社企業の各種活動(注3)
集計対象金額	1件当たり1億円以上	同　左	全　額
原データ	報告書類	報告書類	本社企業調査票，現地法人調査票

（注）1．正式な統計名は，「対内及び対外直接投資の状況」である。
　　　2．正式な統計名は，「対内及び対外証券投資の状況」である。
　　　3．金融・保険業，不動産業を除く全業種に所属する企業である。

　収支統計にも対内外投資のデータが含まれますが，これは国際収支統計の部分で説明することとします。

　投資届出統計は，財務省が「外国為替及び外国貿易法」（改正外為法，1998年4月施行）に基づき事前許可・届出等が必要とされる直接投資や証券投資を集計した業務統計です。まず直接投資関連は，対外投資・対内投資とも投資後に提出された報告書類の数字を集計します。ただしその対象は，対外投資が1件当たり1億円以上の不動産取得以外の投資に限定されています。また証券投資関連でも，対外・対内投資とも投資実行後の報告書類を集計して作成されています。その対象は，直接投資と同様に1件当たり1億円以上の投資に制限されていますが，すべて形態の投資を対象としている点が異なります。

一方，海事調査は，海外現地法人をもっている企業（ただし金融・保険業と不動産業を除く）に限定されるため，投資総額を把握することはできませんが，国内本社のみならず海外現地法人（子会社と孫会社）の企業活動を毎年調査している貴重な統計です。このため同統計から海外生産比率，海外経常利益比率などの海外活動関連の指標を入手することができ，企業の海外活動を多面的に把握することができます。

○ 対外直接投資の定義

対内外投資統計のうちもっとも利用される機会の多い対外直接投資について，投資届出統計における定義をさらに詳しくみておきましょう。現行の改正外為法では，対外直接投資を「居住者による外国法令に基づいて設立された法人の発行に係る証券の取得若しくは当該法人に対する金銭の貸付けであって当該法人との間に永続的な経済関係を樹立するために行われるものとして政令で定めるもの又は外国における支店，工場その他の事業所（以下，支店等という）の設置若しくは拡張に係る資金の支出」（第23条第2項）と定義しています。すなわち現行の改正外為法は，対外直接投資を「外貨証券の取得，金銭の貸付，支店等の設置・拡張に必要な資金の支払」という3つの形態に分類しています。

もっとも投資先の事業を継続的に支配することを目的とした直接投資と，投資から生ずる利子や配当等の所得を目的とした証券投資（いいかえると間接投資）を正確に分類するのは困難です。そのため上記の定義のうち「永続的な経済関係を樹立するために行われるもの」に関して，居住者などが外国法人の発行済株式総数の10%以上を所有することを直接投資の判断基準としています。また「支店，工場その他の事業所（以下，支店等という）の設置若しくは拡張に係る資金」の範囲については，（a）支店等の設置時に必要な資金，（b）支店等の拡充時に要する資金であって，固定資産又は繰延資産の増加を伴うもの，と指定しています。

12.3　国際収支統計

○ IMFマニュアルにもとづく統計

　貿易収支や直接投資などすべての対外経済取引を体系的に記録した統計として，国際収支統計と海外勘定があります。まず国際収支統計は，第2次大戦後に国際通貨基金（International Monetary Fund：IMF）で作成された『国際収支マニュアル』（Balance of Payment Manual）第5版に準拠して，日銀によって作成されています。統計の作成にあたっては，貿易統計や外国為替銀行の「貿易外受取報告書」「貿易外支払報告書」，運輸業者の「運航・輸送事業報告書」などをもとに作成されており，いわゆる加工統計の一つです。公表は財務省と日銀の共同とされていますが，一般的には日銀編『国際収支統計月報』より入手できます。

　一方，海外勘定は，SNA統計の一部として内閣府経済社会総合研究所によって作成された加工統計です。この統計は，国際収支統計の諸項目をSNAの概念に組み替えて作成されています。年次データしか得られないため，比較性や速報性には劣っていますが，国内の生産・分配データと整合的に作成されている点では国際収支統計より優れています（なお海外勘定の詳しい解説は，第3章の3.5節を参照）。

○ 日本独自の公表方法

　国際収支統計は，IMFの『国際収支マニュアル』の複式計上方式にしたがって，一つの取引が常に貸方項目と借方項目の両方に計上されるように作成されます。例えば自動車を輸出して輸出国の銀行に代金が入金されれば，図12.2の原表形式において（1）の輸出部分と（12）の資本の増加部分に

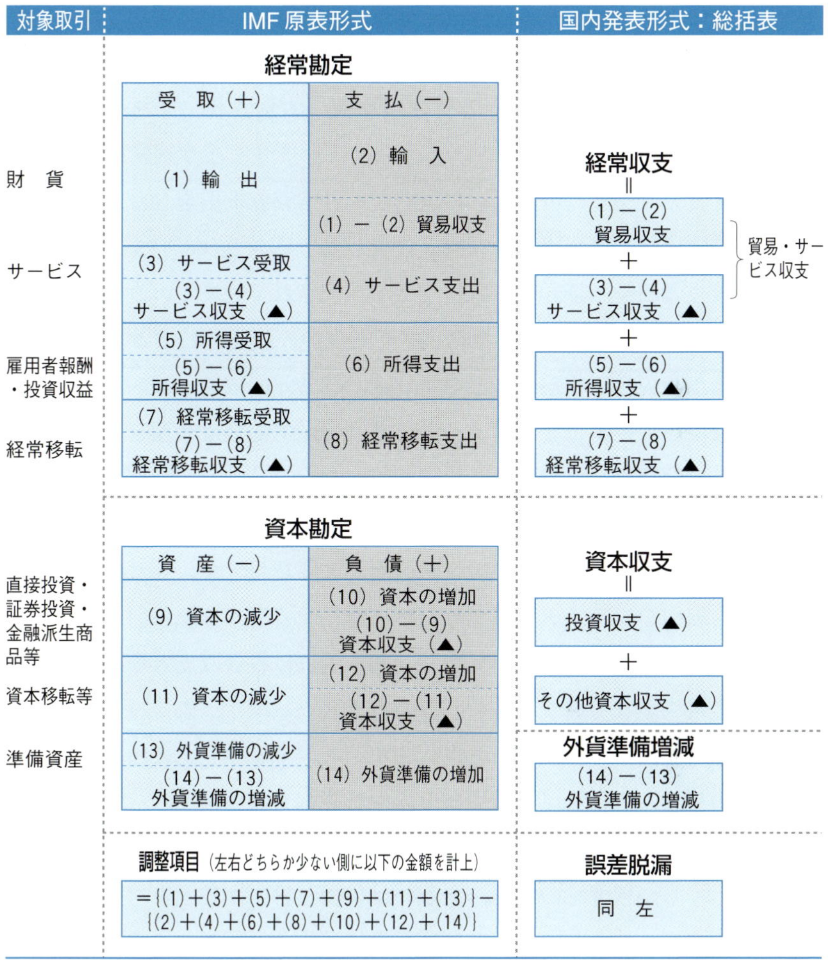

対象取引	IMF原表形式		国内発表形式：総括表
	経常勘定		
	受取（＋）	支払（－）	
財　貨	（1）輸　出	（2）輸　入	**経常収支** ＝ （1）－（2） 貿易収支
	（1）－（2）貿易収支		＋
サービス	（3）サービス受取 （3）－（4） サービス収支（▲）	（4）サービス支出	（3）－（4） サービス収支（▲） ＋
雇用者報酬 ・投資収益	（5）所得受取 （5）－（6） 所得収支（▲）	（6）所得支出	（5）－（6） 所得収支（▲） ＋
経常移転	（7）経常移転受取 （7）－（8） 経常移転収支（▲）	（8）経常移転支出	（7）－（8） 経常移転収支（▲）
	資本勘定		
	資　産（－）	負　債（＋）	
直接投資・ 証券投資・ 金融派生商 品等	（9）資本の減少	（10）資本の増加 （10）－（9） 資本収支（▲）	**資本収支** ＝ 投資収支（▲） ＋
資本移転等	（11）資本の減少	（12）資本の増加 （12）－（11） 資本収支（▲）	その他資本収支（▲）
準備資産	（13）外貨準備の減少 （14）－（13） 外貨準備の増減	（14）外貨準備の増加	**外貨準備増減** （14）－（13） 外貨準備の増減
	調整項目（左右どちらか少ない側に以下の金額を計上） ＝｛(1)＋(3)＋(5)＋(7)＋(9)＋(11)＋(13)｝－ ｛(2)＋(4)＋(6)＋(8)＋(10)＋(12)＋(14)｝		**誤差脱漏** 同　左

（注）　上図は，理解しやすいように一部簡略化している。

図 12.2　国際収支表における IMF 原表形式と国内発表形式の対応関係

同額が計上されます。ここで重要な点は，輸出といった商品の流れと支払といったマネーの流れが反対になるように，経常勘定と資本勘定における記帳

が反対になることです。このような性格のために，受取項目＋資産項目＝支払項目＋負債項目（ただし誤差脱漏を除外）が成立しています。

　しかしわが国で公表されている国際収支統計は，図12.2の国内発表形式のように経常収支，資本収支，外貨準備増減に大別され，それぞれ収支尻（差額）を明らかにするように組み替えられています。まず経常収支は，実物資産（財貨・サービス・所得）の取引及び経常移転取引を合計した部分です。そして所得収支は，雇用者報酬と投資収益で構成されていますが，投資収益は直接投資収益や証券投資収益などで構成されています。直接投資収益とは，出資比率10％以上の法人など投資先企業の経営に対する長期的な権益を有する場合の投資収益のことです。また経常移転取引とは，無償資金援助や国際機関への拠出金などのように，実物資産あるいは金融資産など経済的価値の一方的な受払いのうち，相手国の経常支出となる取引部分のことです。

　資本収支は，対外債権・債務の増減を記録する項目です。これは，輸出入などの経常取引をファイナンスするために発生する資本移転取引や，金融資産の運用を通じて発生する取引であり，基本的には投資収支とその他資本収支によって構成されています。このうち投資収益収支は，直接投資，証券投資，金融派生商品などの取引が該当します。その他資本収支には，固定資産の所有権の移転，債権者による債務免除や特許権・著作権といった無形非生産物資産の取得・処分などを計上します。ここでは，資産（すなわち日本が外国に対してもつ債権）の減少，あるいは負債（日本が外国に対してもつ債務）の増加をプラスとし，それらの反対をマイナスと記帳します。

　外貨準備増減は，通貨当局の管理下にある直ちに利用可能な対外資産の増減を計上しています。外貨準備は，貨幣用金（通貨当局が外貨準備として保有する金），SDR（IMF特別引出権），IMFリザーブポジション（IMFから無条件でいつでも引き出せる準備ポジション），外貨資産（現預金，債券などの流動資産を含む）などから構成されています。ここでは，外貨準備高の減少分をプラス，増加分をマイナスと記帳します。

なお上記の各データは，貸方と借方がそれぞれ異なった資料で作成しているため，かならずしも合計して0となるわけではありません。そこで統計作成上は，不一致額を「誤差脱漏」とすることにより，経常収支＋資本収支＋外貨準備増減＋誤差脱漏＝0としています。

○ 貿易収支概念の比較

　ところで国際収支統計とその他の統計では，同一項目の定義が異なる場合があります。まず貿易収支概念について，国際収支統計と普通貿易統計を比較してみましょう。国際収支統計は，基本的には普通貿易統計をもとに作成されていますが，計上価格と計上時期において異なっています。

　計上価格は，普通貿易統計では輸出がFOB価格，輸入がCIF価格であるのに対して，国際収支統計は他国の輸出入と一致させるため輸出入ともFOB価格を採用しています。このため国際収支統計の輸入は，普通貿易統計の輸入から運賃・保険料分を控除しなければなりません。計上時期についてみると，普通貿易統計では関税境界を通過した貨物に関して，輸出は出港日，輸出は輸入許可の日です。他方，国際収支統計では，財貨は所有権の移転時点とされています。このため代金決済後，海上を長距離輸送されたり，整備，加工に長期間要する輸入貨物については，両統計の計上時期にズレが生じます。また所有権の移転をともなわない取引（委託加工貨物などの輸出入）も，普通貿易統計には計上されますが国際収支統計には計上されません。

　以上の計上価格・計上時期を考慮すると，国際収支統計の輸出入は普通貿易統計から以下の式を用いて推計できます。

> 国際収支統計の輸出
> 　＝普通貿易統計の輸出
> 　　　＋関税境界を越えないで輸出に計上される取引金額（a）
> 　　　－関税境界を越えているが輸出に計上されない取引金額（b）
>
> (12.8)

表12.3 普通貿易統計と国際収支統計における貿易収支の比較

(単位：億円)

		2002年度	2003年度
輸出	(1) 普通貿易統計	527,271	560,609
輸出	(2) 国際収支統計	501,134	533,663
輸出	比較 (1)/(2)	105.2	105.0
輸入	(1) 普通貿易統計	430,671	448,330
輸入	(2) 国際収支統計	385,224	400,671
輸入	比較 (1)/(2)	111.8	111.9
貿易収支	(1) 普通貿易統計	96,600	112,279
貿易収支	(2) 国際収支統計	115,910	132,992
貿易収支	比較 (1)/(2)	83.3	84.4

国際収支統計の輸入
　＝普通貿易統計の輸入
　　＋関税境界を越えないで輸入に計上される取引金額(c)
　　－関税境界を越えているが輸入に計上されない取引金額(d)
　　－運賃・保険料等　　　　　　　　　　　　　　　　　(12.9)

 (a)・(c) の例として，船舶，航空機，石油採掘装置などのように一定の場所に固定されていない移動可能設備および同設備内で消費される財貨，非貨幣用金，サルベージされた財貨，当該国の船舶で捕獲され直接海外で売却された魚介類等の水産物などがあげられます。また (b)・(d) の例では，直接通過貿易（所有権の移転を伴わずにある国を通過する財貨），返戻輸出入（輸出された後に売買契約の実行完了せず，後日元の所有者に返戻された財貨），賃貸借契約により送られた財貨などがあげられます。

 ちなみに両統計の貿易収支額を表12.3で比較すると，2003年度の輸出は普通貿易統計が国際収支統計より5.0%多いだけですが，輸入では11.9%高くなっています。輸入で大きな差が発生した理由は，国際収支統

計が普通貿易統計より運賃・保険分が多いことを裏付けています。輸出入データを利用する際には，これらの定義の差に注意しましょう。

○ 対外直接投資概念の比較

次に，対外直接投資の定義を比較しましょう[2]。まず原データは，国際収支統計が外為銀行による貿易外支払報告書であるのに，投資届出統計では外為法にもとづく投資届出書類などです。このため計上時期は，国際収支統計では投資が実行された資金の支払時ですが，投資届出統計では実際に実行されたかどうかに関係なく投資関連の書類が提出された届出時です。また投資対象は，国際収支統計では貿易外支払報告書が1件500万円以上の全投資が対象ですが，投資届出統計は不動産投資を除く1億円以上の投資に限られています。

さらに国際収支統計ではわが国から外国に向けて支払われた投資から外国の株式を処分したり回収した貸付金を引いたネット（純額）の金額であるのに対して，投資届出統計では外国に向けた投資のみを対象とした，いわばグロス（総額）の金額です。つまり両統計とも，設置または拡張に係る資金を対象としていますが，創業資金・追加運転資金や回収資金（つまり閉鎖または業務縮小に伴う清算代金）は，国際収支統計では対象となるのに対して，投資届出統計では対象外となります。

ちなみに国際収支統計と投資届出統計のデータを比較すると，表12.4のように国際収支統計の数値が投資届出統計の約4割強となっており，おもにグロスとネットの差が大きく影響しています。もっとも投資届出統計の数字も，不動産への直接投資や1億円以下の直接投資が除外されているため，現実の投資額はさらに大きいはずです。

2）投資届出統計と国際収支統計における対外直接投資の定義の比較については，「対内外直接投資の概要」『財政金融統計月報（対内外民間投資特集）』第632号，2004年12月の1頁が要領良く解説しています。

表12.4 投資届出統計と国際収支統計における対外直接投資額の比較

(単位：億円)

	2002年度	2003年度
（1）投資届出統計	44,930	40,795
（2）国際収支統計	33,580	31,237
比較（2）/（1）	74.7%	76.6%

(注) 国際収支統計では，対外直接投資は資本の流出（資産の増加）であるため，マイナスで表示されている点に注意のこと。

(資料) 投資届出統計は大蔵省編『財政金融統計月報』第632号，2004年，2頁，国際収支統計は日銀編『国際収支統計月報』第468号，2005年7月の33頁。

○ 国際収支の発展段階説

　ところで一国の国際収支構造は，長期的には経済発展にしたがって変化するという仮説があります[3]。例えばキンドルバーガー（Kindleberger, C. P.）やクローサー（Crowther, G.）などの経済学者は，経済発展にともなって変化する国際収支構造を，債権国か債務国か，資本輸入国か資本輸出国かという2つの基準によって6段階に分類しました。以下ではクローサーの仮説を，表12.5 によって説明しましょう。

　まず経済が未発達で国内貯蓄が不十分であり，財・資本とも海外からの調達に依存している場合には，輸入が輸出を上回り，利払いも新たな借入により行うため，貿易・サービス収支も赤字，資本収支は黒字となります。この段階が未成熟債務国であり，メキシコ・ブラジル・アルゼンチン・チリ・ペ

---

　3) なお国際収支の短中期的な理論としては，① 弾力性アプローチ，② アブソープション・アプローチ，③ 貯蓄・投資バランス・アプローチ，④ 制度的アプローチが知られています。このうち③については，第3章の3.5節（IS バランス論）を参照してください。

表 12.5　国際収支の発展段階説のイメージ

	経常収支	貿易サービス収支	所得収支（投資収益収支）	対外純資産残高	資本収支
Ⅰ．未成熟債務国	－	－	－	－	＋
Ⅱ．成熟債務国	－	＋	－	－	＋
Ⅲ．債務返済国	＋	＋＋	－	－	－
Ⅳ．未成熟債権国	＋＋	＋	＋	＋	－－
Ⅴ．成熟債権国	－	－	＋＋	＋＋	－
Ⅵ．債権取崩国	－	－	＋	＋	＋

（注）　上表の符合は，収支水準のイメージを示す。
（資料）　経済産業省編『通商白書 2002』60頁，第 2-3-1 図をもとに作成。

ルーなどが該当します。

　経済発展にともなって輸出産業が成長してきますと，依然として経常収支と所得収支は赤字であったとしても，貿易・サービス収支が黒字になってきます。この段階が成熟債務国といわれる状況です。カナダ・ニュージーランドがこの状況にあります。

　その後，輸出が拡大し，貿易・サービス収支の黒字が利払いを上回ることにより，経常収支が黒字化する段階となります。すなわち貿易・サービス収支が大幅黒字，所得収支と資本収支が赤字の段階が債務返済国の状況です。ノルウェー・デンマーク・スウェーデン等の北欧諸国がこの段階にあります。

　さらに経常収支の黒字が拡大するほか，対外純資産と所得収支の黒字も拡大すると，未成熟債権国の段階に入ります。この段階では，対外資産の増加にともない利子や配当金の受取が支払を上回るため所得収支は黒字化する一方，資本収支は赤字となります。フランス・オランダ・日本・シンガポールがこの段階にあります。

　蓄積された対外純資産が大規模となり，そこから得られる所得収支も膨大となった段階が成熟債権国です。所得収支が拡大すると収益は消費にも充当

され，高齢化や賃金上昇等もあって国際競争力が低下するために貿易・サービス収支が赤字化します。この段階の国として，スイスがあげられます。

最後に所得収支の黒字を超える消費を行うために，貿易・サービス収支の赤字が所得収支の黒字を上回ってきます。このため対外資産や所得収支は黒字ですが，経常収支が赤字，資本収支が黒字という資本流入国の状態となります。この段階の国として，イギリスやアメリカがあげられます。また戦後の歴史を振り返ると，一般的に名目 GDP に対する経常収支の比率が 3％ を超えると貿易摩擦が発生するケースが多くなっていることも，追加しておきましょう。

12.4 外国為替統計

○ さまざまな外為市場情報

外国為替市場とは，異なる通貨間の取引条件（すなわち通貨間の交換レート）を決定する市場です。この市場は通常，構成者による分類，金の受渡時期からみた分類，時間の経過からみた分類の，3 種類の分類が使用されます。

まず構成者からみた相場の分類は，銀行間取引相場と対顧客相場があります。銀行間取引相場とは，外国為替銀行（為銀）間で顧客との取引から生じた外国為替の持高の調整，および自行の為替相場見通しにもとづく取引で決定される相場であり，インターバンク市場，狭義の外国為替市場とも呼ばれます。また対顧客相場とは，為銀の対顧客取引で決定される相場です。代表的な相場として，電信売買相場があげられます。この相場は，対顧客売買における基準相場であり，各為銀ごとに原則 1 日 1 回，午前 10 時直前のインターバンク直物相場をもとに決めています。

資金の受渡時期からみた相場の分類は，直物相場と先物相場があります。

直物相場とは，資金の受渡しが翌々営業日に行われる取引のことであり，Spot Rate ともいわれます。これに対して先物相場とは，資金の受渡しが翌々営業日を超えて行われる取引のことであり，Forward Rate ともいわれます。当月渡しから6ヵ月先物まであります。

時間の経過からみた相場分類は，寄付，終値，中心相場という分類があります。寄付とは市場開始（午前9時）直後における相場，終値とは市場閉鎖（午後3時30分）直前における相場，中心相場とは市場でもっとも取引額の大きかった相場のことです。

以上のように多様なデータが公表されていますが，いずれのデータも日銀が集計してドル建て（1ドル＝X円）で毎日公表しています。また分析には，"インターバンク直物相場の終値"が代表的な指標として使用されています。

○ 為替レートと購買力平価

ところで為替レートは，かならずしも一国の通貨の実力を示しているわけではありません。なぜなら為替レートは，その時の貿易収支や資本取引の状況，内外金利差，政治・経済の動きなどに大きく左右されるほか，思惑による投機が外国為替相場の動きをさらに増幅させているためです。さらに一口に円高といっても，円がドルに対してのみ上昇する場合と，他の通貨に対しても上昇している場合では，同じ円高でも相当に状況が異なるはずです。

このため国際比較を行うような場合には，円という通貨の購買力を正当に評価した価値（購買力平価）で複数国間の経済データを比較しています。このようなデータは日常いくつか入手できますが，代表的なデータとして，日銀が毎月推計している実効為替レートのほか，かつては経済企画庁国民生活局（現 内閣府経済社会総合研究所）も1988年以降生計費ベースの購買力平価を毎年発表していました。特に日銀の実効為替レートは，貿易収支上で関係の深い15通貨（26ヵ国・地域）を選び出し，相手国・地域との貿易ウェイトや物価上昇を加味した為替レートを，1973年3月＝100とした指数で毎

12.4 外国為替統計

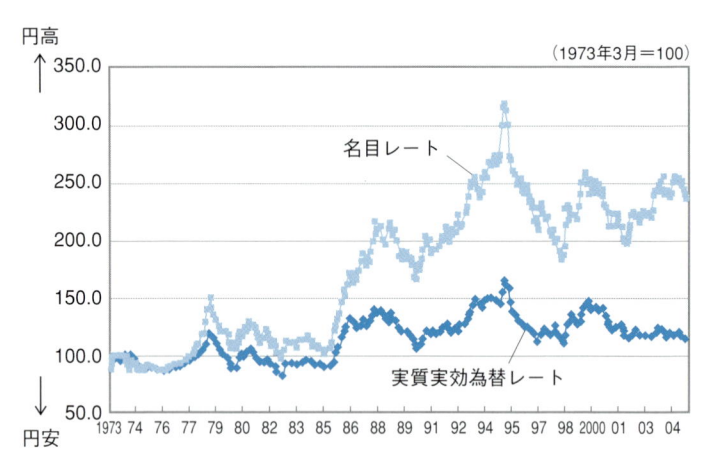

図12.3 名目為替レートと実質実効為替レートの比較

月公表しています。また名目為替レートが邦貨建て（つまり1ドル＝〇円）表記されるのに対して，実効為替レートは外貨建て（1円＝〇ドル）で計算される点も注意が必要です。

図12.3 では，実質実効為替レートと名目為替レートを比較しています。ここで名目為替レートは，実効為替レートと比較するために，ドル建てに変換（つまり逆数）したうえで，1973年3月＝100 で指数化しています。この図では，上にいくほど円高傾向となりますが，名目為替レートでは1980年代半ば以降に急激に円高傾向になっていますが，実質実効レートではさほど大きな円高とはなっていないことが確認できます。

○ Jカーブ効果

最後に，為替レートが貿易収支に与える影響について，いわゆるJカーブ

図 12.4 Jカーブ効果の概念図

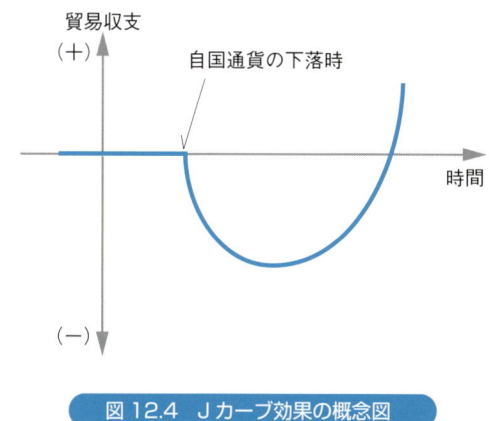

効果に言及しておきましょう。これは，自国通貨が下落（例えば円安）になると，（円建ての）輸入価格が上昇する反面，輸出価格が減少します。これを，いま横軸に時間の経過，縦軸に貿易収支を取った図 12.4 で説明しますと，貿易収支の悪化はJという字の底辺に至る部分まで進みます。しかしさらに時間が経過すると，通貨下落の効果が発現してきて，輸出および外貨流入が増加してきます。これらの影響によって，国際収支は改善されてきてJという字の上昇部分が現れてきます。このような経済現象を，Jカーブ効果と呼んでいます。もちろん円高のときには，これと反対の現象が現れるため，このような場合を逆Jカーブ効果と呼ぶことがあります。

:::: 練習問題 ::::

12.1 インターネットの普及は，わが国の対外バランス統計の作成にいかなる影響を与えるのでしょうか。

12.2 国際収支統計を利用して，わが国におけるサービス収支の特徴について述べなさい。

12.3 直接投資の増大にともなって，東アジア諸国とわが国の貿易構造はどのように変化したのか。個別産業の事例によって論じなさい。

12.4 ある大手ハンバーガーチェーンによる全世界統一の商品（ハンバーガー）は，各国の購買力平価の実力を反映したものであるという主張があります。この主張について論評しなさい。

:::: 参考文献 ::::

日本銀行国際局編『「国際収支統計」の解説（デリバティブ取引計上方法見直し後）』（日本銀行ホームページで公開），2002年3月。

International Monetary Fund ed. *Balance of Payments Textbook*, 1996.（IMFのホームページで公開）。

日本銀行国際収支統計研究会『入門国際収支』東洋経済新報社，2000年。

内村広志・田中和子・岡本敏男『国際収支の読み方・考え方』中央経済社，1998年。

練習問題解答

第1章 経済のしくみと統計体系

1.1 2005年現在，指定統計は57個あるが，それを省庁別にみると総務省（14），経済産業省（12），国土交通省（10）で全体の63％を占めている．指定統計をグループ分けすると，① 主に経済主体の構造面を詳細に把握することを目的とし，例えば5年に1度といった調査周期の比較的長いもの（国勢調査，事業所・企業統計，土地・住宅統計，就業構造基本調査，全国消費実態調査，サービス業基本統計，商業統計など），② 景気動向など動態分析を目的とし，調査周期が月別または四半期別のもの（家計調査，労働力調査，全国物価統計，法人企業統計，毎月勤労統計調査など），③ 構造面・動態面の両方を把握することを目的に，年に1度実施されるもの（人口動態統計，賃金構造基本調査，農業経営統計，工業統計調査など）に分けられる．

1.2 分散型では，行政ニーズに的確・迅速に対応することが可能であるほか，所管行政に関する知識と経験を統計調査の企画・実施に活用できるなどのメリットがある．その反面，統計の相互比較性が軽視されやすいことや，統計調査の重複や統計体系上の欠落を招きやすいといったデメリットが指摘されている．なおこのようなデメリットを解決するために，省庁横断的な統計審議会が設置され，そこで統計行政の総合調整が行われてきた（詳細は，総務省ホームページを参照）．

1.3 わが国では，商品の分類基準として『日本標準商品分類』が作成されている．現在の分類は，1990（平成2）年6月に改訂されたものであり，この分類において商品とは「価値ある有体的商品（電力を含む）の全部である．土地，家屋（組立家屋を除く），立木，地下にある資源等は含まれていない」と定義されている．またその分類基準として，(1) 商品の成因，(2) 商品の材料，(3) 商品の用途，(4) 商品の機能等が考えられている．ただしこのうち一つの基準のみで分類を行うのではなく，必要に応じて複数の基準を混用することにより，できる限り機能主義を中心として分類するように考えられている．ちなみに大分類について列挙すると，(1) 粗原料及びエネルギー

源，（2）加工基礎材料及び中間製品，（3）生産用設備機器及びエネルギー機器，（4）輸送用機器，（5）情報・通信機器，（6）その他の機器，（7）食料品・飲料及び製造たばこ，（8）生活・文化用品，（9）スクラップ及びウェイスト，（10）分類不能となっている。

1.4　インターネットでの情報提供によって，情報を入手する時間のハンディが解消された。例えば日本銀行の『短期経済観測資料』は，為替レートなどその時々の経済情報に瞬時に影響を及ぼすが，従来はその資料を日銀に取りにいったため，入手時間にラグ（時間差）が発生していた。これが始業開始直前（多くは8時50分）にインターネット上で公表されるようになり，この問題点が解消された。しかし一方では，外部への公表を差し控える情報でも間違って大量のデータを公表してしまう危険がある。この事例としては，自治体のホームページに掲載された住民票や，消費者金融業者のホームページにおける個人情報データなどがある。さらに過去のデータが何の予告もなく，大量に修正されるような事態もしばしば発生するなど，情報公開の新たなルール作りも必要となっている。

第2章　景気統計

2.1　山と谷とそれぞれ3時点ずつあげると以下のとおり。一致・遅行比率の山：1997年7月（15ヵ月），1995年11月（18ヵ月），1988年2月（36ヵ月）。同谷：2001年7月（6ヵ月），1998年6月（7ヵ月），1992年（14ヵ月）。これをみる限り，かならずしも先行している期間が一定しているとは限らないが，とりあえず先行していることは事実である。また一致・遅行比率の山が谷よりも先行期間が長いことがわかる。

2.2　全産業活動指数の作成方法については省略。全産業活動指数は中間投入も含めた数量データをベースとしているのに対して，GDPは付加価値をベースとしている。このためGDPでは中間投入の影響が排除されており，景気循環といった肌で感じる動きという点ではGDPよりも全産業活動指数のほうが適切な指標かもしれない。それゆえに反対に，全産業活動指数が上昇したとしても，かならずしもそれに見合ったGDPの増加が達成されるわけではない。さらにGDPでは，地価・株価等の動きによって帰属家賃等の帰属価値が変動するため，実感をともなわないGDPの上昇が発生する可能性があるが，全産業活動指数では数量ベースで算出されているため，このような動きは基本的に現れない。

2.3 企業倒産件数（原数値），家電販売高（前年比），オフィスビル空室率（原数値），不動産経済研究所のマンション契約率（原数値），（株）リクルートの求人広告件数（前年比），工作機械受注高（前年比），大口電力販売高（前年比），半導体製造装置の BB レシオ（出荷額に対する受注額の割合だが，いずれも 3 ヵ月移動平均値）。雇用保険初回受給者数（原数値），輸出入通関実績（原数値），普通営業倉庫保管残高など。ただし企業倒産件数，オフィスビル空室率，雇用保険初回受給者数は，逆サイクルとみなす（また BB レシオは，『平成 17 年版経済財政白書』40 頁の第 1-2-3 図（1）を参照）。

2.4 推計方法にはいくつかの方法があるが，代表的な方法として生産関数にもとづく方法がある。いま，以下のようなコブ・ダグラス型生産関数を仮定する。

$$Y = \gamma \cdot e^{\lambda t} \cdot (KS)^a \cdot (LH)^{1-a} \qquad (1)$$

ただし Y は実質 GDP，KS は稼動資本量（すなわち K は資本ストック，S は稼働率），LH は労働投入量（L は就業者数，H は労働時間），λ は効率パラメータ，$e^{\lambda t}$ は技術進歩パラメータ，a は資本分配率である。実際の計測にあたっては，上記の式の両辺を LH で割り，対数変換した下記の式を推計する。

$$\log\left(\frac{Y}{LH}\right) = \log \gamma + \lambda t + a \log\left(\frac{KS}{LH}\right) \qquad (2)$$

そして（2）式の各生産要素に最大となる数値を代入して潜在 GDP を求める。(2.2) 式にこの潜在 GDP と現実の GDP を代入することによって，GDP ギャップを求めることができる（詳細は，経済企画庁『平成 12 年版経済白書』2000 年，380〜381 頁を参照）。

第 3 章　SNA 統計

3.1 93SNA 統計の定義では，このような家族による介護労働は介護サービス生産額（あるいは所得と消費支出）として計上することはできない。NPO による介護補助が実施されても，基本的には計上されない。つまり専門ヘルパーを雇った場合のみ，消費支出とみなされる。同様の事例は，主婦による家事労働やサービス残業等の無償労働がある。ただし家事労働に限ると，その価値を市場価格で計測したうえで，SNA 統計の補足的統計（いわゆる「サテライト勘定」）とみなす動きも試みられている。

3.2 現行の SNA 統計では，三面等価の原則を暦年データでのみ確認することができる。すなわち『国民経済計算年報』（平成 17 年版）で 2003 暦年の場合

付表1 貯蓄投資差額・資金過不足

		非金融法人企業	金融機関	一般政府
貯蓄投資差額	(1) SNA統計	9,914.6	16,746.1	−38,232.1
資本過不足	(2) SNA統計	38,325.3	18,580.7	−42,419.1
	(3) 資金循環統計	38,048.3	8,251.5	−35,716.3
経常収支	(4) SNA統計	—	—	—
	(5) 国際収支統計	—	—	—

(資料) (1)は内閣府経済社会総合研究所編『国民経済計算年報(平成17年版)』109〜117頁の「制度部門別資本調達勘定」の金融取引。(3)は,日銀編『資金循環統計』の金融取引表における資金不足額。(4)は統計」における経常収支。

をみれば,主要系列表 (141頁) で公表されている経済活動別国内総生産 (つまり生産面) のGDP (497兆4,850億円) であり,国内総生産総支出勘定から入手できる分配面のGDP (497兆4,850億円) および支出面のGDE (497兆4,850億円) となるから,三面は一致している。ただし上記の生産面データは,統計上の不突合によって調整した数字である。一方,年度データでは,表3.1のように分配面と支出面 (501兆2535億円) のみ掲載されており,生産面のデータは掲載されていない。

3.3 (データの比較は省略,差が発生する理由のみ) 労働分配率の定義は,SNA統計では「雇用者報酬÷国内純生産」(『国民経済計算年報』82〜83頁),法人企業統計では「人件費÷付加価値」である。ただし法人企業統計の人件費は「役員給与+従業員給与+福利厚生費」,付加価値は「人件費+支払利息等+動産・不動産賃借料+租税公課+営業純益」である。両統計から計測した水準の推移は,1990年代以降はほぼ一致した動きを示したが,① 調査対象が,SNA統計では政府部門や対家計民間非営利団体が含まれており,法人企業統計では法人企業のみ (ただし金融・保険業を除外) である,② 給与住宅 (例えば社宅) で発生する帰属家賃が,SNA統計では雇主の社会負担として雇用者報酬に含めているが,法人企業統計ではもちろん人件費に含まれない,といった相違がある。

3.4 (付表1を参照) まず資金過不足の部門別データは,SNA統計の資本調達勘

・経常収支の実数比較（2003 年）

（単位：10 億円）

家計	対家計民間非営利団体	統計上の不突合	国内部門計	海外部門
23,786.0	−7.0	3,092.0	15,299.6	—
−1,387.9	2,200.6	0.0	15,299.6	—
1,942.9	2,773.3	—	15,299.7	−15,299.7
—	—	—	—	−15,299.6
—	—	—	—	15,766.8

本調達勘定」の実物取引，なお統計上の不突合は，『国民経済計算年報』359 頁より入手。(2)は同「制度部門別資『国民経済計算年報』79 頁の「海外勘定」の経常対外収支・資本移転による正味資産の変動。(5)は日銀『国際収支

定と資金循環統計は，金融部門が大きく乖離しているほか，一般政府・家計でも一致していない。これに対してSNA統計に掲載されている部門別の貯蓄投資差額は，いずれも同統計の資金過不足データと大きく乖離しており，特に非金融法人企業と家計で著しく乖離している。このため貯蓄投資差額の部門別分類には，統計上の不突合という項目が設けられている。また経常収支のデータは，基本的には国際収支統計のデータを組替えて推計されているにもかかわらず，SNA統計と国際収支統計はわずかながら一致していない。

第 4 章　物 価 統 計

4.1 卵は一般の物価動向と比較して上昇率が低いため，牛乳などとともに実質的な消費水準を引き上げる代表的な食料品とみなされてきた。しかし同一品質レベルでみると，パソコン価格が卵より価格引き下げ幅が大きくなっている。この理由としては，パソコン内臓部のCPUの価格が集積度の飛躍的上昇によって急速に低下したためである。ちなみにこのような集積度の飛躍的上昇は，ムーアの法則（すなわち「1チップ当たりの半導体の集積度は18〜24ヶ月で倍増する」という法則）と呼ばれており，それゆえに供給価格が大幅に低下して爆発的な新規需要を生み出した。かならずしも卵のみが優等生であるとは限らない。

4.2 この価格データは，あくまで民間の1企業の内部データにすぎないため，か

ならずしも消費者の需要動向を的確に反映したデータとはいいがたいほか，厳密な品質調整を行っていないため品質変化の部分も価格情報に混入している等の問題点がある。ただし POS を利用しているため，価格情報を入手する時間と手間が省けるほか，CPI で採用されている指定銘柄がかならずしも代表性を有していないことをチェックできることなどの利点もある。現に 2000 年基準改定の CPI では，パソコンの価格データとして大手家電量販店の POS データが採用されるなど，統計作成に向けた新たな試みといえる（詳細は，谷沢『経済統計論争の潮流』の第 6 章を参照）。

4.3　コンビニエンスストアの商品単価は，スーパー（大型量販店）の約 2 割増しといわれている。このためコンビニでの購買比率が高い若者世代は，他世代と比較して価格の歪みが発生している可能性が高い。この点では今後，CPI における量販店・コンビニ間の差を考慮した，世代別の消費者物価指数（たとえば「消費者物価世代差指数」）を推計する必要性が高まっていこう。

4.4　おそらく都市圏から地方圏に転居することによって実質所得水準は上昇する可能性が高い。ただし現状の RDICP は地域の価格差のみが考慮され，多時点間の実質化が行われていないため，RDICP をそのまま利用することはできない。実質化するためには，多時点・2 地点の品目別の価格データを収集したうえで，マーケット・バスケット方式にもとづき消費者物価地域差指数（多時点 RDICP）を推計する必要がある。いま各品目における年平均価格を p，支出金額を W，基準地域を添字 0，品目名を添字 i，基準時と基準地域を添字 0，比較時を添字 t，比較地域を添字 l とすれば，多時点 RDICP（総合指数）は以下のように作成できる。

$$\text{多時点 RDICP（総合指数）} = \frac{\sum_i \left(\frac{p_{l,t,i}}{p_{0,0,i}} W_{0,0,i} \right)}{\sum_i W_{0,0,i}} \times 100 \quad \text{であるから，}$$

$$t \text{ 時点における地域の実質所得} = \frac{\text{名目所得}}{\text{多時点 RDICP（総合指数）}}$$

第 5 章　人 口 統 計

5.1　市町村単位の人口は，当該自治体が合併や換地により境界線を変更し大幅に増減される可能性があるほか，そもそも名称を変更している場合も想定される。このうち自治体の合併を 1920 年以降に限ってみると，1950 年代末に全国的な市町村合併が実施され，いわき市（福島県），青森市（青森県）などの大規模な市が出現した。これらの合併情報は，『市町村要覧』に掲載され

ているほか，具体的な境界線の変更状況は当該自治体の市町村史で確認する必要がある。また戦前の国勢調査が現在人口を対象としているのに対して，戦後の国勢調査が常住人口であることも狭い範囲の人口を比較する場合には注意すべき点である。

5.2 外国人人口を把握するには，(5.1) 式を変形した以下の式が利用できる。ここで $t, t-1$ は時点を示している。

今期末の正規滞在者数（LS_t）＋同不法滞在者数（IS_t）
　＝前期末の正規滞在者数（LS_{t-1}）＋同不法滞在者数（IS_{t-1}）
　　＋今期中の正規入国者数（LI_t）＋同不法入国者数（II_t）
　　－今期中の正規出国者数（LE_t）－同不法出国者数（IE_t）

厳密には，さらに今期中の正規・不法滞在者の出生数と死亡数，帰化人数・国籍離脱人数が加わるが，これらは人数が少ないので省く。次に外国人統計を静態統計と動態統計に分けてみると，まず滞在者数などの静態統計として法務省によって2年に1回実施される登録外国人統計調査と国勢調査がある。これらの統計を上式の各項目に沿って説明すれば，前者から LS を，後者から $LS+IS$ を入手することができる。一方，動態統計は，入管法にもとづき法務省によって実施される出入国管理統計がある。この統計では，LI, II, LE, IE に関する数字が公表されているが，このうちは強制退去にともなう数字であるため一部にすぎない（詳細は，谷沢『現代日本の経済データ』30～32頁を参照）。

5.3 住民基本台帳は，そもそも移動した個人（または家族）の年齢・性別等を記録した住民票の集合体にすぎないため，基本的には人口移動の発生事由は不明である。さらにその住民基本台帳にもとづく集計表でも，年齢別の移動傾向に関する情報が皆無であるなど，データの集計方法自体にも問題が多い。これらの問題を解決するためには，総務省『住宅統計調査』の働き手の転居理由に関する情報，文部科学省『学校基本調査』の県内外進学・就職情報等を利用して，年齢コーホート別の移動情報を収集していく必要がある。

5.4 いま地方圏における年間の出生率－死亡率（R_n）が全国と一致した水準であり，t 期初人口（P_t）であると仮定すれば，$t+1$ 期の自然増加数（PN_{t+1}）は次の式で求められる。$PN_{t+1} = P_t \times R_n$　そして $t+1$ 期の人口を P_{t+1} とすれば，$t+1$ 期の人口流出数（PS_{t+1}）は次の式で求めることができる。$PS_{t+1} = P_{t+1} - PN_{t+1}$　また同数が都市圏における人口流入数でもある。

第6章　データの身近な分析方法

6.1 いま消費を C，投資を I，政府支出を G，輸出を X，輸入を M，各需要項目のパーシェ型物価指数を P_c, P_i, P_g, P_x, P_m とすれば，

$$\text{GDP デフレーター} = \frac{C+I+G+X-M}{\left(\dfrac{C}{P_c}+\dfrac{I}{P_i}+\dfrac{G}{P_g}+\dfrac{X}{P_x}-\dfrac{M}{P_m}\right)}$$

いま，各需要項目が総需要に占める割合を W_c, W_i, W_g, W_x, W_m （例えば，$W_c = \dfrac{C}{C+I+G+X-M}$）とすれば，上式は以下のように書き換えられる。

$$\text{GDP デフレーター} = \frac{W_c+W_i+W_g+W_x+W_m}{\dfrac{W_c}{P_c}+\dfrac{W_i}{P_i}+\dfrac{W_g}{P_g}+\dfrac{W_x}{P_x}-\dfrac{W_m}{P_m}}$$

この式は，需要項目別パーシェ型指数をそのウェイトで加重平均した調和平均であることがわかる。

6.2 以下の式のように分解すれば，計算が可能となる。

$$SD^2 = \frac{\sum(X_i-M)^2}{N}$$

$$= \frac{1}{N}\{X_1^2 - 2X_1M + M^2 + X_2^2 - 2X_2M + M^2 + \cdots\cdots\}$$

$$= \frac{1}{N}\{X_1^2 + X_2^2 + \cdots\cdots - 2M(X_1+X_2+\cdots\cdots) + NM^2\} = \frac{\sum X^2}{N} - M^2$$

6.3 いま中国の1人当たり GNP が日本と等しくなる年数を n 年後とすれば，以下の式が成立する。

$$(1+0.08)^n \times 3{,}220 = (1+0.01)^n \times 23{,}180$$

この式の両辺を対数に変換すれば，

$$n\log 1.08 + \log 3{,}220 = n\log 1.01 + \log 23{,}180$$

n で整理すれば，$n = \dfrac{\log 23{,}180 - \log 3{,}220}{\log 1.08 - \log 1.01} = 29.46$

以上より，30 年後つまり 2028 年度である。

6.4 いま (6.41) 式の変化率を差分の形で展開すると，

$$R_y = \left\{\frac{(Y_1+\Delta Y_1)(Y_2+\Delta Y_2)(Y_3+\Delta Y_3)}{Y_1Y_2Y_3} - 1\right\} \times 100$$

$$= \Bigg\{\frac{Y_1Y_2Y_3}{Y_1Y_2Y_3} + \frac{\Delta Y_1Y_2Y_3}{Y_1Y_2Y_3} + \frac{Y_1\Delta Y_2Y_3}{Y_1Y_2Y_3} + \frac{Y_1Y_2\Delta Y_3}{Y_1Y_2Y_3}$$

$$+ \frac{\Delta Y_1\Delta Y_2Y_3}{Y_1Y_2Y_3} + \frac{Y_1\Delta Y_2\Delta Y_3}{Y_1Y_2Y_3} + \frac{\Delta Y_1Y_2\Delta Y_3}{Y_1Y_2Y_3} + \frac{\Delta Y_1\Delta Y_2\Delta Y_3}{Y_1Y_2Y_3} - 1\Bigg\} \times 100$$

$$= R_{y1} + R_{y2} + R_{y3} + \underbrace{R_{y1}R_{y2} + R_{y2}R_{y3} + R_{y3}R_{y1} + R_{y1}R_{y2}R_{y3}}_{\text{2 次項以降}}$$

となる。ここで右辺最終式における2次項以降は，(6.47)式に加えられていなかった部分であるため，右辺の合計が左辺に一致しない。ただしこの2次項以降は微小な値であり，結果に大きな影響を与えることはないため，無視することができる。

第 7 章　労 働 統 計

7.1　政府のなかでもフリーターの定義はかならずしも確定していないが，例えば厚生労働省『平成16年版労働白書』では，「年齢15～34歳層の学校卒業者（さらに女性は未婚者）のうち，① 現在就業している者については勤め先における呼称が「アルバイト」又は「パート」である雇用者，② 現在無職の者については家事も通学もしておらず，「アルバイト・パート」の仕事を希望する者」と定義している。フリーターの人数は，2002年209万人，2003年217万人と推計されている。ちなみに以上の各数字は，総務省『労働力調査（詳細集計）』を厚生労働省が特別に利用して推計しているのであり，現在のところフリーター専門の調査は実施されていない（詳しくは，厚生労働省編『平成16年版労働経済白書』2004年，156頁の第2-(3)-7図の注を参照。その他に内閣府編『平成15年版国民生活白書』の第2章第3節も参考になる）。

7.2　過剰雇用の推計方法は現在，生産性方式による推計，人件費比率方式による推計，労働者過不足感による推計，雇用調整関数による推計の，4つの方法が考えられている。第一の生産性方式は，労働生産性が適切な水準にあるときに，その時々の生産水準に見合う労働投入量を推計して，その労働投入量が平均的な労働時間で投入された場合の雇用量を必要雇用量とし，現実の雇用量との差を過剰雇用量とみなす方法である。第二の方法は，ある一定の売上高人件費比率（あるいは労働分配率）を保つことのできる雇用量を適正雇用量として，この適正雇用量を上回る分を人件費ベースの過剰雇用量とみなした。第三の労働者過不足感を利用した方法とは，厚生労働省の『労働経済動向調査』で公表されている過剰雇用に関する情報から製造業全体の過剰雇用率を求め，これに各産業別雇用者数を乗じて過剰雇用量を求める方法である。第四は，雇用調整関数を計測して，その関数に労働時間数，実質GDP，国内卸売物価指数等を代入することによって適正雇用量を推計し，それから雇用実績を引いて求める方法である。なお各方法とも長所・短所があるので実際の分析ではこれらを総合的に判断すべきである（第1～3の方法は『ユースフル労働統計』2003年版の第10章，第四の方法は『平成14年版，労働経済白

書』第 7 章を参照）。

7.3 もっとも平均的な『昭和 58 年版経済白書』の推計方法（112 頁）にもとづいて説明すると，以下のとおり。いま過去の u と v の間に，以下の関係式が安定的に成立していると仮定する。

$$\log u = \alpha - \beta \log v \tag{1}$$

それゆえ各期の傾きが一定（すなわち β）となる UV 曲線の切片を A とすれば，

$$A = \log u + \beta \log v \tag{2}$$

ここで雇用者ベースの均衡失業率（u^*）とすれば，この状態では $v = u^*$ が成立しているから，

$$\log u^* = \log u + \beta \log v - \beta \log u^* \tag{3}$$

上式を u^* で整理した以下の式により，u^* を求めることができる。

$$\log u^* = \frac{\log u + \beta \log v}{1 + \beta} \tag{4}$$

ところで u^* はあくまで雇用者ベースであるため，これを就業者ベースの均衡失業率（u^{**}）に変換しなければならない。そこで各期の雇用者数を E_e，均衡状態における失業者数を U_e^* として，$E_e : E_e + U_e^* = 100 - u^* : 100$ という関係が成立していると仮定すれば，

$$U_e^* = \frac{100 \times E_e}{100 - u^*} - E_e = E_e \times \frac{u^*}{100 - u^*} \tag{5}$$

いま均衡完全失業率を u^{**}，就業者数を E_d とすれば，

$$u^{**} = \frac{U_e^*}{U_e^* + E_d} \times 100 \tag{6}$$

であるから，（6）式に（5）式を代入すれば u^{**} が求められる。

$$u^{**} = \frac{E_e \times u^*}{E_e \times u^* + E_d \times (100 - u^*)} \times 100$$

7.4 企業は労働者を雇うことによって，賃金（給与）以外にも現物給与の費用，退職金等の費用，法定福利費，法定外福利費，教育訓練費などの費用が発生する。通常，給与にこれらの費用を加えた総額を，労働費用と呼んでいる。厚生労働省編『賃金労働時間制度等総合調査』では，その労働費用の内訳を調査しており，労働費用の総額に占める現金給与総額の割合が約 8 割強であることがわかる。また内閣府経済社会総合研究所編『国民経済計算』で公表されている「雇用者報酬（受取）」は，比較的これに近い費用概念である。

さらにこれら労働費用が付加価値総額に占める割合を労働分配率と呼んでいるが、この指標については『国民経済計算』、『法人企業統計』『工業統計調査』等によって複数の定義が存在している（詳細は，谷沢『現代日本の経済データ』の対象部分を参照）。

第8章 世帯統計

8.1 可処分所得444,965円，平均消費性向74.4%，エンゲル係数21.8%，黒字率25.6%，平均貯蓄率16.8%。

8.2 勤労者世帯の月間収支（2002年9〜11月平均）に関して，家計調のデータを全消のそれと比較してみる。まず収入総額（または支出総額）は，家計調が全消より16%程度低くなっている。これを収支別にみると，収入面では経常収入において家計調が全消を17%弱低く，支出面では実支出以外の支出において家計調が全消を20%以上高い。また平均消費性向を比較すると，家計調が85.0%，全消が77.6%であり，家計調が全消よりも7%ポイントも高い。この差は，消費（貯蓄）行動を分析するにあたって無視できない大きさである。

すでに政府も，家計調の標本抽出に関して問題としており，改善策が講じられつつある。それにもかかわらず上記のように比較的低所得の世帯を多く抽出していると推測され，依然として家計調の標本抽出方法が実態を正確に反映していない可能性が高い。

8.3 貯蓄は，現金のままで保管されるわけではない。このためその運用方法にもとづいて，金融資産（預貯金，株・債券等）の増加，金融負債（借金等）の減少，実物資産（住宅，車等）の増加といった資産・負債の変動からも貯蓄を把握できる。ちなみに『家計調査』では，金融資産純増，土地家屋借金純減，他の借金純減，分割払購入借入金純減，一括払購入借入金純減，財産純増，その他の純増，繰越純増に分類している。

8.4 一般的には，軽乗用車を含む乗用車の販売台数の前年同期比をグラフに描いてその推移を検討することが行われるが，新古車（つまり自社（業者）名義で登録し，後に販売する車）が含まれているなど，かならずしも家計部門の消費支出でない部分もある。このような事例は，決算月末に相当する3月と9月に発生することが多い。またかつて軽乗用車ブームがおこったように，人気車種の販売が開始された場合には，他の消費財からの代替効果が発生するほか，反対にRV車の一部が小型トラックに分類されることにも注意すべ

きである。さらに軽乗用車の規格変更（90年と98年）によって小型乗用車が減少するなど，家計消費額が増大しなくとも一部の車種の新車販売台数が変動する場合がある。

8.5 〈資産〉 いずれの統計でも，金融資産・実物資産の把握は不完全である。すなわち家計調査では，金融資産と金融負債（個人営業用も含む）のみ把握されている。全消は，金融資産・負債（時価5万円以上のゴルフ会員権等の11月末残高を含む）に加えて，実物資産として居住用・同以外の土地・建物の面積・構造，耐久消費財（主要41品目）の数量を調査している。これに対してSNA統計では，非金融資産と金融資産に分類している。そして非金融資産は，生産資産と有形非生産資産に分かれているが，有形非生産資産の内訳は土地と漁場のみであり，住宅や耐久消費財（自動車を含む）はいっさい考慮されていない。

〈所得〉 所得は，各統計とも純資産額に対応する形では計上されていない。例えば金融関連の資産は，金融資産と金融負債で構成されるが，金融資産から発生する利子・配当収入を所得として計上する一方，金融負債から発生する支払利子は非消費支出（家計調の場合）に計上している。個別項目の把握状況をみると，家計調と全消では基本的に現金所得のみ把握されており，評価損益や帰属価値が対象外である。これに対してSNA統計では，大半の帰属価値が計上されているが，評価損益はいまだ計上されていない。また耐久消費財の把握が不十分であるため，それらの評価損益・帰属価値・減価償却費は把握されていない。

〈消費〉 まず帰属価値は，家計調と全消ではまったく計上されていないが，家計調では現物消費（もらい物が中心）分，全消では帰属家賃のみを，それぞれ別掲で公表している。SNA統計では，「現実最終消費支出」として消費支出が把握されているが，そこでは耐久消費財以外の帰属価値が把握されている。また実物資産の減価償却費は，家計調と全消ではまったく計上されていないが，SNA統計では建物のみ計上されている（谷沢『現代日本の経済データ』第3章，3.5節を参照）。

第9章 企業活動統計

9.1 日本標準産業分類では，工場でもっとも出荷額の大きな産業がその事業所の所属産業となるため，多角化やリストラの進行によって最大の出荷額となった製品が変更されると，産業分類も変更されるわけである。なおこのような

現象は，企業の業種分類でも同様に発生することがある。

9.2 金融・保険業を除く全産業については法人企業統計（年報），製造業の10人以上従業員のいる事業所については工業統計調査から入手できる。ただし付加価値の定義は，法人企業統計では営業利益＋人件費＋租税公課＋動産・不動産賃借料＋支払利息・割引料＋役員賞与であるが，工業統計調査では生産額－原材料使用料－内国消費税－減価償却費である（詳細は，谷沢『現代日本の経済データ』144～146頁を参照）。このように付加価値の定義が統計間で異なるため，それを利用した労働分配率（＝労働費用総額÷付加価値）も異なるなど，経済分析にあたっては定義の差に注意しなければならない。

9.3 経済産業省『2002年版中小企業白書』257～259頁の（付注2-1-2）によると以下のとおり。総務省『事業所・企業統計調査』を使用して推計するが，1996年以前と以降では推計方法が異なっている。まず1996年以前については，企業数が開設時期別に分類されているため，前回調査時点を含む開設時期区分とそれ以降の区分に属する企業数，開設件数調査期間（前回調査時点を含む開設時期区分の期首から当該調査時点までの期間（月数）で割り，12を掛けて年平均開業企業数を求める。この年平均開業企業数を前回調査時点における企業数で割り，開業率を求める。一方，1996年以降は，事業所数が異動状況別に存続・新設・廃業に分類されている。このため新設事業所数を調査間隔で割り，年平均開業事業所数を求めて，それを前回調査時点における事業所数で割り，開業率を求める。

9.4 景気低迷のなか，倒産企業の再建が従来の和議法では長時間を要することから，より短期間で再建が可能となるように和議法に代わって民事再生法が施行されたことがあげられる。ちなみに2001年3月末までの1年間で，民事再生手続きの開始を申請した企業は804件（ただし移行分は除外）であった。そして和議の申請件数との比較では，民事再生法施行前の3年間（97～99年度）で，和議開始申請による倒産は合計697件（年平均＝232.3件）であったことから，民事再生法の申請ペースは和議の約3.2倍になっている。

第10章 財政統計

10.1 わが国の直間比率は，1955年に50%程度で最低であったが，その後大幅な税制改正が行われないまま，高度成長期には直接税の伸びにともない上昇していった。しかし80年代に入って急速に財政悪化が進んだため，新たな財源として89年4月に消費税（3%）が導入され，直間比率は低下し

ていった。97年4月には消費税の引き上げ（5％）が実施されたが，直間比率はほぼ50％台後半で推移している（詳細は，財務省編『財政統計（平成16年度）』2004年，14頁の第8表を参照）。

10.2 わが国の国民負担率は，70年代以降急激に上昇しており，90年には39％となった。このため90年時点ではアメリカ（34％）を上回っていたが，イギリス（2001年に50％）・ドイツ（同56％）と比較すると依然として低い。このような低水準の理由の一つとして，租税負担率が2001年時点で21％であり，イギリス（40％），ドイツ（30％）よりかなり低いことが影響している（詳細は，前記の財務省『財政統計』16～17頁の第10表を参照）。

10.3 私企業の場合は，企業会計原則，商法，法人税法などに規定されつつ，複式簿記の形式で1年間または半期の企業活動が表示されているが，自治体では公会計にもとづき，予算の施行のみを重視しつつ単式簿記形式で表示されている。また複数の会計制度の併存，多数の公的企業の存在にもかかわらず，これらを連結した会計制度が採用されていないため，財政赤字規模を適切に把握することが難しいほか，収益性や経営効率の把握が困難である。このため一部の自治体では，複式簿記の形式で決算を公表する動きが活発化しているほか，財政運営の効率化を目指したNPM（New Public-Management）という考え方も普及しつつある。

10.4 まず社会資本ストックとは，公共部門における固定資本（建物・機械などの償却資産）や用地部分に私鉄・私立学校・私立病院・民間住宅などを加えた概念である。そして公的固定資本＋用地部分を公的資本（あるいは政府資本）と呼んでいる。このため定義上では，不動産業の主要商品となる民間住宅を社会資本に含めることが妥当かどうか問題である。また社会資本ストックの推計方法（ベンチマーク法）は，あくまで当期のストック額＝前期のストック額＋当期中の公共投資額－当期中の減価償却費として計算されるが，この基準となっているストック額の調査が1965年に実施されたにすぎない（減価償却費も98SNAでようやく計上開始）。このため推計値が実態と大幅に乖離している可能性がある。さらに社会資本関連の統計は，10数年に1度の周期で旧経済企画庁総合計画局（現内閣府経済社会総合研究所）から『日本の社会資本』というタイトルで出されるなど，かならずしも定期的に公表されていないという問題もある。

第 11 章　金 融 統 計

11.1　実体統計では，生産・販売・消費といった各局面でそれぞれ独自の調査が実施されているほか，生産者である企業側，消費者である家計側の双方から同一数字をチェックしやすい。これに対して金融統計では，家計や企業の資産・負債調査を正確に実施することは極めて困難であるため，どうしても金融機関を中心として調査せざるをえない。このため金融機関を経由しない資金取引の把握が難しいほか，金融機関の調査の場合にも，最近の電子決済化・高速化の進展，国際化にともなう海外との複雑な資金取引の拡大に加えて，資産の隠蔽・課税の回避（タックス・ヘブンへの資産移転，移転価格操作）等が行われているため，資産の捕捉が難しくなっている。

11.2　例えば，利率0.7%，額面100万円の10年債を100万5000円で購入し，満期まで保有すると7万円の利息収入がある。購入金額と償還元本（100万円）の差（5000円）を7万円から引いた6万5000円が投資家利益となる。それゆえこの場合の利回りは，0.646%（6万5000円÷100万5000円）となる。このため国債の利回りは，国債の売買価格が上昇（下落）すると低下（上昇）することとなる。

11.3　この理由を，銀行，企業，日銀別にみると以下のとおり。まず銀行では，中小企業向けの融資を圧縮するなど貸出残高の減少が続いており，金融機関の保有する現金が増加して $\frac{C_b}{D}$ が増加している。また企業・家計では，過去に背負った借金の返済を優先し，新たな設備投資を行っていないため，$\frac{C_n}{D}$ が長期的に増加傾向にあること，日銀は金融市場へ資金（H）を潤沢に出す量的緩和を継続しているものの，伸び悩んでいることなどが考えられる（詳細は，『経済財政白書（平成14年版）』73頁や『日本経済新聞（朝刊）』2003年5月3日を参照）。

11.4　資本調達勘定は，SNA統計の一部として資金循環統計や各種金融統計をもとに作成した加工統計であり，5制度部門（非金融法人企業，金融機関，一般政府，対家計民間非営利団体，家計）別に，金融取引と実物取引から構成されている。このうち金融取引がマネーフロー統計に該当する統計であり，資金循環統計をもとに部門別の資金過不足が推計されている。資本調達勘定は，資金循環統計と比較して実物取引も含めたヨリ包括的な把握が可能であるが，1年に1度しか公表されないため，早急な分析では資金調達勘定（特に応用表）を利用すべきである。

第12章 対外バランス統計

12.1 普通貿易統計では，20万円以下の少額貨物が集計対象外となっている。このためインターネットの普及にともなう少額貨物の増大は，対外バランス統計の精度を低下させていこう。またわが国では現在，通関申請様式がインターネット上から入手できるにすぎないが，今後は申請手続きや確認証明等もインターネットで行うことができるようになる。これらが実施されると通関手続きの迅速化が進むものの，各国とも貿易の実態と対外バランス統計の乖離が拡大すると予想される。さらに多国間貿易の促進にともなう貿易の活発化でも，同様の影響が現れてこよう。

12.2 サービス収支は旅行収支，輸送収支，その他サービス収支で構成されているが，毎期5兆円以上の大幅な赤字となっている。その理由は，旅行収支が活発な海外旅行によってもっとも大きな割合（2002年では2兆8,879億円）を占めているほか，輸送収支も9,300億円程度の赤字となっている。なおその他サービス収支に分類される特許等使用料は，国際的な技術競争力を示す指標として注目されている。近年に至って受取額が増大しているため赤字幅が減少しており，工業権・鉱業権使用料に限定すると，黒字幅が急増（2001年の2,187億円→2002年の2,769億円）している。

12.3 いま電気機械の輸出動向をみると，1990年には日本からNIESへ149億ドル，ASEAN4へは37億ドルであったが，2000年時点では同じく344億円，147億円と大幅に増加した。また中国からNIESへは90年の31億ドルから2000年の142億ドル，ASEAN4からNIESへは90年の35億ドルから2000年の245億ドルへと，いずれも大幅に増大した。このように東アジア内では同一産業内での相互貿易が活発化し，親密さを増加させている（詳細は，経済産業省編『通商白書2003』69頁の第2-1-3図を参照）。

12.4 これは，イギリスの経済誌『エコノミスト』が毎年公表している「ビックマック指数」である。たしかに同一規格（材料・調理法等）で調理された商品であるから，この価格比は2国間の購買力平価を示しているとみなすことができるように思われる。しかし購買力平価の考え方の背景には，少なくとも同レベルの生活水準等という前提があるから，食料品以外にも住宅，交通費，レジャー価格等，わが国が他国と比較して割高な消費支出分野の価格水準も考慮した，マーケットバスケット方式の推計方法を導入すべきである。ゆえにビックマック指数が購買力平価を正確に反映しているとはいいかねる。

索　引

あ行

赤字国債　226
アクチュアル方式　144

一物四価　96
1件当たり実質負債額　216
一致系列　32
一致・遅行比率　35
一般会計　220
　　──歳出額対GDE比　233
一般歳出　228
一般政府　50, 220
一般労働者　156
移動平均　120, 120, 182
　　──の中心化　120
　　──法　22
インコタームス　269
インターバンク市場　242, 284
インプリシット・デフレーター　72
インプリシット法　72

内整理　216

エンゲル係数　172
エンゲル法則　172

大口電力カーブ　197
大口電力サイクル　198
大口電力使用量　197
オーバーナイト　245
オーバーラップ法　92
オープン価格　76
オープン市場　242
終値　285

か行

外勤　161
外国為替及び外国貿易管理法　274
外国為替銀行　284
外国為替市場　284
海事調査　273
外需　55
外為法　274
価格指数　81
価格調整表　91
価格変化　82
家計　4
　　──外消費　177
　　──消費状況調査　176
　　──調査　13, 164, 166
　　──調査法　68
　　──貯蓄率論争　174
　　──簿方式　168
　　──調　164
加工統計　9
加重平均　120
可処分所得　59, 171
加速度原理　27
片側移動平均　121
稼働率指数　194
株価収益率　247
株価純資産倍率　248
株式市場　243
貨幣乗数　256
仮価格　92
カレント・ディフュージョン・インデックス　37
河上肇　125
為替レート　285
簡易調査　110
勘定　50
完全失業者　151
完全失業率　146

記憶方式　168
機械受注統計　199, 201
幾何平均　122

索引

企業　4
　　──活動基本調査　268
　　──短期経済観測調査　41
　　──特別会計　230
　　──内取引　211
　　──物価指数　78, 91
　　──向けサービス価格指数　78, 94
基準時加重相対法　83
　　──算式　83
基準指数　129
基準時の数量　83
基準地価　94
季節調整法　21
季節変動　20, 21
季節（変動）調整済みデータ　21
帰属計算　48
帰属家賃　90
基礎的財政収支　234
季調済みデータ　21
キッチンの波　40
きまって支給する給与指数　158
キャピタル・ゲイン　183
キャピタル・ロス　184
給与　157
狭義の外国為替市場　284
狭義の金融市場　242
供給側統計　176
業況判断DI　42
行政事業特別会計　231
業務統計　9
寄与度　55, 135
寄与率　136
金額指数　81
銀行間取引相場　284
均衡失業率　151
銀行取引停止処分　216
キンドルバーガー（Kindleberger, C.P.）　282
金融経済月報　44
金融資産・負債残高表　260
金融市場　242
金融取引表　60, 260

クズネッツの波　40
クローサー（Crowther, G.）　282
黒字　172
　　──率　172
グロス概念　55

景気　20
　　──ウオッチャー調査　41
　　──循環　20
　　──の谷　31, 34
　　──の山　31, 34
　　──変動　20
景気動向指数　31
　　──研究会　38
経済活動別国内総生産　57
経済産業省生産動態統計調査　190
経済主体　4
経済成長率　55
軽自動車販売台数等の業界統計　177
経常収支　278
計測誤差　89
ゲタ　131
欠員率　147
月間労働時間数　160
月例経済報告　44
減価償却費　54, 169, 185
県間移動率　116
兼業率　212
現金給与総額指数　158
現金主義　168
現金通貨　250
現在人口　102
現実最終消費支出　59
顕示比較優位指数　273
建設業活動指数　196
建設工事受注動態統計　199
　　──調査　180
建設国債　226
建築基準法　179
建築着工統計　199
原データ　21
県内移動率　116
現物給与　158
現物社会移転　59
減耗　205

コア指数　88
小泉純一郎　225
交易条件指数　270
後期高齢者　105
恒久棚卸法　205
公共事業特別会計　230
工業統計調査　190
公共投資統計　236

合計特殊出生率　113
鉱工業指数　192
公債金　224
公示地価　94
公社債　248
　──市場　243
構成比　132
構成要素別分類　81
購買力平価　285
公務等活動指数　196
高齢化社会　105
高齢化率　104
コーホート分析　107
コーリン・クラーク（Clark,C.G.）　11
コール市場　242,245
国債　224
　──依存度　233
国際収支統計　276
国際通貨基金　276
国際標準産業分類　11
国税　224
国勢調査　11,101,109,142,179
国内概念　54
国内自給率　273
国内総支出　53
国内総生産　48,51,53
国富調査　203
国民概念　54
国民生活基礎調査　164
国民総所得　54
国民総生産　54
国民負担率　233
個計化　4,177
個人企業　51
個人向け国債　226
コスト評価法　92
こづかい　173
国家財政　220
固定資産税評価額　94
固定資本減耗　54
個別指数　81
コモディティ・フロー法　69
コモ法　69
雇用失業率　146
雇用者　146
雇用動向調査　115,143,147
婚姻状態　110
婚姻率　113

コンドラチェフの波　40
コンビニエンスストア　206
　──販売統計　176
コンポジット・インデックス　31

さ　行

サービス業　206
　──基本調査　206
サービス残業　160
債券現先市場　242
在庫　24
在庫投資　24,25
　──循環　24,25
最終消費支出　59
歳出　228
最小値　123
財政投融資計画　220
財政法　220
最大値　123
在宅就業　156
財投計画　220,232
財投債　226
歳入　224
最頻値　123
債務超過　222
サイモンズ（Simons,H.C.）　184
堺屋太一　247
先物相場　285
サラリーマン世帯　168
産業連関表　5,65,199
産出額　57
算術平均　120
残高表　260

仕切価格　76,211
直物相場　285
資金運用特別会計　231
資金循環統計　62,259
自己資本比率　254
事後的弾力性　134
資産　252
事実婚　110
指数　129
自然増加数　100
失業の深刻度　151
失業率　142
実効税率　234
実質GDPの対前期比　22

実質金利　248
実質値　71
実勢販売価格　91
実物取引表　60
指定統計　8
使途別分類　228
ジニ係数　126
篠原三代平　28,40
自発的失業者　151
支払準備率　245
四分位偏差　123
死亡率　113
資本財出荷指数　199
資本市場　243
資本収支　278
資本ストック　202
　　──調整原理　202
資本調達勘定　60
資本的支出　169
社会移動　114
社会会計　50
社会給付　58
社会資本ストック　236
社会増加数　100
社会的分業　48
社会保障基金　50,220
社会増加　114
自由価格　76
就業構造基本調査　142
従属人口指数　105
住宅　179
　　──・土地統計調査　166,179
　　──着工統計　179
　　──投資額　181
就調　142
住調　166,179
住民基本台帳　101
　　──人口要覧　101,109
　　──法　102
住民票人口統計　101
ジュグラーの波　40
出生率　112
需要側統計　176
主要経費別分類　228
需要の価格弾力性　133
需要不足失業率　151
シュワーベの法則　172
瞬間風速　131

循環変動　20,21
純固定資産　203
準通貨　250
商業　206
　　──動態統計　206
　　──販売額指数　207
　　──販売統計　176
　　──統計調査　206
常住人口　102
譲渡性定期預金証書　242
承認統計　9
消費支出　176,186
消費者態度指数　176
消費者物価指数　78,85
　　──論争　89
消費者物価地域差指数　90
消費水準指数　176
消費動向調査　176
消費の二元化　59
常用労働者　154
除却　205
職安統計　142
職業安定業務統計　142
職業訓練　151
職業紹介機能　151
書誌情報　16
食券　158
所定外労働時間指数　160
所定外労働時間数　160
所定内給与指数　158
所定内労働時間指数　160
所定内労働時間数　160
新規求人倍率　147
人口移動率　116
人口学的方程式　100,103
人口静態統計　100
人口統計　100
人口動態調査　109
人口動態統計　100,109
人口の定義　102
人口ピラミッド　106
申告による世帯主　104
新車販売台数　176
新生児死亡率　113
進捗ベース　203
新発10年国債の利回り　248
信用乗数　256
信用創造　256

推計人口　103
推計方法　68
水準修正　207
趨勢変動　20, 21
数量変化　82
杉亨二　7
裾切り調査　190
ストック調整原理　27

生産・出荷を中心とした統計　190
生産支出勘定　51
生産指数　193
生産者出荷指数　193
生産者製品在庫指数　193
生産者製品在庫率指数　194
生産動態統計　190
生産量指数　195
静態統計　179
制度部門別勘定　51
性比　105
政府　5
　――貨幣　249
　――関係機構　220
性別労働力率　146
生命表　9, 110
整理区分特別会計　231
セール価格　76
世帯統計　164
世帯主　104
接続指数　130
設備投資　24, 27, 198
　――循環　24
　――定義　200
　――比率　27
前期高齢者　105
先行系列　32
全国市街地価格指数　94
全国消費実態調査　164
全国百貨店売上高統計　176
潜在GDP　23
潜在的国民負担率　233
センサス局法X-11　22
全消　164
全世帯　167, 168
尖度　128
前年同期比　21
　――による方法　256
千分率　132

層化3段抽出法　166
早期新生児死亡率　113
総合指数　81
総資産利益率　214
総支出勘定　51
総実労働時間指数　160
総実労働時間数　160
総出生率　112
総世帯　167, 168
相対平均偏差　125
層別抽出法　166
租税　224
　――負担率　233
その他の金融市場　242
ソフトウェア　200
損益計算書　50, 214, 223, 260

た行

第1次所得バランス　59
第3次産業　206
　――活動指数　210
第一義統計　8
第一種事業所　152
対外直接投資　275
対家計民間非営利団体　51
体化された技術進歩　205
大規模調査　110
対顧客相場　284
貸借対照表　50, 214, 222, 252, 260
対象品目別分類　81
対内外投資　273
第二義統計　9
第二種事業所　152
多角化　212
高野岩三郎　7
多段抽出法　166
建値　76
為銀　284
単価比較法　92
短観　41, 44
短期金融市場　242
短期国債　242
単純平均　120
単身世帯　167
ダンピング価格　93
弾力性　133

チェーンストア販売統計　176

索引

地価指数統計　94
地価実数統計　94
地価統計　94
遅行系列　32
地方政府　5, 50, 220
中位数　122
中央財政　220
中央政府　5, 50, 220
中央値　122
中古品　93
中小企業月次景況観測　41
中心相場　285
昼夜間人口比率　116
長期間労働　160
長期金融市場　242
長期生産物　195
超高齢社会　105
調査統計　8
調整可処分所得　59
調整貯蓄率　59
長短金利差　249
超長期国債　226
調和平均　122
直接比較法　92
直接法　204
貯蓄額　172
貯蓄純増　172
貯蓄率　59, 172
直間比率　234
賃金構造基本統計調査　152
賃金指数　158
賃金センサス　152
賃金の分類　157
賃構　152

通貨　249
　──供給量　249
　──統計　250
　──法　249
通関統計　268
通勤定期券　158

ディフュージョン・インデックス　31
手形市場　242
デフレーター　71
テレレート短観業況判断調査　41
テレワーク　156
転出率　116

点弾力性　134
転入率　116
電力使用量　196

統計　7
　──上の不突合　53
　──法　8
　──報告調整法　8
統合勘定　51
倒産　215
　──発生率　217
投資届出統計　273
東証株価指数　246
動態統計　179
登録人口　102
特定サービス産業実態調査　207
特別会計　220, 229
特別国債　226
特別精算　216
度数分布表　106
特化係数　133
届出主義　104
届出統計　9
共稼ぎ世帯　173
取付ベース　203
取引表　260
トリム平均　123

な　行

内需　55
中食　173

日経商品指数17種　96
日経商品指数42種　96
日経平均株価　246
日本銀行券　249
日本標準産業分類　11
乳児死亡率　113

ネット概念　55
年少人口指数　105
年齢コーホート　107
年齢別死亡率　113
年齢別出生率　113

農林漁家世帯　167
農林水産業生産指数　196

は行

パーシェ・チェック　85
パーシェ型価格指数　72
パーシェ型指数　83
パーシェ効果　85
　——の大きさ（乖離率）　85
パートタイム労働者　156
パーペチュアル・インベントリー法　205
配当利回り　247
ハイパワードマネー　254
派遣社員　155
発生主義　48, 168
発生率　132

比較時加重相対法　83
比較時の数量　83
ビジネス・サーベイ　41
　——・インデックス　42
非自発的失業者　151
非消費支出　184, 186
比推計　207
ヒストグラム　106
ヒストリカル・ディフュージョン・インデックス　37
丙午　106
評価益　183
評価損　184
標準分類　11
標準偏差　124
非労働移動　114
品質変化　82

フィッシャー型指数　83
付加価値　48
不規則変動　20, 21
複合指数　81
複式簿記　50
負債　252
普通死亡率　113
普通出生率　112
普通貿易統計　268
物価指数統計　78
物価実数統計　78
物価連動債　226
不平等の指標　125
部門　50
プライマリーバランス　234

フリードマン（Friedman, M.）　255
フレックスタイム制　161
分散　124
分布範囲　123

平均　120
　——価格　91, 92
　——寿命　112
　——消費性向　171
　——単価　82
　——値周りの価格弾力性　134
　——貯蓄率　172
　——偏差　124
　——余命　112
平方平均　122
ベースマネー　254
ヘドニック法　92
変化率　130
変形労働時間　161
偏差　124
ベンチマーク法　204
変動係数　125

貿易関連統計　268
貿易特化係数　271
法人企業景気予測調査　41
法人企業統計　199, 200, 214
法律婚　110
ホームメイドインフレ　79
保険事業特別会計　230
本籍　101
本体希望小売価格　76

ま行

マーケット・バスケット（買い物かご）方式　85
マーシャルの k　258
マージン率　69
毎勤　152
毎月勤労統計調査　152
マネー　249
　——サプライ　249
　——サプライ統計　250
　——マーケット　242
マネタリー・ベース　254
真水　238

溝口敏行　17

みなし労働時間　161
宮澤喜一　247
民間企業資本ストック　200, 203
民事再生法　216

無形固定資産　200
無担保コール翌日物　245

銘柄　86

モーリス・ブロック（Block, M.）　8
目的別分類　228

や 行

約束手形　242

有価証券報告書　214
有業者方式　145
有業率　146
有形固定資産　200
有効求人倍率　147
融資事業特別会計　231
ユージュアル方式　145
輸出価格指数　270, 271
輸出金額指数　270
輸出数量指数　270
輸出物価指数　271
輸入インフレ　79
輸入価格指数　270, 271
輸入金額指数　270
輸入浸透度　273
輸入数量指数　270
輸入物価指数　271

要素所得　53
預金・貸出統計　244
預金準備率　256
預金通貨　250
預貸率　245
寄付　285

ら 行

ライフサイクル仮説　174
ラスパイレス型指数　72, 83, 194
ラスパイレス式　83

リース物件　200
離婚率　113

リストラ　213
リベート　93
利回り　247
両側移動平均　121

連鎖基準パーシェ型指数　84
連鎖指数　83

ロイター短観　41
労調　142
労働移動　114
労働時間　159
　——指数　160
労働生産性指数　195
労働投入量指数　195
労働力調査　142
労働力統計　142
労働力方式　144
労働力率　146
老年化指数　105
老年人口指数　105
ローテーション・サンプリング　167
ローレンツ（Lorenz, M.O.）　125
　——曲線　125
路線価　94

わ 行

歪度　127

欧 字

B/S　252
BS　41
BSI　42
CD　242, 252
　——市場　242
CDI　38
CGPI　78
CI　31
CIF 価格　269
CIF 建て　92
CP　242
　——市場　242
CPI　78
CSPI　78, 93
DI　31
FB　242
FOB 価格　269
FOB 建て　92

索引

GDE *53*
GDP *48, 53*
　——ギャップ *22, 202*
　——デフレーター *73*
GNI *54*
GNP *54*
HDI *37*
IMF *276*
ISIC *11*
IS バランス論 *65, 174*
J カーブ効果 *286*
M_1 *251*
M_2 *252*
NGO *5, 51*
NPO *5, 51*

O/N 物 *246*
PBR *248*
PER *247*
RCA *273*
RDICP *90*
ROA *214*
SNA 統計 *4, 9, 48, 166, 199, 220*
　68—— *53*
　93—— *53*
SOHO *156*
TB *242*
TOPIX *246*
UV 曲線 *149*
UV 分析 *146, 149*
X-12-ARIMA *22*

著者紹介

谷沢　弘毅（やざわ　ひろたけ）

1957 年　茨城県に生まれる
1979 年　慶應義塾大学経済学部卒業
2000 年　札幌学院大学経済学部助教授，教授を経て
現　在　神奈川大学経済学部教授，博士（経済学）

主要著書

『近代日常生活の再発見―家族経済とジェンダー・家業・地域社会の関係』（学術出版会, 2009 年）

『近代日本の所得分布と家族経済―高格差社会の個人計量経済史学』（日本図書センター, 2004 年, 第 48 回日経・経済図書文化賞, 第 11 回社会政策学会学術賞を受賞）

『経済統計論争の潮流―経済データをめぐる 10 大争点』（多賀出版, 1999 年）

『現代日本の経済データ』（日本評論社, 1997 年）

ライブラリ経済学コア・テキスト＆最先端=6
コア・テキスト経済統計

2006 年 1 月 10 日 ©　　　初 版 発 行
2010 年 4 月 10 日　　　　初版第 2 刷発行

著　者　谷沢弘毅　　発行者　木下敏孝
　　　　　　　　　　印刷者　加藤純男
　　　　　　　　　　製本者　石毛良治

【発行】　　　　　　株式会社　新世社
〒151-0051　東京都渋谷区千駄ヶ谷 1 丁目 3 番 25 号
☎(03)5474-8818(代)　　サイエンスビル

【発売】　　　　　　株式会社　サイエンス社
〒151-0051　東京都渋谷区千駄ヶ谷 1 丁目 3 番 25 号
営業☎(03)5474-8500(代)　　振替 00170-7-2387
FAX☎(03)5474-8900

印刷　加藤文明社　　　製本　ブックアート
《検印省略》

本書の内容を無断で複写複製することは，著作者および出版者の権利を侵害することがありますので，その場合にはあらかじめ小社あて許諾をお求めください。

サイエンス社・新世社のホームページのご案内
http://www.saiensu.co.jp
ご意見・ご要望は
shin@saiensu.co.jp まで．

ISBN 4-88384-096-4
PRINTED IN JAPAN